LISELOTTE BUCHENAUER

HOCHSCHWAB

LEYKAM-VERLAG, GRAZ—WIEN

2., erweiterte Auflage 1974

© by Leykam-Verlag, Graz 1960
Druck: LEYKAM AG, Graz
ISBN 3-7011-7044-4

Meiner lieben Mutter,
meinen Bergkameraden und allen anderen,
die Anteil an diesem Buch hatten

ZUR NEUAUFLAGE
DES HOCHSCHWABBUCHES

Als im November 1960 die erste Auflage des „Hochschwab" erschienen war, zeichnete sich ein Erfolg ab, der für ein Bergbuch groß
genannt werden konnte: Binnen sechs Wochen waren fast drei Fünftel
der Auflage verkauft! Das Buch hatte also eine Lücke geschlossen.
Viel mehr aber als die Verkaufsziffern freute mich die Erfahrung,
daß unser steirisches Gebirg so viele Freunde nicht nur in Österreich,
sondern weit über die Grenzen hinaus hatte. Vom Timmendorfer
Strand bei Lübeck bis nach Schweden, von der ČSSR und Jugoslawien bis nach Italien, Holland, Frankreich und England reicht die
Ausstrahlung des „Schwaben", haben sich Freunde dieses Gebirges ge-
meldet. Ich habe sie in einem neuen Kapitel als „Die Freunde des
Hochschwab" gewürdigt. Auch in den alpinen Zeitschriften begann
eine unerwartete Renaissance — der Hochschwab war entdeckt! 1968
erschien auch der neue Alpenvereins-Führer für diese Gebirgsgruppe,
nachdem es über 35 Jahre lang kein neuzeitliches Führerwerk gegeben
hatte. Und da in diesem Führer der winterliche Hochschwab „ver-
schwiegen" worden war, brachten die beiden Grazer Hochschwabkenner Bertl Hausegger und Günter Auerbauer auch einen Bildband
„Der Hochschwab im Winter" heraus.

Die Hochschwab-Renaissance dauert an! Nicht nur in Graz, sondern auch in Wien und immer wieder in der Provinz war die Nach-
frage nach meinem „Hochschwab" so groß, daß eine Neuauflage ge-
rechtfertigt erscheint. Verlag, Lesern und allen Freunden des Hochschwab sei dafür herzlichst gedankt. Eine Überarbeitung des Buches
war notwendig. Man würde es nicht glauben: Sogar die Berge haben

sich verändert! Viele Hochschwabgipfel sind nach neuesten Messungen etwas höher oder niedriger geworden. Von den zahlreichen Güterwegen und Forststraßen abgesehen, gibt es neue Wanderwege und Markierungen. So wurde im Jahre 1970, zur 100-Jahr-Feier der Alpenvereinssektion Graz, die alpinste Teilstrecke des großen Nord-Süd-Weitwanderweges vom Nebelstein nach Eibiswald über den Schwaben gelegt und markiert. Diesem Weg, der recht in Mode gekommen ist, wurde ein eigenes Kapitel gewidmet. Auch die Entwicklung der Alpinistik ist nicht stehengeblieben. Viele Neutouren wurden im Hochschwabfels noch gefunden, andere Erschließer tauchten auf, und schmerzlich berührte uns der Tod mancher Hochschwabpioniere.

An der Diktion habe ich nur notwendige Änderungen vorgenommen, um den „Schwung" des Werkes nicht zu stören, das — wie man mir oft versichert hat — wie aus einem Guß geschrieben erscheint. Das Kapitel „150 Jahre Hochschwab" hat sich auf „300 Jahre" geweitet, ich habe aber dafür Unwesentliches gestrichen. Mittlerweile konnte ich nämlich viel bessere geschichtliche Daten in Erfahrung bringen. Das kleine, neu eingefügte Kapitel „Gipfel des Lebens" erschien mir wichtig.

Besonderen Dank für Mithilfe möchte ich aussprechen: dem bekannten Grazer Alpinisten Dr. Karl August Zahlbruckner für manchen wertvollen Hinweis; meinem „alten" Bergspezl Doktor Heinz Sperka und seiner Familie in Thörl für unentwegte Kameradschaft und für Beratung über Geschichtliches und in Sachen Jagd und Jägersprache; Frau Dr. Erika Horn, Graz, für die freundliche Erlaubnis, aus ihrem Manuskript „Lumen Styriae" zu zitieren. Wertvolle Mitarbeit leisteten: als Fotograf mein langjähriger Bergkamerad Otmar Walitsch, Graz, und schließlich, aber nicht zuletzt, der Hochschwaberschließer Ingenieur Rudolf Reidinger, Reichenau, und Maria Eberl, Kapfenberg.

Graz, im Februar 1974   Liselotte Buchenauer

DAS STEIRISCHE GEBIRG

Franz Nabl, der Dichter der Steiermark, hat den Hochschwab einmal den steirischen Berg genannt. Das ist eine tiefgründige Aussage über das Wesen unseres „Schwaben". Ich möchte den Hochschwab aber lieber das steirische Gebirg nennen. Denn das schlichte Wort „Berg" ist für ein so großes, vielfältiges und bedeutendes Bergland zu gering! Der Hochschwab ist schon durch Aufbau und Ausdehnung ein Gebirge. Umfaßt er doch mehr als hundert Gipfel und vierzig Täler! Doch auch seine Bedeutung für die Alpinistik erfordert die Bezeichnung „Gebirge". Durch seine räumliche Lage aber ist er das steirische Gebirg schlechthin.

Die Steirer müssen jedes ihrer Gebirge mit anderen Ländern teilen: den Dachstein, das Tote Gebirge und die Ennstaler Alpen mit Oberösterreich; die Niederen Tauern mit Salzburg, das große Urgebirge im Westen mit Kärnten, Wechsel und Rax mit Niederösterreich. Durch Landesgrenzen ungeteilt verbleiben nur Gesäuse und Hochschwab. Doch auch das Gesäuse kann man nicht als steirisch bezeichnen. Alpinistisch gesehen gehört es überhaupt den Wienern; als Gebirge ist es zu klein, als Landschaft zu einseitig, um typisch für die Steiermark zu sein: Es ist nur wildestes Hochgebirge. So bleibt der Hochschwab als das steirische Gebirg: ganz in der Steiermark gelegen und alle Eigenart steirischer Berglandschaft in sich beschließend.

Die steirischen Hauptflüsse Mur und Mürz, Enns und Salza umgrenzen dieses Gebirge; die zweitgrößte Stadt der Steiermark, Leoben, liegt an seinem Eingang wie auch Eisenerz, die uralte steirische Bergstadt mit dem Erzberg. Dort, um den Hochschwab, wird seit Jahrhunderten das wirtschaftliche Schicksal der Steiermark bestimmt und gestaltet. Donawitz, Kapfenberg und Thörl mit ihren Eisenindustrien gehören ebenso zum Vorland des Schwaben. Doch nicht nur die steirische Wirtschaft — auch die steirische Kultur ist mit dem Hochschwab untrennbar verbunden.

Mariazell, der wichtigste Wallfahrtsort Mitteleuropas, liegt sehr nahe, und sein Besuch aus aller Welt wirkt sich bis in die Schwabentäler aus. Aber der Hochschwab selbst birgt beste altsteirische Überlieferung: Erzherzog Johann, Freund der Berge, Gönner und Förderer der Steiermark, hat am Brandhof im steirischen Gebirg die Heimstatt seines Lebens gefunden. Dem Genie dieses universellen Geistes aus dem österreichischen Kaiserhause verdankt die Steiermark ihre kulturelle und wirtschaftliche Blüte. In seinem Geiste arbeiten die Städte um den Hochschwab weiter. Allen voran Kapfenberg, die junge Stadt am Gebirg.

Nicht nur weltbekanntes Zentrum steirischer Stahlindustrie ist diese Hochschwabstadt, nicht nur Bergsteigerstadt, die bedeutende Alpinisten hervorgebracht; auch ihre kulturellen Bestrebungen lassen aufhorchen! Unter den steirischen Künstlern nehmen die Kapfenberger einen hohen Rang ein; die Kulturtage dieser Stadt sind eine vielbesprochene Einrichtung.

So ist der Hochschwab seit Jahrhunderten Hüter steirischer Kultur und wird es bleiben. In seinem Vorland, in seinen Tälern pocht das Herz der steirischen Wirtschaft. Und seine Erschließungsgeschichte ist die Geschichte der steirischen Bergsteigerei.

Der Name des Gebirges aber fällt aus dem steirischen Rahmen. Der höchste Gipfel, von dem die ganze Berggruppe den Namen hat, ist der Hohe Schwab, genannt nach einem Mann aus dem fernen Schwabenland, der einstens am Fuß des Gebirges gesiedelt und dem die Almweiden hoch droben auf dem Berg gehört haben. So weist das steirische Gebirg mit diesem Namen über die Grenzen der engeren Heimat hinaus wie mit so manchem anderen.

Es geht von unserem Gebirge eine großartige Hochquellenleitung aus. Ein sehr komplizierter, überaus interessanter geologischer Aufbau gehört zu seinen Besonderheiten, wie die einmaligen Schaustücke der

Frauenmauerhöhle und der beiden „Ringe", die im ganzen Alpen-
raum kaum ein Gegenstück haben. Und im faltigen Gebirgsmantel des
Schwaben bergen sich Gamsrudel, die zu den besten der Alpen gehören.

Unser steirisches Gebirg ist aber auch in seinem Erscheinungsbild
einmalig. Es hat kaum seinesgleichen unter den Gebirgen der Ostalpen. Wohl gibt es ähnliches da und dort — Hochflächen mit Rand-
abbrüchen, wie etwa das Tote Gebirge und andere mehr. Aber ent-
weder fehlen ihnen die wunderbaren Bergwiesen des Schwaben oder
seine wilden Wände. In solchem Zusammenklang finden wir beides
kaum anderswo.

Der Hochschwab ist ein Hochflächengebirge. Er trägt zwei Gesichter zur Schau — ein Janushaupt. Das eine, harmlose, ist die sanft
gerundete Hochfläche mit den Wiesenkuppen der Gipfel. Das andere,
gefährliche, sind die Randabstürze dieser Mugel: Steilwände und Felsmauern, bis zu tausend Meter hoch! Zwei Gesichter, voneinander so
verschieden wie Licht und Schatten. Ihre Ausdrucksform reicht von
der ebenen Wiese bis zur lotrechten Felswand.

Sie beschließen in sich aber auch alle Möglichkeiten der Touristik:
vom Spaziergang bis zur Bohrhakenfahrt in steilstem Fels. Und in
dieser Vielfalt zeigt sich erst die Bedeutung des steirischen Gebirgs
für die alpine Welt. Vom Spaziergänger bis zum Kletterer findet dort
jeder das Seine. Neben Almwiesen, über die man tagelang wandern
kann, haben wir im Hochschwab Hunderte von Felsführen jeder
Schwierigkeit. Und im Winter reicht die Spannweite des Berggeländes
vom winterlichen Neuland im Fels bis zu den Pisten des Präbichl
und der Bürgeralm, die zu den meistbefahrenen der Steiermark gehören.

Vollendet ist das Landschaftsbild des steirischen Gebirgs: grüne
Almen, lichte Wälder, weißer Fels, dunkle Höhlen und farbfrohe
Gewässer. Außer altberühmten, gepflegten Sommerfrischen aber finden wir die höchsten Felsgrate der Steiermark im Schwaben und
überdies an seiner Nordseite über Urwäldern den touristisch unbekanntesten Teil unseres Landes.

Und dieser Hochschwab ist Bergheimat seit mehr als hundert Jahren. Tausende von Wanderern, Bergsteigern und Kletterern haben

dort zum ersten Mal den Berg erlebt und kehren immer wieder dorthin zurück. Den Bergsteigern aus Wien und Graz, den größten Städten Österreichs, ist der Hochschwab das nahe gelegene Hochgebirge. Den obersteirischen Anrainern, die doch viel mehr Auswahl haben als die Großstädter, ist er trotzdem ein geliebtes Ziel.

Mir ist es immer erstaunlich und auch ein bißchen ungerecht vorgekommen, daß sich unter diesen Tausenden und Abertausenden in all den Jahren keiner bereitgefunden hat, ein Buch über das steirische Gebirg zu schreiben. Wie eben das Nahe, Vertraute so gerne übersehen wird ...

Ein Gebirge, das so vielen Freude, Erhebung und Erkenntnis gegeben hat, ist es wohl wert, daß ihm einmal ein Denkmal gesetzt wird.

DIE SIEBEN WUNDER DES SCHWABEN

HOCHSCHWABWASSER

Das klingt fast feierlich: Hochschwabwasser. Und das Wasser hat im Schwaben auch eine nicht alltägliche Bedeutung. Wer das Leben dieses Gebirges kennt, der weiß, warum seine Gewässer etwas Besonderes, ja eine Kostbarkeit sind.

Man muß in der Glut eines Hochsommertages nach einer Bergfahrt, die einem die Kehle gedörrt, durch die Latschenwildnis der Sonnschienalmen geirrt sein; von Schattenfleck zu Schattenfleck, vorbei an den starrenden Augen der Dolinen, auf der Suche nach der einzigen Wasserstelle in stundenweitem Umkreis. Man muß dieses Wasser versucht haben, das in lauen Tropfen in einen Trog rinnt, den schleimgrüne Algen überwuchern. Man muß gesehen haben, wie sorgsam auf mancher Hochalm das graue Schwemmwasser aus den Milchkübeln gehütet, weiterverwendet und sogar getrunken wird, um zu wissen, was das heißt: Hochschwabwasser.

Man muß wissen, wie im Sommer und noch mehr gegen den Herbst zu die ohnedies mageren Schwabenbrünnlein immer dünner rieseln und manchmal ganz versiegen. Die Wasserversorgung der Almen und Schutzhäuser wird in solchen Zeiten zum Problem.

Man muß gesehen haben, wie in regenarmen Herbsten die Gams in den klein gewordenen Schneefeldern stehen, mit gesenkten Häuptern Kühle und Feuchte suchend; wie sie vor Mattigkeit auch vor dem nahenden Menschen nicht scheuen.

Man muß gelesen haben, wie sorgfältig in der Hochschwab-Literatur jedes Wässerlein vermerkt ist! Man muß das Entzücken selbst gefühlt haben, das einen nach dem schattenlosen Aufstieg aus der Trawies beim Anblick des kristallklaren Ghacktbrunnens überkommen kann. Kostbares, köstliches Hochschwabwasser!

Man muß die Bäche des Schwaben kennen, wie sie kommen und gehen nach eigenem Gesetz. Wie sie jauchzend aus dem Stein springen, rauschen und brausen und doch nach kurzem Laufe wieder verschwinden, vom Erdboden verschluckt. Man muß aber auch erlebt haben, wie diese Wasserläufe sich bei Unwetter gebärden! Wie sie binnen Minuten zu brüllenden, schwarzgrauen Wildbächen anschwellen, Sand und Geröll mit sich schleifen, Wege und Straßen, Wald und Wiesen unterwaschen, zerstören und meterhoch vermuren!

Und die Salza, der Fluß des Schwaben: ein klares, blaugrünes Wasser in weißem Kalkbett, fröhlich dahinschäumend. Bei Hochwasser aber erfüllt sie den Talgrund mit lehmbraunen Strudeln und tosendem Wasserlärm, ein unheimlicher, furchterregender Anblick. In einer einzigen Welle stürzt ihr Flutenschwall aus dem Stauwehr der Presceny-Klause, die große Macht und Gewalt gestauten Wassers verkörpernd.

Und die Seen des Hochschwab, von denen keiner dem anderen gleicht! Die klaren, fischreichen Teiche an der Straße nach Seewiesen, der Grünsee und der Dürrsee, in denen sich dunkle Wälder spiegeln. Der Sackwiesensee zwischen Sonnschien und Häuselalm: der höchste ist er, mehr als 1400 Meter hoch über dem Meeresspiegel, und dennoch der wärmste von allen! Er ist von unbestimmbarer Farbe, fast unscheinbar wie auch die Landschaft um ihn her. Und doch liegen so viel Frieden und edle Schönheit in diesen Wiesen und verwachsenen Krummholzhügeln. Verstreute Bergfichten umrahmen den See wie dunkle Wimpern ein stilles Auge.

Sein Nachbar ist der Josersee, ganz nahe dem Talschluß von Buchberg, und doch kaum bekannt. Ein kleines, verschilftes und vergrastes, himmelblaues Gewässer in ergreifend still-ernster Umgebung.

Zur Urlandschaft des Schafwaldes am Fuß der Brandsteine gehört der kleine, schwarze, lichtgerandete Teufelssee. Nur wenige Menschenaugen haben ihn je erblickt. Mit seiner seltenen Flora und Fauna, seinem in Perioden schwankenden Wasserstand ist er der See für den Forscher, in einer Landschaft, die von Geheimnis und Wunder erfüllt ist.

Aus der kühlen Schlucht des Sieben-Seen-Tales leuchtet der Hartlsee, der letzte der „Sieben Seen". Seine sechs Geschwister hat die Hochquellenleitung aufgesogen. Er ist so dunkelgrün wie der Wald, der ihn dicht umfängt und von dem er sich kaum abhebt.

Am äußersten Westende der Hochschwabgruppe liegt ihr größtes stehendes Gewässer: der Leopoldsteiner See. Der Badesee des Schwaben. Und trotzdem: ein großer, wilder, kalter und gefährlicher See. 84 Meter, nach Brockhaus sogar 158 Meter tief! Gar manchen schon, der unbekümmert in die kühlen Fluten sprang, hat er für immer behalten. Die Mär vom wilden Wassermann ist in dieser Gegend zu Hause. Er will die Menschen zu sich in die Tiefe ziehen; er hat sich aber auch als guter Geist der Steiermark erwiesen und ihr mit dem Erzberg Eisen auf immerdar geschenkt.

Der Grüne See von Tragöß: weitum berühmt ist er in steirischen Landen und jenseits der Grenzen. An Sonntagen geht es um wie auf einer Kirmes. Ein Auto nach dem anderen entleert seine Fracht, und die „Genießer" lagern inmitten einer Idylle von Bierflaschen, Kofferradios und Abfällen an den Seegestaden. Vor Jahren schon erregte dort ein Naturbarbar größtes Aufsehen, als er sein Auto im Grünen See waschen wollte. Viele beklagen diese Entwicklung und trauern um die verlorene Schönheit der Natur.

Der Wissende aber lächelt. Weiß er doch, daß man den See ganz für sich allein haben kann. Man braucht nur 100 Meter hinaufzusteigen über den See: Da wimmeln tief unten die Menschen scheinbar sinnlos wie Kerfe am Boden herum. Und das blitzgrüne Wasser breitet sich vor einem aus in der ganzen Pracht und Herrlichkeit seines unglaublichen Farbenspiels.

Und der Wissende freut sich: Wenn die da unten ahnten, um wieviel schöner der See von oben gesehen ist, wenn man ihn ganz überschaut! Wie er verliert, wenn man am flachen Ufer steht! Wie er aufleuchtet aus dem dunklen Grunde der Jassing zum Bergrand des Trenchtlings, zu den Steinaltanen der Pribitz, zu den Felssäulen der Meßnerin!

So ist dieses Hochschwabwasser: An einem Ort bildet es wunder-

15

farbige Gewässer. An anderen Stellen wieder formt es sich zu Quellen von riesenhaftem Ausmaß. Immer aber ist es voller Wunder und voll von Geheimnis.

Der Hochschwab ist ein Kalkgebirge. Kalkgestein ist zerklüftet: Es verschluckt alle Niederschläge wie ein Sieb. Das erklärt die außerordentliche Wasserarmut der Schwaben-Hochfläche. Und das Wasser geht seinen Weg durch den Berg. Immer tiefer wird es hinabgesogen in die durchlässigen, saugenden Kalkschichten. Es sammelt sich, wird mächtiger und mächtiger. Nur wenn ein anderes, weniger wasserlösliches Gestein den Weg versperrt, wird das Wasser aufgehalten und abgeleitet.

Im Schwaben ist es die unterste Aufbauschicht, undurchlässiger Schiefer, der das Wasser an die Basis des Gebirges drängt. Und dort dringt es empor, das ganze Salzatal entlang — nein, es bricht heraus mit einer Gewalt, die nur dem Wasser zu eigen: als tosender Wasserfall, als breiter, reißender Fluß, als See, in dem es brodelt von aufsteigenden Quellen. Das sind keine dünnen Wasserfäden, die sich erst langsam in ihrem Lauf verbreitern. Es sind stolze Flüsse von Geburt an: die Brunngrabenquellen, die Wasser der Höll, der gewalttätige Seisenbach, die lärmenden Kläfferbrunnen. Oftmals gehen unvermittelt starke neue Quellen auf, wie es seinerzeit mitten in der Häusergruppe der Höll geschah. Und beim Bau der großen Wasserleitung wurden sogar Quellbäche am Grunde der Salza entdeckt. Auch im Lamming- und Ilgnertal, in der Seeau bei Eisenerz und im Seetal wurden Wasservorkommen erforscht, die zu den größten der Steiermark gehören.

Viele dieser Wasser sind heute gefaßt und in der Zweiten Wiener Hochquellenleitung vereinigt. Aber es ist daneben immer noch viel an Ungefaßtem, Ungebändigtem zu sehen und zu hören. Auch die auf weite Strecken unsichtbar geführte Wasserleitung gibt das Ihrige ab an den Überfallstellen und Wasserschlössern, in denen das gefangene Element unterirdisch tobt und tost. Leg dein Ohr an die Tore dieser Schlösser: Da drinnen schlägt das lebendige Herz dieser Landschaft!

Wasser hat unser Gebirge gebildet: Aus dem Meerwasser ist es entstanden, und Wasser hat es weitergeformt, sein karstiges Hochland, die abenteuerlichen Fassaden seiner Berggestalten und die Furchen

Schwabenlandschaft; Blick von der Pribitz gegen Trenchtling

seiner Täler. Und das Wasser hat den Hochschwab weit über unsere kleine, private Bergseligkeit hinaus zu einem Gebiet von größter öffentlicher und wirtschaftlicher Wichtigkeit gemacht: versorgt unser lieber Schwaben doch einen großen Teil der Stadt Wien mit Wasser, einem kalten, frischen Bergquellwasser, das in aller Welt berühmt ist und von den Fremden sogar als Delikatesse geschätzt wird. Man nennt es das beste Trinkwasser der Welt.

Wir Steirer müßten den Wienern eigentlich ein bißchen böse sein, weil sie uns das gute, kalte steirische Wasser so mir nichts — dir nichts vor der Nase wegtrinken! Doch sind wir auch mit Murwasser groß und schön geworden und wollen den Wienern ihre Hochquellenleitung mit unserem Wasser gerne gönnen. Schließlich gehören sie ja zu den treuesten Freunden unseres Schwaben.

Nun ist die Zweite Wiener Hochquellenleitung, 1910 eröffnet, schon 65 Jahre alt. Ihr Bau hat über 100 Millionen Kronen verschlungen. Eine ganz unvorstellbare Summe, gemessen an der Kaufkraft der altösterreichischen Krone! Es ist ein Werk, das in vielen Einzelheiten alle Hochquellenleitungen der Welt übertraf. Die Länge der Leitung ist ungefähr 180 Kilometer; das Wasser braucht zwei Tage, um vom Salzatal durch eine Senke der Göstlinger Alpen auf dem Weg des geringsten Widerstandes durch Niederösterreich nach Wien zu gelangen; jede der gefaßten Quellen hat eine Mindestergiebigkeit von mehreren hunderttausend Hektolitern täglich; die mächtigste von ihnen gibt fast 800.000 Hektoliter Wasser pro Tag ...

Das sind große Zahlen. Sie können schon einen Begriff geben von der Gewalt, der Bedeutung und dem Segen des Hochschwabwassers!

So ist unser Gebirge nicht nur für die Freizeit der Bergsteiger da; es erfüllt auch eine sehr sinnvolle und große Aufgabe im Alltag. Es ist der ungeheure steinerne Speicher, aus dem Millionen von Menschen das tägliche Wasser zuströmt: das heilige Wasser, das Blut der Erde, der Quell allen Lebens!

Der Schwaben hat viele Wunder. Aber das Hochschwabwasser scheint mir der Wunder größtes zu sein.

DER WEG DURCH DEN BERG

Als Karstgebirge ist der Schwaben reich an Höhlen aller Art: Da gibt es Riesenhöhlen, wie den Stollen der Frauenmauer, in dem man den Berg unterirdisch durchqueren kann; weitverzweigte Höhlensysteme im Langstein; Eishöhlen am Brandstein und Beilstein; sonderbare Löcher durch Wände und Grate, wie das Meßnerinloch und das „Nadelöhr" an der Schartenspitze; Felsfenster, wie an den Edelspitzen und an der Stangenwand; finstere Schlünde in den Berg, Brunnenschächten ähnlich, wie unter der Westlichen Edelspitze, und „Briefkastenschlitze", wie in der Ringkarwand, die sich unter dem Kletterer auftun wie der Mund des Berges, bereit, ihn beim Sturze zu verschlingen. Manche Hochschwabwände sind durchlöchert wie Taubenkobel.

Höhlen üben starke Anziehungskraft auf den Menschen aus. Neben dem stets bereiten Forscherdrang werden uralte Instinkte wach, Erinnerungen an Urzeiten der Menschheit, da Höhlen Zuflucht und Behausung waren. Sagen, Mythen und Kulte werden lebendig. Einige steirische Sagen haben auch Hochschwabhöhlen zum Mittelpunkt.

So berichtet Dr. Friedrich Benesch im Alpenvereinsjahrbuch 1915 die entzückende Sage über die Entstehung des Meßnerinloches: „Mit einer Pfarrersköchin von Tragöß hatte der Teufel seine wahre Freude und holte sie eines Tages zum Tanz auf die Sonnschienalm. Das tat er in so toller Hast, daß er beim Flug durch die Luft den Westgrat der Meßnerin übersah und mit dem lebenslustigen Frauenzimmer ein heute noch sichtbares Loch schlug. Er war, wie die Leute dort sagen, in der Eile ,a wengl z' kurz ankemma'. Ob der Tanz dann habe noch stattfinden können, weiß die Sage nicht zu berichten."

Rührend auch die Sage über die Frauenmauerhöhle, nach der eine Eisenerzer Jungfrau, von einem Unhold bedrängt, hinaufflüchtete zu den Wänden der Frauenmauer. Knapp bevor der Mann sie erreichte, sprach die Verfolgte in höchster Not ein Gebet zur Gottesmutter. Und der Felsen tat sich auf und wies dem Mädchen den Weg auf die andere Bergesseite.

Vieles noch wissen Sage und Überlieferung zu berichten, aus dem wir ersehen, daß Frauenmauerhöhle und Durchstieg schon im Mittelalter bekannt gewesen sein müssen. Aus finsteren Zeiten herüber tönt die Kunde von armen Gejagten, die, von Kriegsnot getrieben, in die Frauenmauer flüchteten oder ihre Habe dort verbargen.

Und wenn wir uns heutzutage der Höhle nähern, sind wir von Herzen froh, daß jene Nöte vorbei sind. Die Frauenmauerhöhle ist nicht mehr Versteck oder Fluchtweg, sondern ein Ort, an dem wir, in den geheimnisvollen Tiefen des Berges fröhlich forschend, unsere Freizeit verbringen.

Licht und fröhlich ist auch der Herbsttag, an dem wir aufsteigen zur Frauenmauer. Durch das Gsolltal, das sich sanft an die Berge drängt, kommen wir zur Gsollalm. Über die glatten Wiesen ist das Blaßrosa der Herbstzeitlosen hingehaucht. Keine menschliche Siedlung, nur Berge sieht man im Talausgang, abgeschieden und weltentfernt: den braunen Rücken des Zeyritzkampel, den Kaiserschild — in rosenrot schimmerndem Glaste. Neben der zerrissenen Gsollmauer reckt der felsverwunschene Pfaffe vom Pfaffenstein seine bleichen Zehen steil empor.

Auf der Alm herrscht lustiges Treiben. Schon ist alles zum Almabtrieb gerüstet. Bunte Seidenbänder flattern von dunkelglänzenden Buchsbaumkronen. Wie stolz werden die Tiere sie zu Tale tragen!

Es wimmelt aber auch von Menschen in der Gsolln. Die Eisenerzer sind ein wanderfreudiges Völklein; und besonders gerne haben sie ihre Frauenmauerhöhle. An schönen Sonntagen wird der Weg durch den Berg von jeder Seite her Dutzende Male begangen. Auch heute wandelt eine große Schar das schmale Steiglein hinauf zum Westeingang.

Von weitem gesehen ist die Frauenmauer ein absonderliches Berggebilde. In der Nähe wird der etwas wüste Eindruck durch Einzelheiten gemildert. Da gibt es Höhlen und Nischen und Wülste, Gamsgärten und Krummholzpolster, die von den steilsten Felsbalkonen hängen. Alles bunt durcheinandergewürfelt, als hätte ein Riesenkind damit gespielt.

Nachdem wir uns abgekühlt haben, klimmen wir die steilen Holzstufen zum schmalen Eingang empor. Auf einer Tafel ist zu lesen, daß die Steiganlagen im Jahre 1951 durch Lawinen zerstört und von den „Voisthalern", unter der tatkräftigen Mithilfe von Eisenerzer Bergleuten, wieder aufgebaut wurden. Wieviel Liebe, Begeisterung, wieviel mühevolle, ungelohnte Arbeitsleistung ist doch in solchen kargen Zeilen beschlossen!

Der Höhlenführer bringt eben eine Partie durch den Berg; manchmal schallt seine Stimme dumpf wie aus dem Inneren der Erde herauf. Wir sind eine gemischte Gesellschaft: der älteste Teilnehmer der Höhlenfahrt ist wohl an die siebzig — der jüngste etwa drei Jahre alt. Vor uns taucht jetzt die Gruppe auf, die die Höhle von Osten nach Westen befahren hat. Die Frauenmauerhöhle ist keine „Schauhöhle" im eigentlichen Sinne des Wortes. Das Interessante an ihr ist die Durchwanderung. Es gibt in Eisenerz autorisierte Höhlenführer. Auch der Bergmann Sepp Illmaier kennt die verborgensten Winkel der Frauenmauerhöhle und entlockt ihr doch immer wieder neue Geheimnisse. Er ist es, den wir an der Spitze der Höhlenfahrer treffen; obwohl er heute schon einige Male durch den Berg gegangen ist, macht er sofort kehrt und geht mit uns zurück.

Einige Schritte nur — und der ganze abenteuerliche Zauber der Wanderung unter Tag beginnt. Die Fackeln lodern hellauf, ein eiseskühler Wind weht uns entgegen wie aus der Unterwelt, die Stimmen hallen seltsam gedämpft von den Wänden wider, und das Tageslicht wird immer schwächer und schwächer ... Dann steigen wir in den „Eiskeller" hinab und sind in völliger Finsternis.

Und der Sepp erzählt in seiner bummelwitzigen Art. Im lächelnden Zuhören erfahren wir alles über die Höhle und noch mehr. Da wachsen Eissäulen vor uns auf, und der Sepp leuchtet sie an, damit wir das schöne Wabeneis sehen können. Im Gespräch hören wir nicht nur, daß die schlauen Eisenerzer hier einstmals eine Eisbahn hatten und den beliebten Sport des Eisschießens auch im Sommer pflegten, sondern auch, daß sich das Phänomen des allgemeinen Gletscherrückgangs sogar im Inneren der Berge auswirkt und die Eispracht früher noch viel schöner war.

Weiter geht es im Berg, immer ansteigend — die 120 Meter Höhenunterschied zwischen den beiden Eingängen wollen überwunden sein! Hie und da streift uns ein brausender Luftzug, von dem wir nicht wissen, woher er kommt. Wenn der Sepp auch gleich erklärt, daß dieser Höhlenwind durch die Begegnung warmer und kalter Luftströme entsteht — es hat doch etwas Unheimliches an sich.

20

Und weiter geht es, vorbei an seltsamen Tropfsteingebilden und Steinfiguren: neben dem gelbgefleckten „Tigerfell" der krause Moosteppich aus Perlsinter; nach einer Gletschermühle und anderem das merkwürdige Gebilde eines steinernen Kinderwagens samt Inhalt. Das arme Kind muß sein ganzes Leben in der Höhle verbringen, sagt der Sepp bedauernd dazu!

Immer wieder erforscht der Unermüdliche mit seinen Kameraden neue Gänge und Verbindungen hinüber zu den weitverzweigten Langsteinhöhlen, die erst viel später entdeckt worden sind und noch der Erschließung harren. Jeder neue Stein, jedes Felsenloch ist für diese passionierten „Höhlenwuzeln" wie ein Geschenk, das fühlt man und wird dabei auch des engen Zusammenhanges zwischen Höhlenforschern und Bergsteigern gewahr. Nicht nur der seelischen Verwandtschaft! Manche Höhlenbefahrungen sind großartige bergsteigerische Leistungen, bei denen mit Seil, Haken und Strickleitern gearbeitet werden muß; eine Art von „Über-Bergsteigen" sogar: denn erschwerend kommen dazu noch die Finsternis und der ewig nasse, vielfach erdige Fels.

Viel wird von Unglücksfällen in der Höhle berichtet. Es sind immer wieder die gleichen todbringenden Unterlassungssünden: Alleingang — ohne Führung — ohne Ausrüstung und Lichtquellen ... Viel Tragik liegt in solchem Geschehen, und doch wäre in den meisten Fällen der tödliche Ausgang vermeidbar gewesen. Wie bei dem Unglück des Schuldirektors Franz Rathschüler, der sich 1928 bei einem Alleingang verirrte, ein Bein brach und nach drei Tagen qualvollen Wartens in geistiger Umnachtung seinem Leben selbst ein Ende machte. Die entscheidenden Fehler, die der Unglückliche begangen hatte, und deren schicksalhafte Folgen werden uns bewußt, wenn wir erfahren, daß Rathschüler ursprünglich gar nicht in die Höhle wollte, sondern zur Sonnschien hinüber; daß er diesen Plan im Talort bekanntgab, dann aber im Wandern plötzlich seinen Entschluß änderte und allein in die Höhle ging.

Die Nachfolger sollen und müssen daraus lernen. Die Frauenmauerhöhle ist durch die Vielzahl ihrer labyrinthischen Gänge besonders gefährlich. Es haben sich schon viele darin verirrt, die sie zu kennen glaubten. Dort führerlos zu gehen, bedeutet Lebensgefahr.

In der „Wilden Kirche", einem weiten Dom, steht der Altar, an dem zur Zeit der Religionskämpfe fromme Menschen ihre Andacht verrichtet haben. Auch der grausige Tragösser Pfarrermord, den Rosegger in seinem Buch „Der Gottsucher" verewigt hat, wurde dort beschlossen.

Zwischen all dem Düsteren aber gibt es immer wieder Lichtblicke, auch in der finstersten Höhlennacht... Das ist, wenn der Sepp erzählt, wie er in jungen Jahren den „Höhlengeist" gespielt hat, sich in einem Loch ganz oben an der Decke versteckte und ahnungslose Besucher in panischen Schrecken versetzte... Oder wenn sich in der Klamm, der entscheidenden Stelle des Durchstiegs, die der Eisenerzer Christian Honikl als erster authentischer Durchschreiter der Höhle im Jahre 1824 beging und verbreiterte, alles lachend und lärmend eng nacheinander durch den schrägen, winddurchbrausten Spalt zwängt. Mancher Hosenboden kommt durch die groß aufbrennenden Fackeln in Gefahr, und öfter gibt es sogar „menschliche Klemmblöcke" in diesem liegenden Kamin! Damit die Spannung erhalten bleibt, verspricht der Sepp auch noch eine Geistergeschichte, die er allerdings erst im Freien erzählen will.

Und dann kommt der Augenblick, den der an Licht, Luft und Weite gewöhnte Bergsteiger in der Höhle am meisten herbeisehnt: Wir sehen wieder Tageslicht. Noch ganz von fern sendet es einen Schimmer in unsere Finsternis, einem Stern gleich, breitet sich aus wie ein milder Hauch, und dann stehen wir in der östlichen Eingangshalle und schließen geblendet die Augen vor all dem Glanz und Duft der Oberwelt. Eine ungemein lebendig erscheinende steinerne Mönchsfigur erschreckt uns noch, aber die Gestalten dort an den Tischen und Bänken sind Menschen aus Fleisch und Blut! Neue Schaulustige, die schon ungeduldig auf den Sepp warten.

Unser Weg durch den Berg ist zu Ende. Über eine Stunde waren wir unterwegs. Da draußen leuchten die Griesmauern kalkweiß wie frischgefallener Schnee, das Grün ringsherum scheint fast schwarz, und in tiefen Zügen trinken wir die glasklare Luft. Ein Bienenschwarm summt um die Felswand. Der Sepp erzählt noch schnell die versprochene Gespenstergeschichte vom mysteriösen Kleibenleiberl ohne Kleiben, das ihm einmal nachgepatscht ist, wie er die Höhle um

Mitternacht durchquert hat. Er bringt das so spannend, daß jeder sich schüttelt allein bei dem Gedanken, nächtens durch den Berg zu gehen — obwohl drinnen ja ohnedies ewige Finsternis herrscht!

Und vor lauter wohligem Gruseln überhören fast alle, daß der Sepp sie tüchtig auf den Arm genommen hat. So zeigt sich unser Höhlenkenner auch als ein kluger Seelenkenner! Und schon wendet er sich wieder zum Gehen und verschwindet mit seinem Anhang im schwarzen Schlund.

Wir aber bleiben lange auf dem breiten Höhlenvorplatz sitzen. Es scheint uns hier viel schöner zu sein als drüben auf der steilen Westseite. Es geht zwar auch hier recht stücklig hinab, und die Griesmauer weist uns ihr grimmigstes Gesicht. Aber wir sehen nur das Weite, Freie, Sonnige, weil es in der Höhle so beengt und finster war.

Wie man denn immer durch Dunkles und Enges gegangen sein muß, um das Lichte und Weite recht erleben zu können.

LOB DEN JAGDSTEIGEN

Die Jagdsteige sind ein Geheimnis des Schwaben. Sie bilden ein dichtgewobenes Wegenetz, das unser Gebirge durchzieht. Nach seltsamen Regeln sind seine Maschen geknüpft. Nur schwer erkennbar und kaum übersehbar, nur dem Kundigen zugänglich, gleichsam unter der Oberwelt laufen die leisen, heimlichen Steiglein durch Wald, Felsen und Krummholz dahin. Ihr Beginn ist nicht jedem ersichtlich, wie bei Almwegen oder gar markierten Touristensteigen. Anfang und Ende sind kaum ausgetreten, oft verwachsen, und werden auch wohlweislich nicht gekennzeichnet. Diese Steige entfalten sich erst im Geheimen, in der Stille des Waldes, zu ihrem vollen Dasein.

Es liegt mir fern, hier etwa einzelne Jagdsteige genau beschreiben zu wollen. Das wäre nicht im Sinne derer, die sie angelegt haben und für die sie da sind. Man muß ein so kostbares, beglückendes Geheimnis wohl zu hüten wissen! Trotzdem will ich sie lobpreisen, die lieben, heimlichen Jagdsteige des Schwaben! Nicht einen allein ... nur das große Ganze.

Die Jagdsteige des Schwaben sind ein System, eine wohlgeordnete

Welt. Sie haben etwas Sauberes, Ordentliches an sich. Man sieht, sie werden gepflegt und betreut. Es sind Steige, die etwas auf sich halten. Fast wäre man geneigt, von appetitlichen Wegen zu sprechen! Es fehlt ihnen jede Beziehung zum Touristenstrom.

In ihrer schönsten Art finden wir unsere Jägersteige auf glattem, weichfederndem Nadelboden. Dort ist ein beschwingtes Gehen. Doch auch die Latschenpfade sind nicht zu verachten, die sich, genial geführt, durch unwegsames Dickicht winden. Und gar erst die Felssteiglein! Wie sind sie alle klug durchdacht und geschickt ausgeführt in ihrer schlichten und doch kühnen Anlage! Wie fördern sie den Emporsteigenden und bringen ihn rasch zur Höhe auf ihren eiligen, kurzen Kehren! In den Stein gehauen, in die Felsen gesprengt, manchenorts sogar versichert, ziehen sie hoch über den Tälern, unter den Wänden, durch die Abstürze dahin. Es gehört ein sicherer Tritt zu ihrer Begehung und ein Auge, das den Blick in die Tiefe nicht scheut.

Nur ein flüchtiger Gast ist der Bergsteiger in dieser Welt, mit der ihn vieles verbindet, die aber doch nicht die seine ist. Ein Gast gleichsam, der sich an eine wohlbestellte Tafel setzen darf, die nicht für ihn gedeckt ist. Das gibt den Jagdsteigen in den Augen des Bergsteigers einen Hauch von Abenteuer. Er weiß ja, daß es von den Jägern nicht gerne gesehen wird, wenn andere ihre Wege gehen. Und doch ist er manchmal auf einen solchen Steig angewiesen oder kommt beim Abstieg aus den Hochregionen ganz zwangsläufig darauf. Dann begeht er ihn leise und schonungsvoll, ist dankbar für den bereiteten Weg und birgt beglückt das neue Kleinod aus der Wunderwelt des Schwaben in den Reliquienschrein seiner Erinnerungen.

Wie viele Wunder der Natur kann solch ein Jägersteig dem verraten, der still zu beobachten weiß. Manchen schönen Berggang hat ein solcher Zustieg schon erleichtert, wie waren oft Abstieg und Ausklang auf solchem Weg ein Erlebnis für sich. Doch halt! Ich wollte ja nur kurz von einem Geheimnis erzählen, das zum Schwaben gehört, zu seiner Eigenart und dem Wissenden zu seinen schönsten Freuden.

Ich habe die Jagdsteige des Schwaben in einem Sammellob gepriesen — sehr leise — nicht wahr? So bin ich sicher, daß die Botschaft nur jene gehört haben, für die sie bestimmt ist.

24

TIERE AM BERG

Der Schwaben ist bekannt als sorgsam gehütetes Jagdrevier. In jahrhundertelanger Arbeit wurde dort eines der besten Gamsreviere der Alpen geschaffen und erhalten.

Deshalb wird hier zuallererst vom Gams die Rede sein, vom Lieblingstier der Bergsteiger. Sie bewundern die Eleganz und Sicherheit dieses nur scheinbar plumpen Tieres, das schwierige Kletterstellen spielend meistert. Will man einen Bergsteiger als erstklassig bezeichnen, so sagt man: „Er geht wie ein Gams." Der Gams ist das Sinnbild des Bergtieres, mehr noch als der Adler, der unnachahmlich frei in den Lüften schwebt. Der Gams ist erdverbunden. Er steht dem Bergsteiger näher, so nahe, daß dieser oftmals seine Wege geht.

Wie viele Bergwege verdanken wir dem Gams! Die klassischen Anstiege vor allem richten sich in vielen Teilen nach Gamssteigen und -wechseln. Wo ein Gams durchkommt, kann auch der Mensch seinen Weg finden, dachte man sehr richtig. Wie viele Bergsteiger hat ein Gamswechsel schon aus einer verzweifelten Lage herausgeführt! Manche vielbegangenen Wege sind aus Gamsfährten entstanden. Auch anderes Brauchbare hat der Mensch vom Gams gelernt: wie etwa die Vorherbestimmung der Wetterlage nach dem untrüglichen Verhalten der Tiere.

Wie ein Symbol für das Gamsrevier des Schwaben stehen in den Gräben seines Vorlandes Gams-Standbilder auf Felstürmen — von vielen Reisenden als „echt" bestaunt!

Doch wir Schwabengeher kennen auch die lebendigen Tiere, wir sind sogar sehr verwöhnt! Wir sehen sie rudelweise, und sie sind uns liebe, vertraute Gefährten so mancher Bergfahrt.

Auf dem Gipfel des Karlhochkogels: unter uns, auf der Karlalm, ein Gamsrudel von etwa 60 Stück. Sie galoppieren herum wie Texasreiter. Wir kommen bald dahinter, daß diese unermüdliche, unablässige Bewegung, dieses Getummel, Durcheinanderlaufen und Hochspringen nicht als Flucht oder Unruhe zu werten ist. Es ist eine sportliche Übung oder ein Spiel. Vielleicht sahen wir eben den herbstlichen Gams-Vergleichswettkämpfen des Abschnittes Karlalm zu? Es ist ganz gewiß nach festen, nur uns Menschen nicht verständlichen

Regeln zugegangen! Die Gams haben ja überhaupt einen stark ausgeprägten Spieltrieb. Daß sie sich mit den Krickeln in die Felsen hängen und schaukeln, wie manche Älpler dem bergfremden Besucher gerne weismachen wollen, ist allerdings bis dato noch nicht erwiesen! Daß sie aber eine Art von Schisport betreiben — stundenlang und mit Begeisterung —, habe ich selbst schon beobachtet.

Am oberen Rand eines Schneefeldes am Brandstein: ein Schikurs! Die Geißen spielen Schilehrer und machen es den Kitzen vor. Auf den Hinterläufen sitzend, die vorderen Läufe in den Schnee gestemmt, gleiten sie hinab. Die Kitze schauen mit großen Augen zu und springen aufgeregt herum. Zaghaft wagt sich eines oder das andere auf die tiefgefurchte „Piste". Bald aber kommen sie auf den Geschmack! Wie die Wilden sausen sie den Hang wieder empor, um nur ja rasch dranzukommen. Es geht zu wie auf einer Schi-Übungswiese. Alle Regungen, die ein Menschenkind in solcher Lage zeigt, drücken sich auch auf den Gesichtern der Tierkinder aus: Angst, Überwindung, Freude, Eifer, Übermut!

Es gibt auch eine Gehschule für Gemsen! Im Mai und Juni ist dort Hochbetrieb. Die Geißen nehmen ihre Kitze, die kaum größer als Füchse sind, zwischen die Läufe. Beschützt vom mütterlichen Körper, stolpern die Kleinen fröhlich und sorglos dahin. Vorwitzig wie alle Kinder sind, versuchen sie manchmal, dem Gehege des vierbeinigen Laufställchens zu entrinnen. Aber die Geißen sind wachsam! Mit einem sanften, aber unwiderstehlichen Schubs, begleitet von unnachahmlichen, ausdrucksvollen Lauten — einem gleichzeitig zärtlichen, stolzen, besorgten und strafenden Gemecker —, werden die Ausreißer schnurstracks wieder in den Bannkreis des Mutterleibes zurückbefördert.

Bei einer Ersteigung des Buchberger Beilstein über die Südwand sind wir einmal einer Gamsgeiß mit ihrem Kitz begegnet. Wir gingen sofort in Deckung, um sie nicht zu erschrecken. Dann krochen wir vorsichtig weiter. Da die beiden Tiere den Kamin der Südwand mit Beschlag belegt hatten, blieb uns nichts übrig, als einen anderen Durchstieg zu suchen! Durch einen gefährlichen Rißtrichter kamen wir auf die obere Terrasse. Inzwischen war die Gamsmama samt Sprößling aber auch schon angelangt. Das Kleine — es dürfte erst ein paar Tage alt gewesen sein — stellte sich noch sehr ungeschickt an. Das Muttertier aber schob es ganz einfach mit dem Äser vor sich her über die Felsen! Wenn es ins Kollern geriet, was öfter vorkam, verschränkte die Geiß blitzschnell ihre Läufe wie ein Gitter und fing es ab. Wir saßen lange im Gras und sahen den beiden zu.

Auch das Kleine äugte ständig zu uns herüber, pirschte sich immer näher heran und zeigte nicht übel Lust, uns zu besichtigen. Gams sind ja ebenso bodenlos neugierig wie Ziegen. Es wurde aber von der besorgten Mutter mit strengem Verweis „zurückgemeckert"! Schließlich mußten wir doch weitersteigen, um die beiden nicht unnötig einzuengen. Aus dem Gipfelriß niederblickend, sahen wir sie langsam über die Wandstufe abwärts ziehen — die Geiß voraus, das Kitz jämmerlich meckernd und kugelnd hinterher, aber immer wieder von den federnden Läufen des Muttertieres aufgefangen.

Im Hochschwab ist das Gamswild so vertraut, daß es sich durch die Anwesenheit von Menschen wenig stören läßt. So der „Hausgams" vom Schiestlhaus, ein lahmendes Tier, das Neugierige auf Armeslänge an sich heranließ. Auch das Murmeltier, der „Lausbub" der Berge, ist im Schwaben noch vereinzelt zu treffen, allerdings längst nicht mehr so häufig wie früher.

Auch mit Rotwild sind die Schwabenreviere gut besetzt. Und zu den herbstlichen Schwabenfahrten gehört der Brunftschrei der Hirsche in eisiger, sternheller Nacht.

Wir finden im Hochschwab mehrere beflogene Adlerhorste; häufig sind der Kleine und der Große Hahn (Birkhahn und Auerhahn); dem Bergsteiger vertraut sind die kecken Bergdohlen und die zierlichen Schneehühner, die in diesem Gebiet in Mengen vorkommen. Ein kleines Schneehuhn hat mir einmal tiefen Einblick in die Tierseele gegeben. Es war auf einer Hochalm knapp vor meinem Fuß aufgeflattert. Mit seltsam ungeschickten Bewegungen, einen Flügel am Boden nachschleifend, humpelte es einige Meter weit und sah sich immer wieder nach mir um, als wollte es mich nachlocken. Ich blieb aber ruhig stehen und bemerkte bald darauf, daß die Henne ihr Gesperre zurückgelassen hatte. Was ich vermutete, hat mir später ein Jäger bestätigt: Die Schneehühner wollen mit diesem Verhalten den Feind von den Jungen weglocken. Deshalb spielen sie „leichte Beute".

Boten und Begleiter schlechten Wetters sind die Berg- und Feuersalamander, auch Berg- oder Regenmandln genannt. In den Tümpeln der Almwiesen finden sich auch Alpenmolche, kleine Drachen mit gezacktem Rücken. Leider sind diese ganz harmlosen, nur fremdartigen Tiere allzuoft einer unnötigen Verfolgung ausgesetzt. Eine meiner Bergkameradinnen hat da immer des Guten zuviel getan und auch prompt ihren Denkzettel bekommen.

Kroch da an einem Nebeltag auf der Fölz ein Regenmandl über unseren Weg. Meine Begleiterin kreischte auf und schwor, keinen Schritt weiterzugehen. Vergeblich verlangte sie von mir, das schreckliche Untier zu entfernen. Da beschloß sie, selbst zu handeln. Mit einem langen Stock wollte sie das putzige Tierlein vom Weg drängen. In ihrer Aufregung hat sie wohl etwas zu wild herumgefuchtelt — kurz, das Regenmandl flog in die Luft — und ihr mit lautem Gepatsch mitten ins Gesicht, von wo es sanft weiter in den Halsausschnitt glitt ... Es fehlte nicht viel, und ich hätte die Bergrettung alarmieren müssen. Meine Kameradin aber war von da an „geheilt"!

Tieren, die Abscheu einflößen, weicht man eben aus. Die meisten Menschen halten sich viel zugute auf ihre Tierliebe. Bei vielen aber beschränkt sich diese Liebe nur auf Hunde, Katzen oder Pferde. Aber jedes Tier ist interessant und schön in seiner Art. Man braucht die Liebe ja nicht so weit zu treiben wie meine Freundin, die den jungen Kälbern die Nase putzt wie ihren eigenen Kindern, oder ein Bergkamerad, der mit Vorliebe Schlangen fängt und mit sich herumträgt.

Wenn ich diese Begeisterung auch nicht teilen konnte, so habe ich von diesem Tierfreund doch gelernt, auch Schlangen aufmerksam zu betrachten, deren es im Schwaben nicht wenige gibt. Und ich habe dabei entdeckt, daß diese Vielgeschmähten weder gefährlich noch abstoßend sind.

Immer wieder werde ich es mir zum Vorwurf machen, daß ich einmal am sinnlosen Tod einer Schlange mitschuldig wurde. Wir hatten beim Jägerhaus in Buchberg Erdbeeren gepflückt und dabei eine Schlange gesehen, die vor der Haustür lag. Anstatt sie zu verjagen, haben wir sie einem Hausbewohner gezeigt, der sie sofort erschlug. Es war eine Ringelnatter, wie wir erst nachher bemerkten. Ihre starren Augen haben mich noch lange verfolgt.

Nicht sinnlos töten! Auch nicht das kleinste, niedrigste Wesen! Alles ist Leben, das seinen Sinn in sich trägt, wenn er uns auch unbegreiflich erscheint.

Da schwirrt eine Berghummel aufgeregt am Fenster der Präbichlbahn. In Not und Angst verfehlt sie immer wieder den rettenden Ausgang. Die Frau mir gegenüber hebt die Hand. „Wart', der werd' ich's zeigen!" sagte sie zu ihrem Kind. Und schon liegt eine Tierleiche auf dem Boden. Der hoffnungsvolle Sprößling lernt daraus, alles Getier in seinem Bereich mit wissenschaftlichem Eifer zu zerquetschen. Ich frage die Frau, warum sie das getan hat. Erst schaut sie mich verständnislos an. „Ist ja nur a Viech", sagt sie dann. „Hat da nix zu suchen!"

Ein Tier, das ungewollt in die Bereiche des Menschen gelangt ist, ihn mit seiner Anwesenheit gestört hat — aber wie oft dringen wir Menschen in das Reich der Natur ein! Nicht gezwungen, mutwillig und zerstörend! Sind nicht viel eher wir die Fremdlinge, die Störenfriede, die dort Unruhe stiften, wo sie gar nichts zu suchen haben? Man tötet ohnedies manchmal, ohne es zu wollen. Mein bitterstes Bergerlebnis mit Tieren war solch ein ungewolltes Töten. An einem wunderschönen Sommertag war ich durch das Polsterkar hinabgelaufen, von der Ebenstein-Nordwand kommend, voller Bergfreude nur mit mir selbst beschäftigt. Erst durch ein merkwürdiges Knirschen unter meinen Schuhsohlen wurde ich aufmerksam: Schnecken, Hunderte, Tausende von kleinen, zarten Bergschnecken mit weißschwarz geflammtem Gehäuse krochen im Gras herum. Und ich hatte schon welche zertreten! Es half aber kein Ausweichen — die Schnecken waren überall, bedeckten jeden Fußbreit Bodens. Und ich brachte den hundertfachen Tod über sie. Immer wieder das schreckliche Geräusch meiner Tritte ...

Mit zugehaltenen Ohren floh ich das Kar hinab. Die Freude an dem herrlichen Bergtag war mir verdorben, ja sogar der Sinn des Bergsteigens schien mir in Frage gestellt, wenn dadurch Lebewesen zu Tode kamen. Wie hart kann doch das Leben sein!

Mein reizendstes Tiererlebnis im Hochschwab aber verdanke ich dem Gipfelhasen vom Kloben. Beim Bodenbauer hatte es uns wieder einmal eingeregnet. Damit wir etwas zu tun hatten, wanderten wir über die Häuselalm auf die Rasenkuppe des Kloben. Auf seinem Gipfel hockten wir uns im Regen um den kleinen, halbzerfallenen Steinmann und rasteten.

Plötzlich bemerkte ich, wie die Steine sich leicht bewegten. Ich sah mit offenem Mund zu und zupfte mich an der Nase, ob ich etwa träumte: ein lebender Steinmann! Sowas hatte ich noch nie gesehen. Reichlich merkwürdig das Ganze, zumal der Steinmann auch plötzlich Ohren bekam: lange, spitze Ohren, richtige Löffel ... da griff ich zu — und zog aus den Blöcken einen Hasen hervor. Einen wirklichen, lebendigen Hasen, naß und zerzaust, mit riesigen Angstaugen und klopfendem Herzen! Ich zeigte ihn meinen Kameraden, dann steckten wir ihn behutsam in seine Behausung zurück, wo er sogleich wieder zu rumoren anfing. Ein alpiner Hase, 2000 Meter hoch! So hatte dieser verregnete Tag uns noch ein liebes Erlebnis beschert. Wie reich und schön kann doch das Leben sein!

ES BLÜHT AM SCHWABEN

Trotz Wasserarmut und Verkarstung wächst und blüht es am Schwaben. Leben, blühendes Leben überall, von den saftigen Matten und Wäldern der Vorberge bis in die felserstarrten Gipfelbereiche. Von schlichten Wiesenblumen über seltene Orchideen bis zum herrlichen Farbenkontrast rostroter Felsflechten auf blaßblauem Kalkgrund.

Das pflanzliche Leben, das strotzende, wuchernde Geblüh entzückt den Menschen schon im Tal. Im Gebirge aber ergreift es ihn: das unentwegte, tapfere, kämpferische Pflanzendasein, das trotz aller Armut und Härte des Bodens Blüte und Frucht trägt — schönere Blüte oft, als sie sich im Tal findet!

Jede Felswand am Schwaben hat ihr Leben. Da hat sich eine Alpenweide in eine Runse gezwängt. Ein unentwirrbares, staubiges Geflecht krummer Wurzeln und Äste: aber die Pflanze lebt. Sie blüht, und grün sind ihre Blätter. Auf sandigem Höhlengrund wächst der Holunder, dem Kletterer wohl vertraut als „Höhlenbewohner". Eifrig und unverzagt breitet er sich aus — dem Lichte zu.

Bis in den steilsten Abgrund hinein steigt das Berggras. Es gibt so manchem Kletterweg am Schwaben den Anhauch der Gefahr. Seidenglatte, langmähnige Büschel von Gras quellen aus fingerbreiten Ritzen. „Blumentöpfe" nennt sie die anschauliche Bergsteigersprache so treffend! Dann wieder sind Teppiche aus kurzem, krausem Gras an die Grate gehängt, über die Wände gespannt. Und erst die Kuppen der Schwabenhochfläche: Wie ist es so herrlich, nach schwerer Fahrt in den Wiesen der Gipfel zu ruhen! Die harten, kieselsäurehältigen Halme können aber auch recht schmerzhaft stechen, wenn man nicht mit ihnen umzugehen weiß!

Im Hochsommer ist die Hochfläche übersät mit Bovisten. Das Schwabenvolk stellt die weißen, eiförmigen Dinger dem Unkundigen gerne als „Gamseier" hin. Und manche glauben die Mär sogar!

Ja, noch im lotrechten Felsabbruch lebt es, den keines Menschen Fuß jemals betritt: In den „Tintenstrichen" und Wasserflecken hausen Algen und Moose.

Die Waldgrenze liegt im Schwaben sehr niedrig, manchenorts schon um 1000 Meter Seehöhe. In dieser Zone beginnt an vielen Stellen schon der geschlossene Fels. Auffallend sind in den Tälern die Laubwaldungen — in ihnen wieder viele Buchen und Ahorne. Sie geben dem Schwabenherbst ein gut Teil seines vielgerühmten Zaubers: das dunkle Buchenrot und das Gold der Ahornblätter.

Etliche Schwabengräben und -täler wirken durch ihre ebenen Böden mit Prachtstücken von Bäumen wie ein gepflegter Park, das Brunntal vor allem, aber auch das Buchbergtal oder die Höll. Im krassen Gegensatz dazu steht die Waldwildnis vieler anderer Gebiete. Hie und da beginnt sogar die Urlandschaft gleich neben dem „Park" — wie etwa ober dem Höllboden der urwüchsige Wald des Unteren Ringes mit seinen gigantischen Baumgestalten.

Ein uriger Wald von einmaliger Art ist der Schafwald, eine Busch- und Baumwirrnis aus Krummholz und Hochwald zwischen Brandstein und Griesstein. Wer dort vom Weg gerät, kann sich wie im tiefsten Dschungel fühlen: in stickiger Luft, gefangen von moderndem Baumleichen und geisterhaft wucherndem Unterholz. Das unheimliche Husten eines Rehbocks aus der Ferne oder gar der Urlaut eines Hirsches macht die Illusion vollkommen.

Plötzlich steht man inmitten eines Dolinenkraters oder eines Kessels aus gestürzten Bäumen, drohend aufgerichteten Wurzeln und seltsam geformten Felsblöcken. Es würde nicht sonderlich überraschen, wenn ein überlebensgroßer Bär oder der sagenhafte Tatzelwurm auftauchte. Durchzieht aber gar noch Nebel oder leiser Regen den Wald, wird er zum beklemmenden Erlebnis.

Auch der Sackwald zwischen Häuselalm und Bodenbauer zeigt ähnliches Wachstum, allerdings noch gemäßigt.

Weit über die Wälder hinaus wagen sich einzelne Bäume und Baumgruppen vor. Ein typischer Bergbaum ist die lichte, lebensfrohe Lärche. Sie ist es, die sich auch am Hochschwab den Felsen am nächsten verbindet. Ja, sie wagt sich sogar mitten in die Wände hinein! Man könnte meinen, sie habe das Herz eines Bergsteigers.

Übertroffen aber wird sie noch von der Legföhre, die auch als Zunder oder unter dem Sammelnamen Krummholz bekannt ist. Im Steirischen nennt man sie Zerbe, öfter aber noch Latsche. Ist die Lärche der Bergsteiger unter den Bäumen, so ist die Latsche der Kletterer. Ein ganz „extremer" sogar! Sie scheut vor den wildesten Wänden, der größten Ausgesetztheit nicht zurück.

Diese Zwergbäume wachsen am Schwaben in ganzen Wäldern und bedecken große Teile der Hochfläche. Mit ihrem massenhaften Vorkommen, ihrer Zähigkeit, Bedürfnislosigkeit und manchen anderen erwähnenswerten Eigenschaften, von denen noch die Rede sein wird, nehmen sie einen Ehrenplatz unter all den Gewächsen am Schwaben ein. Nicht der adelige Ahorn, nicht die geduldige Buche, nicht die flammengleiche Lärche — die dunkle, derbe, gemeine Latsche ist der Baum des Schwaben.

Welcher Schwabengeher hätte noch nie mit Latschen zu tun gehabt, diesem verrufensten und doch beliebtesten Gewächs des Gebirges? Wer hätte sie noch nie ins Pfefferland verwünscht? Ich kenne Bergsteiger, die die Latschen mehr scheuen als ein Hochgewitter, die zehnmal lieber über eine schwierige Wand abklettern, als auch nur einen Schritt ins Krummholz zu tun!

Glaube keiner, er könne es mit den Latschen aufnehmen! Das haben schon viele versucht. Munter sind sie mitten in das Dickicht hineinmarschiert: Das werden wir gleich haben! Ja, gleich haben wir

es: Ein paar Schritte läßt einen dieses hinterlistige Latschenvolk groß-
mütig tun. Dann aber ... wie hilflose Bündel werden wir von federnden Ästen herumgeschnellt. Eine Latsche spielt der anderen den Dummen zu: Da hast du ihn zur weiteren Bearbeitung! Latschen sind un-
erbittlich, sie zerkratzen uns Arme und Beine, verkleben die Hände
und zerreißen das Gewand. Mit hundert Armen greift es nach uns,
fährt vor dem Gesicht herum, bis uns die Latschenangst packt und
wir wie Ertrinkende uns selbst immer tiefer hinabstoßen. Krachend
stürzen wir in ungeahnte Hohlräume, die sich zwischen scheinheiligen
festen Wurzeln plötzlich auftun. Und nicht eher werden wir entlas-
sen, bis wir nicht gänzlich „aufgearbeitet" sind! Vorher haben sie uns
noch mit einer Art von schwarzem Puder von oben bis unten einge-
staubt. Abgekämpft, schwarz wie die Neger, verlassen wir die Latschen — denen wir es doch zeigen wollten.

Nur wenige Sterbliche gibt es, die mit ihnen fertig werden.
(Im Vertrauen gesagt — es sind gewiß schwarze Künste, die dazu notwendig sind!) Nur mit ganz jungen, kniehohen Latschenkin-
dern kann man es mit Vorbehalt und Vorsicht versuchen, indem man
sie brutal überrennt ... Meistens gelingt es, sie zu unterjochen.
Manchmal haben aber auch die hoffnungsvollen Kleinen schon ihre
Fußangeln ausgelegt — nur zur Probe natürlich —, in die man
prompt hineintappt.

Man kann tun, was man will — man kommt nicht auf gegen sie!
Latschen sind eine Naturgewalt.

Vielleicht hat man ihnen aus Rache den häßlichen Namen gegeben? Latschen! Man spürt darin die Stickluft im Krummholz, die
ganze Müdigkeit eines heißen Bergtages, und der Anklang an das
Wort „Hatschen" ergibt sich wie von selbst ...

Und doch: Die Latschen gehören zu unserem Leben am Berg, im
Guten wie im Bösen. Wie eben das Gute u n d das Böse zum Leben
gehören — auch in den Bergen. Denn auch die Latschen haben ihre
angenehmen Seiten.

Denkt nach, Bergkameraden! Wie oft hat euch der würzige Ruch,
das dunkle Geleucht der Föhrennadeln erfreut! Wie oft habt ihr im
Vorbeigehen eine solche Nadel zerrieben und den scharfen, beleben-
den Duft eingesogen! Wie oft seid ihr nach beendeter Bergfahrt be-

schaulich in den Latschen gelegen. Wie kann das tiefe Grün einer Krummholzinsel das Auge erquicken nach all dem wirren Weiß der Wände! Den Tieren der Berge sind sie Schutz und Schirm. Und die verachteten Latschen geben uns einen wundersamen Saft, das heilsame, duftende Latschenöl.

Vielleicht aber habt ihr gar einmal in einer „klassischen" Hochschwabführe nach einem festen, frischen Latschenast gegriffen, der besseren Halt gab als das brüchige, grasige Gestein? Ja: der vielleicht sogar die einzige Möglichkeit bot, hochzukommen?

Im Schwaben zeigen die Latschen auch pflanzenbiologische Seltenheiten, die man nur ganz vereinzelt anderswo in den Alpen beobachten kann: die sogenannten Talwanderungen. Im Tragösser Tal, in der Fölz, in Buchberg und im Salzatal können wir sie, die sonst erst über der Waldgrenze beheimatet sind, schon in 600 bis 700 Meter Seehöhe finden.

Kaum bekannt ist der Hochschwab als Beerenparadies. Bei einer Fahrt durchs Buchberger Tal im Hochsommer kann man die Erdbeeren schon von der Straße aus riechen (wenn man die richtigen Schläge weiß!). Aber gegen die Erdbeermengen, die es an der Nordseite des Schwaben fernab begangener Pfade gibt, verhalten sich die Buchberger Standorte nur wie ein kleines Obstkörbchen zu einem vollbeladenen Marktstand.

Der Schwaben ist reich an verschiedenen kalkholden Blumenarten. Manche Almen — wie die Sonnschien — sind im Frühsommer ein wahrer Alpengarten. Dort ist es besonders der dunkelblaue stengellose Enzian, der die Matten übersät. Aber auch der kreuzblütige Enzian mit seinem düsteren, seltenen Tintenblau und der herrische Pannonische Enzian in Purpur und Lila sind im Schwaben zu Hause. Und zur Herbsteszeit baut der Germanische Enzian auf den kurzrasigen Wiesen seine Blütentürmchen von der Farbe blasser Veilchen auf.

In allen Schwabenhochtälern sind vielerlei Orchideen zu finden, besonders auch die entzückende, zierliche Brunelle, die man im Steirischen als Kohlröserl kennt. Sie besiedelt mit Vorliebe die Rasenstreifen hoch oben unter den Wänden. Im westlichen Schwaben gibt es sogar alle drei Abarten nebeneinander, was sehr selten ist — das weiße, das rote und das schwarze Kohlröserl!

34

Auch der Frauenschuh, die schönste heimische Orchidee, die den Laubwald liebt, kommt in Hochschwabtälern vor. Die farbenfrohe Blume mit den gierigen, gelben Lippen und den purpurroten, beweglichen Flügeln ist ein eigenartiger Anblick. Wer sie zum erstenmal sieht, dem mag die Fallenstellerin wohl wie ein wunderliches, gefährliches Tierlein erscheinen. Ähnlich fremdartig zeigt sich die Türkenbundlilie, die mitunter gar keck auf Felsvorsprüngen haust und den Juliwald mit ihrem schwülen Geruch nach Menschenhaar erfüllt.

Im Vorgelände des Schwaben steht ein einsamer, wenig besuchter Berg. Im Winter verirren sich zuweilen einige besonders unentwegte Schifahrer dorthin; in anderen Jahreszeiten kennt man ihn kaum. Er aber duckt seinen walddunklen Buckel geduldig vor den hochfahrenden, flammensteilen Türmen und Wänden. Vielleicht denkt er: Auch meine Zeit wird kommen!

Und seine Zeit kommt, wenn der Schnee zu tauen beginnt: mit weißen, rosenwangigen Schneerosen; mit einer spitzenzarten Decke aus Frühlingsheide; mit den giftroten Blüten des Seidelbastes, der förmlich kleine Wälder bildet. Und sie kommt im Sommer mit Feuerlilie, Frauenschuh und Türkenbund. Da wird unser kleiner, verachteter Voralpenmugel ein Blumenwunder, ein Zauberberg. Der Feuerlilienberg des Schwaben! Wenn er immer so einsam bliebe wie jetzt!

Eine geheimnisvolle Blume, dem Menschen besser durch ihren Duft als ihr Aussehen bekannt, ist der Speik, in den steirischen Bergen noch weit verbreitet. Das zarte Pflänzchen mit der fast unsichtbaren Blüte und der kraftvollen, durchdringend duftenden Wurzel tritt am Schwaben so massenhaft auf, daß Flurnamen davon Zeugnis geben: so die Speikböden westlich des Hauptgipfels.

In unserem Gebirge wächst auch noch, gut versteckt, ein wenig Edelweiß. Es blühen die Almrosen zu ihrer Zeit wie auch die herzhaften, gelben Butterkugeln der Trollblumen. In den Vorlanden des Schwaben duftet im Mai und Juni die Narzissenblüte. Die krankhaft schöne, wachsweiße Todesblume der alten Griechen, Sinnbild des unerlöslich in sich selbst verliebten Götterjünglings Narziß, ist in unseren Zeiten und Ländern zur Blume der Lebensfreude erhoben worden. Die alljährlichen Narzissenfeste der nördlichen Steiermark wurden bereits zum festen Brauchtum.

Doch keine dieser Blüten ist die Blume des Schwaben. Auch die Schneerose ist es nicht, das blasse Kind des Vorfrühlings, das alle Hochschwabtäler deckt wie frischgefallener Schnee, in ihrem Gefolge das zartrote Heidekraut als wirkungsvollsten Rahmen ihrer Schönheit mit sich führend. In warmen Wintern wagt sie sich schon zur Weihnachtszeit hervor; Christrosen nennt man die bleichen Glocken im Volksmund. Sie ist eine Talblume, verläßt die Wälder kaum und geht nicht gerne auf den Berg.

Die Blume des Schwaben, einzig und allein die Eigenart dieses Gebirges verkörpernd, ist die gelbe Aurikel, der Petergstamm. Von der Beliebtheit einer Blume zeugen die vielen Namen, die sie im Volk hat. Und die Aurikel hat deren unzählige, wie auch das Kohlröserl.

Es ist eine Pflanze voller Saft und Kraft, voller Leben und Duft. Eine Blume des Frühlings in der Farbe der Freude. Sie bringt die ersten strahlenden Farben nach all dem winterlichen Weiß ins Gebirge: ein helleuchtendes Gelb und ein bläulich umschattetes Grün. Vom Vorfrühling bis in den Hochsommer hinein, fast ein halbes Jahr lang, überschwemmt der Petergstamm in verschwenderischer Fülle den Hochschwab. Seine Vielseitigkeit ist erstaunlich: Im März blüht er in den tieferen, von April bis Juni in den höheren Regionen und im Juli noch in den gipfelnahen, nordseitigen Karen. Er steht in den Schrofen genauso wie in den Wänden, nimmt aber auch mit Matten und Halden vorlieb. Am liebsten aber siedelt er an hohen Orten, an Plätzen, wo er frei, allein und beherrschend stehen kann. Schöner, lebendiger noch ist er als das duftlose Edelweiß.

Das ist es wohl auch, was den immer zur Bewunderung bereiten Menschen an dieser Blume so magisch anzieht und was manchem Ungeübten zum tödlichen Verhängnis wurde.

Mit seinen fleischigen Stengeln, den kraftvoll gerundeten Blättern, den knallgelben Blüten, dem starken, betäubenden Geruch, mit seinem Anklammern und Festsetzen ist er ein Urbild pflanzenhafter Stärke, Symbol von Kraft und Herrlichkeit des Bergfrühlings, von der Unbesiegbarkeit der Bergblume.

Der erdhafte, kernige Name paßt zu ihm wie kein anderer seiner vielen Namen — Petergstamm —, der Stamm auf dem Felsen, so könnte man ihn deuten.

Blume des Frühlings, Blume der Freude: Wer je gesehen hat, wie die Stämmchen des Petergstamms aus den Schwabenfelsen quellen, schwer und strotzend von Leben, fast tropisch wuchernd, bis zu vierzig Blüten an einer Dolde, der weiß, daß nur der Petergstamm die Blume des Schwaben sein kann.

Ein Wort zum Natur- und Umweltschutz im Schwaben: Unser steirisches Gebirg ist wohl vielbesucht, aber noch nicht überlaufen zu nennen; vielleicht wegen seiner Lage in Ostösterreich, abseits vom großen westösterreichischen Touristenstrom. Das darf uns aber nicht hindern, alle Vorkehrungen zum Natur- und Umweltschutz auch hier zu treffen und die gesetzlichen Bestimmungen einzuhalten. Ich möchte gar nicht besonders darauf hinweisen, daß für Naturfrevel strenge Strafen ausgesetzt sind. Nicht allein die Angst vor Strafe, vor dem Gesetz, dürfte es sein, die uns die Naturwunder des Schwaben schützen läßt; es müßte jeder, der das Gebirge betritt und durchwandert, wissen, daß es sich hier um unersetzliche Werte handelt, die hilflos unserem Schutz anvertraut sind. Ich möchte auch gar nicht besonders den ethischen Standpunkt vertreten, obwohl man kürzlich festgestellt hat, daß Pflanzen und Blumen f ü h l e n d e Lebewesen sind, die ein Eigenleben haben, sogar eine Art von Gedächtnis, und Frevler und Peiniger registrieren und wiedererkennen können! Nein, jeder von uns müßte das Gesetz in sich haben und befolgen: alles ihm anvertraute Leben, und sei es das der geringsten Pflanze, des niedrigsten Tieres, zu schützen. Es ist, besonders im Gebirge, unersetzlich.

Es müßte auch viel mehr Aufklärung geben; viel zuwenig ist es bekannt, daß jede Verschmutzung einer Doline schwerwiegende Folgen für die Qualität des Hochschwabwassers haben kann, welches, wie eingangs erwähnt, der Zweiten Wiener Hochquellenleitung zufließt. Solche Urbegriffe müßten schon in den Elementarschulen gelehrt werden!

HERBST IN DER TRAWIES

Herbst in der Trawies! Das ist ein Zauberwort. Sprich es aus — schon siehst du den Schwabenherbst vor dir in seiner berückendsten Gestalt. Herbst in der Trawies! Das ist keine Landschaft in Braun-

Moll wie die dunklen Tauern. Das ist ein jauchzender Farbenakkord in hellstem Dur: goldrot — felsenweiß — himmelblau! Ein einziger Brand ist es, vom Feueratem des Herbstes entfacht. Alles ist Wärme, Fülle und Licht. Alles brennt: heller das Niederholz, dunkler die Beeren im Moos; und darüber die roten Buchen und der goldene Ahorn. Das Märchen ist wahr geworden vom Bäumchen mit den goldenen Blättern.

Über dem krachdürren Krummholz knistert die Hitze, und über den Schutthalden flimmert die Luft. Doch all das Herbstfeuer ist nur ein kleines Flackern gegen den himmelauf lodernden Fels: Da oben brennt weißglühend die Stangenwand. Und wir selber brennen mit. Einmal noch vor dem Winter flammen wir auf in allen Gluten des Felsfiebers.

Herbst in der Trawies! Wir haben die Ernte eingebracht, die Ernte eines reichen Bergjahres. Nun wollen wir Nachlese halten. Und oft mag es geschehen, daß auch die Nacherrnte Bergsegen bringt — köstlicher, ausgereifter noch als das im hastigen Erraffen der großen Sommerfahrten heimgeholte Gut ...

Herbst in der Trawies! Das ist ein kleines braunes Zelt am Trawiesbach, dort wo die Bäume schirmend zueinandertreten. Ein winziger Fleck nur von leidlich ebenem Boden, beschützt von alten Zeltblättern; eine Unterlage aus üppigem Farn, eine Feuerstelle, lebendiges Wasser. Ringsum der Busch, der Wald, die hohen, harten Berge. Was brauchen wir mehr, um glücklich zu sein?

Die Tage in der Trawies: Wir hängen in den Wänden, welche die Sonne widerstrahlen, wir kriechen durch kühle Schluchten, stemmen uns in staubtrocknen Kaminen empor; wandeln auf windumtosten Graten und ruhen selig auf den Gipfeln. Wir greifen ins stachelige Herbstgras und spüren, wie dünn und abgeklettert die Haut an den Fingern geworden ist. Mit zerrissener Kletterkluft steigen wir ab ins Tal. In einem alten Hut tragen wir einen Teil unseres köstlichen Nachtmahls mit: Beeren, die wir unterwegs gepflückt.

Wo der müde gewordene Wasserfall wie eine sanfte, lauwarme Brause durch den Tobel tropft, nehmen wir ein Bad. Dort hat der Bach den Fels zu Mulden geformt. Klares, warmes Wasser steht darin. Den ganzen Tag hat die liebe Sonne in unsere verborgene Badestube gelacht. Nun ist auch der Felsen sonnenwarm. Was für ein herrliches Wort! Wir lassen es auf der Zunge zergehen, und es rinnt mit dem Sand und den Tropfen durch unsere Hände. Wir spüren es wohlig im Rücken und an den nackten Sohlen, die spielend über die Felsfalten gleiten — sonnenwarm. Was brauchen wir mehr?

Die Nächte in der Trawies: Das Lagerfeuer verglimmt. Einer spielt auf der Harmonika verlorene Weisen. Die Töne steigen ins Dunkel der Bäume empor, verlieren sich in der Nacht, werden eins mit ihr. Es knackt im Walde, etwas tappt heran, steht starr vor unserem Zelt, sieht uns mit großen, feuchten Lichtern an: ein Reh. Ohne Hast stakt es wieder davon. Und wir schauen weiter in die Sterne.

Geruhsam tun wir all die kleinen Arbeiten, die ein Zelthaushalt verlangt. Mit wichtiger Miene deckt einer zuletzt die Feuergrube zu. Dann kriechen wir in unser Haus und verschließen es ganz fest. Die Luft ist schon kühl und scharf in den Nächten. Und dann „schlafen wir in süßer Ruh bis morgens in der Fruh", wie es im Lied vom „spaten Abend" heißt.

Kann sein, daß einer in der Nacht einmal auffährt: „Halt fest!" Den läßt der Fels auch im Schlaf nicht los. Oder etwas stürmt durch den Wald, ganz nah am Zelt vorbei — da fahren wir wohl alle auf. Es ist nur ein Tier. Was kann denn schon geschehen im Wald in der Trawies? Und wir schlummern weiter bis in den leuchtenden Morgen hinein.

Es steht ein Türmlein über der Trawies, ganz unauffällig unter dem klotzigen Bergfried des Beilsteins und der fürstlichen Burg der Stangenwand. Dennoch ist es schon vor der Jahrhundertwende bestiegen worden, zu einer Zeit, als noch lange nicht alle Gipfel im Schwaben ihre Liebhaber gefunden hatten. Es ist das Niedere Türndl, ganze 1635 Meter hoch. Gegen den Schönberg zu weist es einen Latschenrücken, in dem gerne Gamswild steht. Zum Talschluß von Buchberg zeigt es einen merkwürdigen Absturz. Die nackten Felsen der Hundswand gehören dazu, daran man vorbeigeht auf dem Weg in die Trawies; höher oben eine arme, kahle Leiten, und unter dem Gipfel, der fürwitzig emporstrebt, hängt ein Pfeiler mit einer eisglatten Platte daran.

Das Pfeilerchen hatte es mir schon lange angetan. Einmal in der

Trawies machte ich einen Gefährten darauf aufmerksam. Das sei doch etwas, wozu man einen halben Rasttag gut verwenden könnte? Der Kamerad sah hinauf. Dann wurde mir bedeutet, daß dies eine „Gstätten" sei, keines Blickes würdig. Was soll ich sagen — auf einmal befanden wir uns auf unerklärliche Weise trotzdem auf dem Wege zum Schönberg! „Du brauchst es ja nicht anzusehen", sagte ich tröstend zu meinem Begleiter. Er muß aber doch hingeschaut haben! Denn plötzlich vernahm ich — o Wunder der Bergsteigerseele —: „Schaut eigentlich gar nicht so schlecht aus!" Eine Viertelstunde später erklang es: „Ist sogar recht hübsch, wie ein kleines Matterhorn!" Wirklich steilte, von unserem Standpunkt aus gesehen, das Türndl wie ein Horn empor.

Ich frohlockte. Eine weitere Viertelstunde später stiegen wir bei den letzten Lärchen in den Pfeiler ein.

Es war ein ganz eigenartiges Gelände, wie ich es ähnlich nie mehr erlebt habe. Nicht gerade schwierig, aber kleingriffig und kleintrittig, der Fels nach unten geschichtet. Keine Sicherungsplätze. Es blieb uns nichts übrig, als weiterzuklettern, immer weiter. Nur ja keinen Aufenthalt! Noch dazu erwies sich unser „Matterhörndl" als recht ausgesetzt. So strebten wir an der eisglatten Platte schnell vorbei. Sie war so über den Abgrund hinausgebaut, daß uns graute.

Außer Atem, mit zitternden Knien, langten wir schließlich am Gipfelgrat an. Es war hoher Mittag, eine brütende, schattenlose Mittagsstunde, der Himmel war dunkel, obwohl die Sonne schien. Wir rasteten auf dem zerklüfteten Gipfel und machten schnell noch einen Besuch über den Scherbengrat hinüber zum Hohen Türndl (1703 m). Doch konnten wir nicht recht froh werden; zu sonderbar war die Fahrt gewesen, zu spukhaft der Fels im Aufwärtshasten an uns vorbeigezogen. Mein Kamerad greinte erbärmlich. „Misthaufen" und „Nervenkletterei" nannte er das kleine, unschuldige Türndl!

Erst beim Abstieg wurde uns wohler. Wir sahen mit Freuden, daß dieses merkwürdige Türmlein doch ein eigenständiger Berg ist, da es von allen Seiten nur mit Kletterei erreicht werden kann. An den Flanken fanden wir sonderbare, halbmeterhohe, steinharte Moosbänke. Und da unten lag unser Zelt, klein wie ein Spielzeug, am Waldrand. Das war Heimat in der Verlorenheit dieses Tages.

Im Abwärtsgehen hörte ich plötzlich: „War aber trotzdem ganz interessant." Und als wir im Lager ankamen — da war der Berg wieder ein kleines Matterhorn. O Wunder der Bergsteigerseele!

Herbst in der Trawies: Das ist die Zeit der kleinen Fahrten, der leisen Dinge, der Berge, daran man zu anderen Zeiten achtlos vorbeigeht.

Im Herbst habe ich Freundschaft geschlossen mit dem Buchberger Beilstein. Freundschaft mit einem Berg! Er hat sie mir treu gelohnt. Und ich hatte ihn neben der Stangenwand zuerst gar nicht bemerkt. Als sie mich aber einmal abgewiesen, da wandte ich mich voll Trotz dem nächstbesten Gipfel zu. Und siehe da, es war nicht der nächstbeste, es war der beste!

Heute ist der Buchberger Beilstein mein Berg in der Trawies. In die weichen Falten seines südseitigen Grasmantels geschmiegt, habe ich dort manche Stunden verträumt. Ich habe den Berg überschritten von Osten nach Westen, von Süden nach Norden, auf leichten, lieben Felswegen. Ich habe hinübergestaunt über die Ostkante zur Stangenwand, die von dort so wild und abenteuerlich zu sehen ist wie von nirgendwo anders. Ich habe mit Kameraden die Gams in der Südwand belauscht und dem Wunder des Dohlenfluges zugeschaut.

Ich kenne die Ostrinne, wenn sie tief verschneit die „wilde Eisrinne" spielen will; den Nordanstieg mit seiner „bösen Ecke", an der mein sonst recht tüchtiger Gefährte unsicher geworden war, weil ihn die bösen Bergdohlen so hartnäckig umkreist haben; den lichten Südweg über die grünen Grasterrassen und Dr. Oberssteiners Westwandweg, der kurz und bündig, aber sehr erfrischend ist. Es waren lauter kleine Erlebnisse, zarte Pinselstriche und Farbtupfen auf einer großen Leinwand; aber im ganzen überblickt, ergeben sie ein Gemälde, das ich immer wieder gerne betrachte.

Der Buchberger Beilstein hat ein Gesicht. Man weiß nicht recht, was es ausdrücken will. Es ist ein harter, eigensinniger Bergkopf. Mir scheint aber, wenn ich ihn lange ansehe, als lache er und zwinkere mir zu. Und ich freue mich immer wieder, wenn ich vom Buchberger Tal aus den scharfgeschnittenen, hohen Thronsessel sehe, auf dem der Buchberger Beilstein sitzt, oder von der Hochfläche aus den verwegen überzogenen Schlapphut seines Gipfels.

So hat wohl jeder seinen „Herzensberg", dem er innig zugetan ist und zu dem er immer wiederkehrt.

Oft verirren sich auch „Fremdlinge" aus dem Tal in die Trawies. Sie haben gar viel zu fragen. Wenn wir sehen, daß sie aufrichtiges Interesse an den Bergen haben, lassen wir uns gerne in ein Gespräch verwickeln. Es gibt aber auch solche, denen wir erklären, daß wir uns mit Kletterleim an die Felsen kleben und denen wir zum Beweis das Töpfchen zeigen, in dem der Hansl unseren mittäglichen Schmarrn angerührt hat. Oder wir erzählen von dem herrlichen „eisgekühlten Kracherlstand" mitten im Rauchtal, auf den uns schon einige hereingefallen sind.

Dann kommen nach all dem Glück, der Glut und dem Glast Tage, die sind wie mit Tüchern verhangen. Die Luft ist wie Watte, und die Bäume lassen traurig ihre Haare hängen. Plötzlich jammert einer über die Wurzel, die ihn schon nächtelang im Zelt ins Kreuz drückt, von der vorher aber noch niemand etwas gehört hat. Wir sitzen herum und haben keinen „Geist".

Wir wissen es schon alle. Aber keiner spricht es aus, daß es zu Ende geht.

Herbst in der Trawies! Nach einem dumpfen Tag kommt dann eine Nacht, da weckt uns sanftes Getrommel auf der Zelthaut. Es regnet! Das ist die Marschmusik des Herbstes. Beruhigt legen wir uns aufs andere Ohr. Bei aller Wehmut ist der Gedanke tröstlich, daß wir morgen nicht auf den Berg müssen.

In der Frühe lastet das Zeltdach schwer auf uns. Draußen ist es überlicht und totenstill. Wir treten vors Zelt und sehen: Es hat geschneit. Die Trawies ertrinkt in Wasserschwaden. Unendlich weit, hoch oben steht die Stangenwand. Ein schwarzer und schweigender Turm, von finsteren Vögeln umkreist. Wir brechen das Zelt ab. Wir kehren heim in jene andere Welt, die auch die unsere ist.

Wenn es uns dort zu schwer wird, dann denken wir: Es gibt noch den Schwaben. Es gibt noch die Trawies. Es wird immer wieder ein Schwabenherbst kommen. Wir werden glücklich sein. Was brauchen wir viel dazu?!

Den Herbst im hellen Kalkgefels, die hohen harten Berge und ein kleines Zelt in der Trawies . . .

42

VOM UNBEKANNTEN SCHWABEN

Unbekannter Schwaben? wird mancher zweifelnd fragen, der das Gebirge zu kennen glaubt. Gibt es denn heutzutage, zur Zeit der Übererschließung der Alpen, wirklich noch Unbekanntes in den Bergen?

Ja: Es gibt noch so viel Unbekanntes in unserer Heimat, daß ein ganzes tatenfrohes Menschenleben viel zu kurz ist, um alles zu sehen und zu erleben! Klein ist unsere Welt geworden und eng: Wir können sie in wenigen Wochen, ja Tagen durchrasen von Pol zu Pol. Menschen, Fahrzeuge und Straßen engen uns ein. Und zur gleichen Zeit ist die Welt doch wieder größer geworden: denn der Kreis der Eingeweihten hat sich verkleinert. So bleibt das Unerschlossene unter wenigen aufzuteilen . . .

Man muß es nur zu finden wissen! In manchem Bergland hat es sich schon zurückgezogen in die innersten Winkel. Anderswo liegt es noch zutage, wie etwa an der Nordostseite des Hochschwab. Dort gibt es auch heute noch manches Geheimnis.

So zeigt uns der Hochschwab auch hier sein Janushaupt: auf einer Seite das vielbegangene, erschlossene Wandergebiet, auf der anderen das wilde, weglose Ödland, die Heimstatt der Bergeinsamkeit, von der ich erzählen will als von einem großen Wunder der Berge.

Rotriegel

Die Zeller Staritzen sind ein gutes Stück vom unbekannten Schwaben. Nur von Osten her ist der Weg frei auf ihre herrlichen Hochweiden. Aus dieser Richtung ziehen auch die Alm- und Jagdstraßen zur Hochfläche hinauf.

Nach Westen und Süden aber umgibt mit dem Rotriegel und dem Brandstein ein Panzer von Felsen den Stock des Gebirgs, und nach Norden fallen die Reitmäuer steil zur Salza ab. Unwirtliches Bergland ist es, nur von wenigen, oft kaum angedeuteten Steigen durchzogen. Wer es betritt, lernt den ganzen Zauber des unbekannten Schwaben kennen in Urwald und Fels.

An einem heißen Junitag verlassen wir Weichselboden um die Mittagszeit. Wie schön wäre es doch, an der kühlen Salza zu ruhen. Aber wir müssen die Zeit nützen, wenn wir schon einmal in das so umständlich erreichbare Land vorgedrungen sind. So winden wir uns seufzend an den Fuß des Berges heran. Von hier aus kann man auf die Zeller Staritzen gehen, soviel wissen wir. Dennoch stehen wir eine Weile ungläubig vor dem ersten Felswandl. Das ist doch nicht gut möglich! Und doch — es geht dort hinauf. Wir müssen es glauben, denn wir gehen den „Weg" ja mit unseren eigenen Füßen.

Wie der Beginn, so der ganze Anstieg: steilster Wald, Fels und Heidekraut. Ein fußbreiter Steig, der bald in Tritte übergeht, die nur mehr angedeutet sind. Felsnasen und Gratzacken schwingen sich auf. Aha, die werden im Wald umgangen. O nein — es geht mitten hindurch! Und doch ist es keine Kletterei. Es ist ein aufrechtes, ungesichertes Gehen, eine hohe Schule der Trittsicherheit, das, was wir Bergsteiger eine „alpine Fahrt" nennen; unberührtes, verwachsenes Gelände, brüchiges Gestein, große Höhenunterschiede. All das verlangt oft mehr Einsatz als reiner, fester Fels.

Auf Gratrippen tasten wir dahin, zu beiden Seiten Luft. Glatte, ausweglose Wände hängen über der Tiefe. Abgestorbenes Holz liegt herum und bringt meinen Kameraden gerade in einer Gratscharte zum Sturz. Vor Schreck erstarrt, sehe ich zu, wie er strauchelt, wie er schon halb über dem Abgrund schwebt — und sich dann doch noch halten kann. Es sind harte Lehren, die uns da ein 1500 Meter hoher Klapf erteilt!

Einmal steigen wir im Wurzelgeflecht einer Föhre empor, das frei und ausgewaschen hinausragt über eine 100 Meter hohe Wand. Manchmal will jeder Schritt überlegt sein, jeder Tritt im lockeren Humus, im losen Kies, auf trügerisch glatten Nadeln. Es ist der sonderbarste Weg im Hochschwab. Seltsam und beispiellos.

Und ohne Beispiel der Ausblick in die Wildnis der Wände, in den unbekannten Schwaben, den nur selten einmal ein Mensch von hier aus sieht: Über dunklen Föhrenästen, die weit hinausgreifen über die Tiefe, baut sich die silberne Felsorgel der Schneekarmauer auf.

Höher oben läßt der Sog der Tiefe nach. Dichtverflochtene Baumkronen bilden einen düsteren Dom. Im alten Laub versinken wir bis zu den Knien. Wettergebleichte Äste knacken unter den Tritten. Sonst ist es totenstill im Wald.

Dort, wo wir schon hinaussehen auf die freien Böden der Almen, kehren wir um. Wir haben die Zeller Staritzen nicht erreicht. Sie sind auch mit einem Male nicht mehr wichtig für uns.

Und wortlos gehen wir auch im Abstieg noch einmal in die hohe und harte Schule der Berge.

Wenn der Ring raucht...

Es steht ein Berg im langen Zug der Aflenzer Staritzen, der sieht von der Hochfläche aus wie ein besserer Almmugel und kann sogar mit Schiern erstiegen werden. Über den breiten Westkamm ist er vom Weihbrunnschartl ohne jede Mühe zugänglich. Auch über die steinige Südflanke oder den mit vorwitzigen Scharten und Zinnen gezierten Südostgrat erstiegen, ist er noch ein „normaler" Berg. Ganz anders aber zeigt er sich nach Norden und Osten!

Es ist der Ringkamp, einer der höchsten Gipfel des Schwaben. Er wird nur selten erstiegen. Und doch sollte keiner, der den Hochschwab kennen will, an ihm vorbeigehen. Denn in seinem felsigen Schoß birgt er das größte Schaustück des Schwaben, ja einen der merkwürdigsten Plätze der ganzen Alpen: die beiden „Ringe".

Zwei Hochkare von erdrückender Wildheit, umrahmt von einem wahren Wall wuchtiger Wände, Kanten und Türme. Die Felsabstürze des Oberen Ringes sind im Durchschnitt 500, die des Unteren Ringes aber bis zu 1000 Meter hoch! Eine Felsstufe trennt die beiden schräg übereinander liegenden Kare. In den Berg hinein sind sie gewunden wie eine formschöne Muschel, mit ihren gezackten Rändern gleichen sie einer Wunderblume aus Fels.

Der Ringkamp als höchster Gipfel über den Ringen ist aber nur eine Seitenwand in diesem Felszirkus. Die anderen Wände werden gebildet vom Höllkamp mit seiner 1000 Meter hohen Ostkante, vom Turm des Großen Heuschober, von der Adlermauer, der Hohen Weichsel, dem Severinkogel, Wasserfallkogel und Hutkogel.

Diese Berge zeigen das Doppelantlitz des Schwaben in seiner vollendeten Form: da die unschuldig lächelnde Maske der Rasenkuppe; dort das nackte, düstere Felsengesicht.

Den besten Beweis dafür, wie übermächtig diese Abstürze auf den Beschauer wirken, gibt wohl die Tatsache, daß die Wände dort erst ab 1920 begangen wurden. Damals war es auch nur der Obere Ring, den man betrat. Dies nimmt um so mehr wunder, als die Ringe schon zu Anfang des vorigen Jahrhunderts in der alpinen Literatur genannt, ja sogar Hinweise auf Durchstiege gegeben wurden!

1948 setzte die intensive Erschließung der Ringe ein, und nun wurden auch die noch wilderen Flanken des Unteren Ringes durchforscht. Dabei erschloß man auch den letzten unerstiegenen Hochschwabgipfel, den Großen Heuschober. Kein unbedeutender Zacken, sondern ein stattlicher Berg, von dem vorher kein Bergsteiger etwas gewußt hatte!

Am Ringkamp erlebte ich zweimal, daß Berggefährten in noch unschwierigem Gelände kopfscheu wurden und umkehren mußten. Beide waren viel schwierigeren Anstiegen gewachsen, aber sensible Naturen. Es muß irgend etwas sein um die Ringe, das empfindsame Seelen angreift. Ich habe seltsamerweise nichts davon verspürt. Zu stark war das Verlangen in mir, den unbekannten Schwaben kennenzulernen.

Dennoch ist dort oben wohl alles dazu angetan, Schauer zu wecken. Der Tiefblick ohne Halt auf den 500 Meter tiefer sich breitenden Boden des Oberen Ringes ist atemraubend. Und wenn dann gar noch der Nebel wie aus dem Höllenschlund eines Kraters hervorquillt, erscheint die Tiefe bodenlos und der ganze düstere Ort wie die Pforte zur Unterwelt.

Stunden um Stunden sind wir einmal am Ringkamp gesessen, an unsere Rucksäcke gelehnt, und haben dem Nebelzug im Oberen Ring zugesehen. Wenn der Ring raucht, kommt schlechtes Wetter, heißt es. Damals war er sozusagen ein Kettenraucher. Und tatsächlich ist nur wenige Stunden später der Wettersturz eingetreten.

Es war ein unerhört eindrucksvolles Geschehen. Man denke nur: Mitten an einem sonnigen Tag fängt dieser merkwürdige Geselle an, Nebelschwaden auszuspeien, die sich mit rasender Geschwindigkeit vervielfachen und den ganzen Kessel ausfüllen. Aber nicht verdecken:

46

Immer sind die Grate sichtbar wie ein Kraterrand. Die Nebelfahnen steigen in die Luft wie die Rauchsäule eines Vulkans. Jedoch nicht lautlos: Dieser Nebel hat eine Stimme. Ein unheimliches Brausen und Brodeln, ein Zischen und Sirren ertönt ohne Unterlaß aus den unergründlichen Schlünden.

Der Anblick des Ringes ist immer ein gewaltiges Erlebnis. Wenn er aber raucht, so wird der Eindruck überwältigend!

Ringwanderung

Wer die Ringe von ihren Gipfeln geschaut, den erschreckenden Tiefblick erlebt hat, verlangt danach, sich diese Landschaft im Aufstieg zu eigen zu machen. Abblick und Abstieg nehmen den Bergen etwas von ihrer Wirkung. Die Majestät der Gipfel spricht stärker zu uns im Aufwärtsgehen.

Ja: Heute nahen wir uns dem Ring ganz untertänig vom Tal, von Weichselboden über das Jagdhaus in der Höll und dann durch dichten Wald und über Schutthalden. Für unsere Füße ist es ein Bußgang, denn unwegsam und verwachsen ist das Gelände in den Karen. Unsere Seelen aber bewegen sich frei von aller Erdenmühe im Reich der wildesten Bergnatur.

Frühnebel webt wie grauer Rauch im Walde. Doch ganz hoch droben, wo wir den blauen Himmel ahnen, zeichnen sich schattenhaft schon die Konturen der Berge ab. Und dann zündet das Sonnenlicht: zuerst die Felsflamme des Heuschober, dann ein paar zartrote Bäumchen zu seinen Füßen. Da ein hell aufglühender Streif roter Lärchen über schattendunkler Kante, dort eine Schar herbstfarbener Bäume, die das Gewänd hinauflaufen, als spielten sie Fangen. Schemenhaft zeigen sich die Gipfel. Sie tragen einen weißleuchtenden Wolkensaum, der ihre Umrisse nachzeichnet und den die Sonne erhellt.

Nie sind die Berge schöner, als wenn sie aus den Nebeln steigen.

Der ganze Untere Ring ist ein einziger Wildbachtobel. Und doch ist die belebende Stimme des Wassers nicht zu hören. Wir sehen nur die furchtbaren Spuren von Schneeschmelze und Unwetter. Stellenweise hat das Wasser den Boden aufgepflügt, in Riesenfurchen mit haushohen Seitenwänden. Der Grund des Ringes ist Hunderte von Metern breit mit Steinen überhäuft. Wir sehen auch die Schluchten, aus denen sich das Gestein gewälzt: grauenhafte Wunden, in den Berg gerissen, schwefelgelbe Überhänge und Abbrüche, alles in riesenhaften, verwirrenden Ausmaßen.

Im engen Kar des Unteren Ringes schießen die Wände jäh empor, an die 1000 Meter hoch, jede einzelne Wand eine Welt für sich. Höher oben öffnen sich Rinnen und Schluchten, über denen neue Wandteile stehen.

Vor dieser Welt der Wände verlieren auch berühmte Hochschwabgipfel ihren Rang.

Es tut dem Bergsteiger gut, manchmal solchen Bergriesen zu begegnen, auf daß er nicht die Ehrfurcht verliere vor der Größe der Berge.

Das Geröll ist noch dunkel beschlagen vom Tau der Nacht. Wie Kohlenberge sehen die Schutthalden aus, auf denen wir kleine Menschen uns verirrt und verloren ausnehmen. Über dem dunklen Grau aber herrscht das Ahorngold und das unerhört kraftvolle Rotbraun der Buchen. Über die Felsen tanzt der Flammenwirbel der Lärchen. „Noch nie war der Herbst so schön!" meint einer meiner Kameraden. Aber das glaubt und sagt man wohl jedes Jahr. Denn der Herbst ist ein Wunder, das immer wieder neu erlebt wird.

Wir durchsteigen die Schrofenstufe zwischen den beiden Karen. Nun liegt der waldbunte Boden des Unteren Ringes schon tief unter uns. In diesem Mittelteil ist die Adlermauer das größte Erlebnis: feingefältelter und gefächerter Fels mit Hunderten von Türmchen und Türmen. Wie abschreckend unförmig und ungeschlacht wirkt dagegen der Höllkamp zur Rechten!

Nach dem Unteren Ring erwartet man eigentlich gar nichts mehr von den Bergen. Es gibt auch keine Steigerung der Wucht und der Größe. Trotzdem ist auch der Obere Ring sehenswert. Aber er ist anders.

Der Untere Ring ist wie ein enger Schacht im Berg, aus dem man emporblickt und auf Erlösung hofft. Sie wird einem zuteil im Oberen Ring. Obwohl auch dort gewaltiger Fels den Karboden umgibt, ob-

wohl in manche Wände den ganzen Tag kein Sonnenstrahl fällt, so ist dort oben doch Luft und Weite im langgedehnten Bogen der Felsmauern.

Die Bergumrahmung ist nur halb so hoch wie die des Unteren Ringes, wirkt aber durch Steilheit. Schöner und reiner sind die Formen dort oben. Der Obere Ring scheint auch nicht so ausweglos wie der Untere. In der gerölligen Wasserfallschlucht und im grasigen „Wasach" stehen die felsigen Treppen, über die der geübte Bergsteiger durch die Dachluken der Scharten auf den hohen Giebel des Gebirges gelangt.

Die Ringe sind ein streng gehütetes Jagdrevier. Um die Gamsrudel nicht zu vergrämen, die wir beobachten können, schleichen wir wie die Indianer im Krummholz herum. Dann ersteigen wir die Erhebung inmitten des Oberen Ringes.

Dieser Punkt 1649 ist ein merkwürdiger Aufbau, eine Graskuppe, die den Ringboden um etwa 100 Meter überhöht. Zwei schmale, seltsam zugeschärfte Grasgrate ziehen von Osten und Westen heran. Fast sehen sie aus, als hätte der Wind sie so zugeschliffen — der Wind, der oben auf dem Schwabenplateau tost und der uns auch hier in dem geschützten Krater vor Kälte zittern läßt.

Kaum zwei Stunden lang hat die Sonne in die Ringe geleuchtet. Schatten liegen über den Wänden. Zeit zum Aufbruch! Im Abstieg ist alles anders. Das Glück der Aufschau erleben wir an diesem Tag nicht mehr.

Hochgang und Mieskogel

Tagelang hat es in Wildalpen geregnet, tagelang stand der Nebel zwischen den Wänden. Erwartungsvoll sahen wir dem Gewoge zu. Täglich das gleiche, spannende Spiel: Was wird herauskommen? Und jeden Tag mußten wir betrübt feststellen, daß es sich immer wieder zu einem Landregen „ausheiterte". Eines Morgens aber war ein helleres Licht im Nebel, die Luft um einen Ton schärfer, und es wehte der richtige Wind, wie uns die Einheimischen versicherten.

Wir spüren, daß der Nebel nur noch ganz dünn ist und dahinter schon der helle, junge Tag steht. Und kaum haben wir einige Kurven der „Hochschaubahn" hinter uns, hebt sich schon die zarte Schichte, und das Salzatal steigt heraus, glänzend und frisch gewaschen, eine neue, reine und kühle Welt, die sich schnell erwärmt.

In Gschöder lassen wir das Fahrzeug zurück und wenden uns dem Nordabsturz des Hochschwab zu. Durch sonnigen Bergwald geht es, über silberschimmernde Bachschluchten, in denen das Wasser brodelt. Darüber stehen die Berge im Morgenglast. Und was für Berge!

Da ist der Hochgang, 1944 Meter, einer der unbekanntesten Schwabengipfel, auch dem Spezialisten kaum geläufig. Er wurde, obwohl schon 1938 von Josef Pruscha erklettert, erst durch eine Neutour der Grazer Ottl Krajnc, Karl Mesnaritsch, Irma Zahrastnik, Lois Nievoll und Richard Hleb im Mai 1948 bekannt. Es war die Nordwand, die diese Seilschaften auf verschiedenen Wegen durchstiegen und mit der Dachstein-Südwand verglichen. Über 600 Meter hoch und von gewaltiger Breite ist diese Wand, die der Griesstein-Westwand sehr ähnlich ist, aber nicht deren Brüchigkeit hat.

Im Osten der Wand öffnet sich das Weittal, im Westen die breite Einkerbung des Antengrabens. Diese weiten Räume lassen die Nordwand wie einen freistehenden Berg erscheinen. An der Ostbegrenzung des Weittales schwingt sich die Zermerleiten zur Höhe, daneben der luftige, felsige Nordwestabsturz des Hochschwabgipfels. Wo sich die Hochgangwand auflöst in Krummholzstufen, zieht der Mieskogelgrat hinab. Alles Nordanstiege auf den Hochschwab aus klassischer Zeit, großzügige Fahrten, fast unbekannt und kaum begangen.

In dieser grandiosen Landschaft sind auch die Vorberge großartig: Noch in Talnähe öffnen sich wilde Felsenkessel, vom Wasser glattgeschliffen wie blankes Metall. Und der Mieskogelturm — im Hochschwabführer überhaupt nicht erwähnt — zeigt sich schon vom untersten Graben aus als eindrucksvolle, hochgetürmte Berggestalt. In den Talschluß aber dräut er vollends hernieder als felsenfestes Doppelhorn, herrisch und breitspurig aufgepflanzt.

Inmitten dieser felsigen Trutzburgen liegt das Weittal wie eine Oase, in der die Waffen der Berge machtlos sind. Obwohl es auch mit zwei niedrigen Felsstufen bestückt ist, die dem Ungeübten eine Begehung verwehren, wirkt es doch harmlos im Rahmen der Felsen. Eine sanfte, aber nicht zu übersehende Bresche ist da in die Steilmauern eingelassen, die hinaufzieht bis zum Hochschwab, wo es zartgrün und verheißungsvoll hinableuchtet in die Felswüstenei der nordseitigen Gräben. Die Berge sind nicht bis zum Scheitel in Felsbande geschlagen. Hoch oben winkt die Auflösung in grasige Halden.

Wie ein Torwächter hockt der klobige Weittalturm über dem Ausstieg, aber auch er ist keine Sperre mehr. Man kann ihn umgehen. Ganz nahe dehnt sich schon das freie Almenland, die „Hochwoad", die hohe Weide des Schwaben.

Auf waldumfangenen Böden streifen wir umher, an Hirschsuhlen vorbei, die noch den scharfen Geruch des Wildes ausströmen. Wir suchen den Jagdsteig zum Mieskogel. Fast scheint unser Beginnen aussichtslos. Zweifelnd betrachten wir seine Turmwände. Dort soll ein Weg hindurchgelegt sein?

Doch es führt, wie an so vielen Stellen im Schwaben, eine Rasenterrasse hinein in den Absturz, und kühn ist der Pfad darübergezogen. Knapp vor uns muß der Wegmacher dagewesen sein. Die Jagdzeit steht bevor. Er hat ganze Arbeit geleistet: den Grus weggeräumt, den die Wasserrinnen ständig erneuern, die Tritte an ausgesetzten Stellen verbreitert, den Weg fein säuberlich geharkt. Alles ist so frisch, als sei er noch um die Wege und müsse an der nächsten Ecke vor uns auftauchen. Wir beneiden ihn um seine Arbeitsstätte in solcher Umgebung. Was müßte so ein Mensch erzählen können! Wie wenig wissen wir von ihnen, denen der Berg Alltag ist!

Es ist eine festliche Fahrt auf dem sorglich bereiteten Steige. Wenn wir auch wissen, daß der Pfad nicht für uns so blitzblank gemacht wurde, so sind wir doch die ersten, die ihn begehen, und freuen uns wie die Kinder! Auch im Rückblick bleibt die Hochgangwand immer noch ein großartiges Schaustück. Mitten aus der Wand ragt ein riesenhafter Plattenturm. Die Felsformen am Schwaben wiederholen sich: Diese hier sieht aus wie das „letzte Problem" in der Gschirrmauer oder wie die Nordwand des Kleinen Festlbeilstein. Wie ein freundlicher Gruß ist das, den man in unbekanntem Land unerwartet empfängt.

Über federnden Waldboden laufen wir dem Mieskogel zu. Auf schmalem Gipfelgrat machen wir halt. Nun öffnet sich der Antengraben. Die Zackenkrone des Hochschwabturm leuchtet im hellen

Mittag, darüber die Würfelkante des Ebenstein. Die Felspfeiler vom Schönberg hängen hinaus in die freie Luft, mehrere 100 Meter hoch, und doch nur ein Anhängsel am gigantischen Leib der Riegerin.

Unser Steig stürzt sich übermütig ins Tal. Aus sorglosem Schlendern weckt uns eine kleine, kohlschwarze Schlange. Sie gleitet über Felsstufen hinab, ja sie springt geradezu. Uns aber tut sicherer Tritt not, denn es geht an die 100 Meter hinab in einen schauerlichen Wassertobel. Der Weg ist wohl stellenweise versichert, gerade an ausgesetzten Stellen aber abgerissen und verschüttet.

Durch Wald und Heide und eine wunderschöne Au wandern wir hinaus zur Salza. Ein eiskaltes Hochschwabwasser entspringt neben dem Weg, saphirblau schimmernd über dem weißen Kalk seines Bettes. Nach wenigen Schritten wird es zum breiten Bach, der eine Mühle treibt. Dort finden wir wieder zur Straße und zu den Menschen zurück.

Riegerin

Wie ein Riesenriff ragt die Riegerin über den Klüften des Salzatales, des Brunntales und des Antengrabens. Von den Massiven des Hochschwab ist sie das gewaltigste. Sie ist eine Berginsel, abgesondert von der Hochfläche, nur durch den steinernen Steg des Schönberg mit dem Schwabenfestland verbunden. Aus einem Ring von Felsen erhebt sich ihr spitziger Grasgipfel.

Wenn man von einzelnen schwierig ersteigbaren Felstürmen des Schwaben absieht — die weitaus zierlicher sind als der mächtige Bau der Riegerin —, so ist sie auch der unnahbarste und unbekannteste aller Hochschwabgipfel. Wenige Hochschwabkenner können sich rühmen, die Riegerin erstiegen zu haben.

Sie weiß sich gut gegen Besucher zu wehren! Es führt keine Markierung, kein Weg im üblichen Sinne auf diesen geheimnisvollen Berg. Ausgesetzt und isoliert ist ihre Lage nicht nur im räumlichen Sinne! Wenige Bergsteiger haben eine Beziehung zu ihr; die meisten lockt nur der Fels des nahen Hochschwabturmes. Man scheut die vier Stunden Aufstieg und die 1300 Meter Höhenunterschied aus dem Salzatal. Ein Zugang über die Hochfläche von der Sonnschien oder der Häusel-

52

alm her würde noch mehr Zeit in Anspruch nehmen. Der Weg ist sehr mühevoll, verwickelt und mit Höhenverlusten verbunden. Aber noch anders wehrt sich die Riegerin. Der bekannte Grazer Bergsteiger Direktor Alexander Adam schrieb einmal, sie sei „von Latschen umgeben wie weiland Brunhilde von der wabernden Lohe". Er selbst sei bei einem Versuch zur Ersteigung hoffnungslos in den Latschen steckengeblieben.

Die Almen um die Riegerin sind verfallen und bieten keinen Stützpunkt. Bei den zahlreichen Jagdhäusern gibt es Verbotstafeln, die mit Selbstschüssen drohen. Es ist dort alles noch wie in jener guten, alten Zeit der „Jägergefahr" im Hochschwab.

Das Heimliche, Verbotene wie auch das Entdecken und Erforschen — es gäbe dort noch manchen neuen Weg zu finden — gehört aber zur Riegerin und macht ihre Ersteigung besonders reizvoll. Ein anderer bekannter Grazer Bergsteiger, Robert Hüttig, erzählte mir einmal, schon beim Anmarsch hätten ihn seine Kameraden im Stich gelassen. Kein Wunder — waren sie doch schon von Kapfenberg zu Fuß hergewandert! Er aber wollte nicht unverrichteter Dinge heimkehren. So ging er weiter, fand eines jener sagenhaften, versteckt gelegenen Jagdhäuser unversperrt und übernachtete darin. Von vorhandenen Vorräten kochte er sich einen guten Schmarrn und bestieg nach süßem Schlummer anderntags glücklich die Riegerin. Den Jägern aber hinterließ er nebst ein paar Zigaretten eine alarmierende Nachricht: „Habe hier genächtigt. Ein bekannter Wilddieb."

Das ist das einzige, was ich von einer Ersteigung der Riegerin hörte. Auch mir gegenüber hat sie sich sehr abweisend gezeigt! Einmal mangelte es an Gefährten für diesen „ausgefallenen" Berg. Eines Tages aber saßen wir auf der Häuselalm, endlich bereit, den mindestens zehnstündigen Weg auf uns zu nehmen. Da löschte der leise rieselnde Regen mit sanfter Hand unsere Pläne aus. Ein anderes Mal trieb uns ein Gewitter hoch vom Schönberggrat zurück in die „Lucken". Im Felsbogen der Scharte warteten wir stundenlang. Als es wieder aufklarte, war es schon Zeit zum Abstieg.

Als ich die Riegerin dann doch erstieg — ganz ohne Hindernisse über das schmale Jagdsteiglein aus dem Antengraben —, da hüllte sie sich in undurchdringliches Grau. Im Nebel erklommen wir die

Viererscharte. Im Nebel wanderten wir durch Krummholz und über den Graskamm zum Gipfel, auf dem wir kein Kreuz, keine Pyramide, kein Gipfelbuch fanden. Wir mußten auf demselben Wege zurückkehren. So war diese so lang erwartete Riegerinfahrt eigentlich eine Enttäuschung für mich.

Im Rückblick aber scheint mir doch, als sei diese Besteigung sehr stilvoll gewesen. Der Berg hat sich richtig verhalten: geheimnisvoll, wie es sich eben für den unnahbarsten aller Hochschwabgipfel geziemt. Und wie schön war diese Nebelfahrt trotz allem gewesen mit ihrem herben, kühlen Duft! Mit dem Schweigen ringsum und in uns! Ich habe die Riegerin bestiegen und doch nichts von ihr gesehen. Ich muß also wiederkommen.

Wir sollten in jeder Berggruppe solche Berge haben, zu denen wir wiederkehren wollen.

LAND VOR DEM SCHWABEN

BRANDHOF

Hoch über dem rauschenden Gollradbach, am Rand der jähen Leiten, führt die Mariazeller Straße dahin. Höher oben erhebt sich die felsige Wehr der Aflenzer Staritzen. „In den Kastellen" heißt diese Ostbastion des Hochschwab seit alters. An ihrem Fuß liegt der Brandhof, Wohnstatt Erzherzog Johanns und seiner Nachfahren.

Wir hatten das Schloß immer nur im Vorüberfahren neugierig betrachtet. Nun wollten wir es einmal näher kennenlernen. Unser Besuch galt dem Gedenken an den Wegbereiter der Hochschwaberschließung, Erzherzog Johann.

Gleich nach dem Eingang fällt ein großer Steingarten auf, den der Erzherzog selbst geschaffen hat. Eine Auswahl von Hochschwabpflanzen ist hier zu sehen, und wie im großen Gebirge breitet sich üppig wuchernd der Petergstamm aus. Im Hofgebäude springt ein Brunnen, ein kaltes Schwabenwasser. An der Wand dahinter leuchten buntbemalte Zielscheiben auf. Ein Spruch fängt den Blick: „Ewig währt, was Liebe schafft . . ."

Wir dürfen einige Räume besichtigen. Durch eine massive Holztüre betreten wir das Haus. Ein Gang voller Jagdtrophäen nimmt uns auf. Von vergilbten Schildern lesen wir altvertraute Schwabennamen. Wir tun auch einen Blick in das Wohnzimmer des Erzherzogs, das zum Familienmuseum geworden ist. Überall Jagdgeräte, darunter kunstvoll verzierte Büchsen und Hirschfänger von gewaltiger Größe. An den Fenstern Glasmalereien in leuchtendem Grün und Blau. Aus dem Dunkel des Zimmers lösen sich Bilder des Erzherzogs und Nannis, zeitgenössische Darstellungen. Und überall Liebesgaben; rührende Dinge, Zeichen der Zuneigung seiner Landsleute: ein Seidentuch aus der Südsteiermark, wo er die Seidenraupenzucht versucht hatte; ein Modell der Semmeringbahn, deren Initiator er gewesen war; eine silberne Lokomotive, die Proben südsteirischer Weine enthalten hatte — auch als Rebenzüchter war der Erzherzog mit neuen Ideen hervorgetreten.

Das Arbeitszimmer mit den Zirbenholzmöbeln, jetzt vom Urenkel des Erzherzogs benützt, hat noch mehr Stimmung. Es ist, als weile der Geist des Ahnherrn noch darinnen. Wir werden auch in die Hauskapelle geführt. An ihrem Bau hat der Erzherzog selbst mitgearbeitet. Er wollte am Haus seines Herrn mitbauen.

Ein wenig verwirrt von vielerlei Eindrücken, bewegt von der Atmosphäre des Hauses, in dem spürbar noch das Wesen seines Erbauers waltet und mit Liebe erhalten wird, sagen wir unseren Dank für die freundliche Führung und gehen wieder hinaus in die Kühle des Nachmittags. Die frische Schwabenluft ist um uns: Der Brandhof liegt 1100 Meter hoch.

Wir hatten nicht das Gefühl, an der Gedenkstätte für einen Toten zu weilen. Der Herr des Hauses hätte jeden Augenblick wieder über die Schwelle treten können.

Dieser Besuch der Heimstatt des Erzherzogs, die er aus einem alten Bauernhof geschaffen und zu einem Mustergut umgewandelt hatte, rundete uns das Bild des Mannes, der so viel für die Steiermark getan hat. Aus seinem Joanneum ging die Technische Hochschule in Graz hervor. Aus seiner Vordernberger Bergschule entstand die Montanistische Hochschule Leoben; die Alpine Montangesellschaft, die Steiermärkische Landesbibliothek, das Landesarchiv, viele steirische Vereine, Kammern und Institute entstanden aus seinen Gründungen, Stiftungen und Sammlungen. Die Entwicklung von Handel und Industrie, aber auch die Modernisierung der bäuerlichen Wirtschaft waren seine besonderen Anliegen.

Auch dem Alpinismus in Österreich, den Bergsteigern, hat er durch sein Beispiel die Wege geebnet. Mit seinem Wirken beginnt die Erschließungsgeschichte des steirischen Gebirgs.

56

DURCH DIE HÖLL

„Durch die Höll" heißt der Weg von Weichselboden nach Wegscheid. Es ist eine wunderhübsche, feinsandige Jagdstraße, für Kraftwagen gesperrt, dem Fußwanderer zugänglich, ganz mühelos zu begehen. Das Felsbollwerk des Kastenriegels bildet den höchsten Punkt der Straße. Über diese Felssperre ist der Schwaben mit seinen nördlichsten Ausläufern, den Zeller Staritzen, verbunden.

Der Kastenriegel ist 1094 Meter hoch. Er ist kein Berg, kein Gipfel, sondern ein Sattel. Und doch hat dieser Übergang ein regelrechtes „Gipfelbuch", eine wohl einmalige Einrichtung an einer Paßstraße! Die Forstverwaltung Wegscheid hat dieses Buch auf der Höhe des Kastenriegels hinterlegt. Tisch und Bank stehen dort im kühlen Buchenwald und ein liebevoll betreutes Bildstöckl. Gerne läßt man sich nach dem Anstieg zur Paßhöhe dort nieder und schreibt sich in das Büchlein ein. Ein begeisterter Besucher hat darin vermerkt: „Mir geht nicht ein, warum diese himmlische Gegend ausgerechnet Hölle genannt wird!"

Er hat recht. Vom Standpunkt des Wanderers aus müßte der Weg „Durchs Himmelreich" genannt werden. Ja, man könnte ihn sogar den siebenten Himmel der Schwabenwege heißen! Aber nicht die Touristen sind für die Namensgebung zuständig... Die Einheimischen sind es, die die Gegend nicht im unbeschwerten Vorübergehen betrachten dürfen, sondern in ihr leben müssen in guten und in schlechten Zeiten. Wer im Gesicht einer Landschaft zu lesen versteht, dem erzählt die schmale Talspalte mit den verwitterten Zügen ihrer Sandreißen und Lahngänge, ihrer Felsstürze und Muren, warum es dort „In der Höll" heißt.

Völlig eben beginnt die Straße in Weichselboden. Von hohen Fichten flankiert, zieht sie gleich einer Allee zum Jagdhaus in der Vorderen Höll. Schon vor dieser Talweitung zeigen sich die Nordabstürze des Schwaben: Über dem Brunntal enthüllt sich für Augenblicke die 500 Meter hohe Schneekarmauer, und schon knapp nach Weichselboden fängt der massige Lärchkogelpfeiler der Hohen Weichsel unseren Blick.

Beim Jagdhaus öffnen sich die Ringe, die sonderbarsten und gewaltigsten Kare des Schwaben. Vor ihren dunklen Hintergrund schiebt sich steil und schlank der Turm des Heuschober, jene ruhig leuchtende Flamme aus weißem Fels. Und wenn uns im Wandern der Wald auch das Bild verstellt, so brennt diese Flamme doch weiter in unserem Herzen. Immer wieder tauchen im Rückblick die Ringe auf, immer kühner und höher, je weiter wir uns von ihnen entfernen . . .

In Windungen führt die Straße auf den Seesteinsattel, ein Fußweg durchschneidet sie und kürzt ab. Nicht allzu steil, versteht sich — in diesem siebenten Himmel des Wanderns darf es keine großen Höhenunterschiede geben!

Alles an diesem himmlischen Höllenweg ist so, wie man sich die ideale Wanderung träumen mag: kaum merkbare Steigungen, schattenspendender Wald, weicher Sand- und Wiesenboden, auf dem die Füße frei ausschreiten können, und ein großartiger Aufblick zu den Bergen. Hie und da setzt ein Reh über den Weg, oder ein Gams steigt im Gemäuer knapp über der Straße. Man glaubt nicht, daß es noch eine Steigerung geben kann. Und doch gibt es eine: die Hintere Höll.

Dort ist das Antlitz der Landschaft friedlicher als in der Vorderen Höll. Sie ist gänzlich unbewohnt. Der Boden ist ebener. Sand und Gras, auf dem wir wie über einen Teppich schreiten, sind noch feiner. Der Wald ist stiller. Die Felsformen sind ausgeglichener. Nur der knorrige Dippelwandgrat der Hohen Weichsel erinnert daran, daß sich über der Höll der wildeste Teil des Schwaben erhebt.

Man muß die stillen Auen der Hinteren Höll am Nachmittag durchwandern, wenn die Luft schon eine Ahnung von Abendkühle in sich trägt und die Schatten länger werden. Dann weiß man, wie die Gefilde der Seligen beschaffen sein müssen . . .

Damit aber die Seligkeit nicht ungemessen sei und die Wanderer etwa das Steigen verlernen, ist an den Ausgang der Au der Kastenriegel hingesetzt, jene merkwürdige Trennwand aus mürbem Gefels. Doch in gemächlichem Aufstieg ist auch dieses Hindernis bald überwunden, Tiefblicke tun sich auf zum Höllboden und in die Roßhöll, und am Rastplatz beim Bildstock freut man sich der erreichten Höhe.

Auf der anderen Seite ist der Riegel weitaus zahmer und senkt sich sacht zum Rammertal hinab. Und hier ist wieder die weite Au mit den hohen Bäumen, der glatte Heilstein blinkt weiß aus dem Wäl-

58

derdunkel, und hoch darüber zieht der grüne Saum der Aflenzer Staritzen über den Himmel. Das „Türnach" der Zeller Staritzen tut noch ein bißchen groß mit Schwabenfelsen und Mauern, aber man merkt schon, daß es langsam zu Ende geht mit der Wildheit und auch mit der Einsamkeit. Vom Talende lugt schon die wiesengrüne Wetterin herein.

Die ersten Bauernhäuser tauchen auf, nachdem man viele Stunden lang nur hochmütig verschlossene Jagdhäuser und die kunstvoll gefügten Rindenhütten der Holzknechte gesehen hat. Und wie ein letzter Gruß des Schwaben ist es, wenn sich im Rammertal nach der wasserarmen Höll die erste Quelle zeigt, ein echtes, eisiges Schwabenwasser, das uns begleitet bis nach Wegscheid, dem Dorf der Wegteilung, wo die Straßen auseinandergehen nach Mariazell und zum Seeberg, übers Niederalpl nach Mürzzuschlag, durch den Brunngraben nach Gußwerk und durch die Höll nach Weichselboden.

AN DER HOCHSCHWABSTRASSE

SALZATAL

Die Salza ist die nördlichste Begrenzung des Schwaben von Gußwerk bis zu ihrer Mündung bei Großreifling. Es ist ein armes Tal, das
sie durchfließt. Eine ernste Landschaft trotz der lebhaften, farbig
schimmernden Flußwasser, der grünen Wälder und des hellen Kalks
der Hochschwabwände. Wasser, Wald, Wild und Wände sind alles,
was sie zu bieten hat. Und doch leben ihre Bewohner, die Bauern,
Holzknechte, Jäger und Fischer, davon. Vom Wasser, das mit der
Hochquellenleitung und der Flößerei Arbeit und Verdienst ins Land
gebracht; vom Wald und vom Wild, dem Goldschatz unserer Zeit;
und von den Wänden, den Naturschönheiten, die immer wieder zahlreiche Urlauber herbeiziehen.

Das Salzatal hat ein ernstes Gesicht. Und seine Bewohner haben
ein verhaltenes Wesen. Das harte Leben, das mahnende Antlitz der
Landschaft haben sie gezeichnet.

Es führt eine Straße durchs Salzatal, eine der seltsamsten Straßen
der Steiermark. Wie eine Hochschaubahn zieht sie in stetigem Auf
und Ab dahin. Sie ist schmal und kurvenreich, gefährdet und auch
gefährlich. Bei den Straßenzustandsmeldungen hören wir öfter Hiobs-
botschaften über diese Straße, die man so treffend die Hochschwabstraße nennt: von Lawinen verlegt, vermurt, durch Hochwasser zerstört. In früheren Zeiten starben die Menschen an ihr in Erfüllung
ihrer Pflicht und Arbeit. Heute bezahlt mancher, der glaubt, das
Salzatal sei eine Autorennbahn, seinen Leichtsinn mit dem Leben ...

So ist diese Hochschwabstraße: Das Gamswild äst an ihr, und am Wegrand blühen die Schneerose, die Frühlingsheide und dort, wo die Schwabenwände bis zur Straße herabgreifen, der Petergstamm. Gewunden ist ihr Lauf wie der Fluß, den sie begleitet. Blau blitzen die Salzawasser, und grün steht der Wald unter weißen Wänden; Blau — Grün — Weiß, die Farben des Salzatales.

Am Anfang der Straße herrscht der Fluß: das Wasser, das so harmlos in seinem steinigen Bett dahinfließt, das nach größerem Unwetter aber zum brüllenden Wildwasser wird, in wenigen Stunden um Meter steigend.

Dann folgt der Wald. Weich geformte Waldmugel stehen am Beginn des Tales, sonderbare Bergkegel gegen die Talmitte zu. Sie sind bis zur Spitze wie mit wolligem Waldfell bewachsen. Auch die höheren Berge der Salza entlang sind waldgrün bis in die Gipfelzonen. Ja sogar in die Abstürze des Schwaben wagt sich der Wald. Es ist der merkwürdig lichte, aufgelockerte Wald der Kalkgebirge, von hellem Gras, Heide und Schneerosen durchwachsen.

Und über diesen lichtdurchfluteten Wald jauchzt mit noch hellerem Tone das Kalkweiß der Schwabenwände. Blau — Grün — Weiß.

Das Salzatal ist nur dünn besiedelt. Kilometerweit ist keine menschliche Behausung zu sehen. Es sieht aus, als sei dort die Welt zu Ende. An manchen Stellen ist kaum noch Raum für die Straße, die Steiermark scheint mit Felsen verschlagen. Und gerade dort liegen die größten Siedlungen des Salzatales: Wildalpen und Weichselboden.

Wasser — Wild — Wald ist der Werbespruch von Wildalpen. Ich möchte einen Vierklang daraus machen: Wasser — Wald — Wild — Wände. Es ist das Grundthema der Salzatal-Symphonie von Gußwerk bis Großreifling.

Düster erscheint uns Weichselboden, nach allen vier Himmelsrichtungen von Wänden umstanden; und doch ist es eine nette Sommerfrische. Aber ausgerechnet dort, wo die Steilabstürze Fluß und Straße scheinbar ausweglos abriegeln, hat sich der Hauptort des Salzatales entwickelt: Wildalpen.

Als Urlaubsort noch geräumiger als Weichselboden ist Wildalpen, den Wienern weit besser bekannt als den Steirern selbst. Zugegeben: jene haben die bessere Zufahrt. Trotzdem müßten die Steirer ihre

Heimat besser kennen! Wer weiß zum Beispiel etwas vom Holzapfel-
tal oder vom steirischen Hopfgartental? Diese wunderschönen Täler,
von silberhellen Wassern durchflossen, gehören zu Wildalpen. Die
Aquädukte der Hochquellenleitung über dem steinigweißen Talboden
bringen eine eigenartige Note in die Landschaft, wie man sie in Italien, am Tagliamento etwa, nicht schöner finden kann! Und wie an
den jahrtausendealten römischen Wasserbrücken, zeigt sich an dieser
noch jungen Wasserleitung auch schon Kalksinter: weiße, graue und
rötliche Tropfsteine. Wildalpen hat auch ein hochinteressantes Forstmuseum und ist bestrebt, daß dieses zum gesamtösterreichischen
Forstmuseum erklärt wird. Es wäre dort am Platze.

Wildalpen war einstmals Wallfahrtsort. Seine Kirche — „Maria
im Tale" genannt — ist ein weithin sichtbarer Bau. Und sie haben
dort eine große Kirche nötig gehabt ...

Das Salzatal ist das Tal der hundert Marterln. Auf Schritt und
Tritt steht man ihnen gegenüber: am Fluß, im Wald, an den Wänden.
Sie geben dem Tal ein ernstes Gepräge. Man wird oft an den Tod ge-
mahnt. Und es tut not, daß wir manchmal der Toten gedenken. Der
vielen unbekannten Toten, die in Schwabenerde ruhen; die nicht
Bergsteiger waren, sondern den Berg im Alltag erlebten und an Lawinen, Steinschlag, Wassersnot und stürzenden Bäumen starben: Holzknechte und Bauern, Jäger und Flößer, ja sogar Schulkinder auf ihren
weiten Wegen ...

Von unbekannten Bauernmalern auf Holz oder Blech gemalt sind
diese Marterln wie auch die Heiligen- und Christusbilder. Was für
herrliche Farben diese primitiven Maler hervorbringen, was ihre klo-
bigen Gestalten auszudrücken vermögen! Meist anonyme Volkskunst;
es sind Malereien darunter, die nicht am Wegrand verderben sollten,
die man zumindest in Bild und Wort festhalten müßte.

Die Nähe von Mariazell ist zu spüren; oft sieht man Darstellungen der Mariazeller Muttergottes: prächtig gewandet, wie auch in der
Gegend von Turnau, trägt sie gestickte Schleier oder gar ein ganzes
Gewand aus feinster Seide. Da gibt es Heiligenfiguren, die byzanti-
nisch anmuten, in prachtvollem Rot und Gold. Ein Kreuzigungsbild
im Tal von Hinterwildalpen ist geradezu furchterregend: Übergroß
hängt der Gekreuzigte im Raum. Um ihn totes Grün und Blau. Eine

Verlorenheit ist in dieser Welt, die das ganze Grauen von Golgatha zeigt. Da hängt am Kreuzpfäder, am Weg zum Schafhalssattel, eine Pietà an einem Baum. Jeder Blutstropfen ist sorgfältig gemalt, wie blutige Tränen rinnt es über das ganze Bild. Und dann die vielen, vielen Marterln!

Seltsam steife, rührende Gestalten: Schulmädchen mit Ranzen, Zopf und Schürze, Bauern im Sonntagsstaat, Holzknechte mit Hackl und Sappel. Stocksteif treiben sie im Wasser, die Zehenspitzen in die Höhe gereckt, unbeweglich liegen sie in der Lahn oder unterm zermalmenden Holz. Und aus diesen unbeholfenen Darstellungen spricht so viel schicksalhafte Ergebenheit, so viel von der Unerbittlichkeit des Todes, daß man es besser gar nicht ausdrücken könnte ...

Auch aus neuester Zeit sind Katastrophen im Bereich des Salzatales bekannt. Noch sind die furchtbaren Wunden sichtbar, welche der Wirbelsturm am 2. November 1966 im Gebiete von Gußwerk, Weichselboden und Wildalpen geschlagen hat: Binnen weniger Minuten waren allein 250.000 Festmeter Fichtenholz umgebrochen, ganze Wälder zerstört und chaotisch durcheinandergeworfen. Und heute noch spricht man in der Gegend vom verheerenden Unwetter der sechziger Jahre, da Hinterwildalpen durch einen Wasserstau in der Schreierklamm von der Welt abgeschnitten war; Brücken, Kraftwerke, Holzseilbahn wurden weggerissen oder beschädigt, sogar das unterirdische Rohr der Hochquellenleitung freigelegt.

Das Salzatal hat ein ernstes Gesicht trotz seiner fröhlichen Wasser, seines lichten Waldes und seiner weißen Wände.

BERGHEIMAT UM
HINTERWILDALPEN

Josef Pruscha, der 1973 verstorbene große österreichische Bergsteiger und Hochschwabkenner, hat sich in seinen letzten Lebensjahren gerne in Wildalpen und Hinterwildalpen aufgehalten. Man kann ihn auch einen Neuentdecker der Berge dort nennen, die zu seinem Kummer im Hochschwabführer nicht einmal namentlich genannt sind. Pruscha schrieb 1972 in ein Gästebuch in „Hiwi", wie er es zärt-

lich nannte: „Wo sich die Ausläufer des unmittelbaren Hochschwab-
gebiets vom Brandstein und von der Eisenerzer Höhe in einen von
weiten Wiesen und prachtvollen Hochwäldern umrahmten Talkessel
hinabsenken, liegt inmitten einer fast kreisförmigen Runde von ro-
mantischen Vorbergen das liebliche Örtchen Hinterwildalpen. Wun-
dersam sind hier die Tage zu verbringen, besonders wenn das Wetter
einem hold ist. Wenn dann nach den Erlebnissen an unseren Wegen
der Abend langsam seine Schatten übers Bergland breitet; wenn man
durch die blumengeschmückten Fenster die alten Holzhütten und dahinter die felsige Gestalt des Großen Geiger sieht; zu all dem dabei
das Empfinden für den schönen Begriff ‚Bergheimat‘ verspürt, dann
wird einem klar, was im Bergland ein Zuhausesein bedeuten kann.
Dann werden auch wir Bergsteiger schärferer Richtung uns bewußt,
daß wir ohne unser Bergerleben geradezu heimatlos wären. Alles in
unserem bewegten Dasein scheint nur ein Spiel zwischen Erwartung
und Enttäuschung, zwischen Hoffnung und Erfüllung zu sein; öfter
als uns lieb ist haben wir auch nur bildhafte Vorstellungen, die selten
Wirklichkeit werden. Wie befriedigend, sagen zu können: „In Hinterwildalpen gibt's Erwartung u n d Erfüllung. Wir ziehen von dort —
von zu Hause — gerne zu Berge und kehren noch lieber wieder zurück — nach Hause in Hinterwildalpen.‟
  Glücklich der Bergsteiger, der gegen Ende seiner Lebensberg-
fahrt eine so trauliche Bergheimat findet — und dabei noch soviel
entdecken kann wie Pruscha! Was für Freude hat es ihm gemacht, den
Geiger und seine Trabanten auf allen Anstiegen zu erkunden und im
großartigen „Schwibbogen" an den westlichen untersten Randabstürzen des Geiger (den sogar ein großes Gipfelkreuz ziert) herumzufor-
schen und zu klettern! Er nennt diese unsagbar wilde Felslandschaft
„des Teufels Badstube", wo auch beachtlich große Höhlen auf ihre
Erforscher warten. Auch der beschaulichere Wanderer fände genug
zu tun in und um Hinterwildalpen: etwa die Eisenerzer Höhe, Übergang noch aus der Römerzeit, zu erwandern und sich angesichts der in
den Stein geschnittenen Radspuren zu fragen, ob sie wirklich noch
aus diesen uralten Zeiten stammen. Oder durch den einsamen Goß-
graben, durch die unendlichen Wälder des Gamsforstes hinüberzu-
wandern nach Gams bei Hieflau, das auch solch eine Heimat im Ge-

birge ist! In Gams lockt eine Gipsgrotte, eine der wenigen, die es auf der Welt gibt, zur Besichtigung; wären kleinere Hochschwabberge mit seltsamen Namen wie Stangl, A-Kogel, Bergstein und Steinberg und Silbereisenkogel zu erwandern! Und das liebe Mooslandl und Lainbach und Hieflau am Ausgang des Schwaben oder an seinem Eingang, wie man es haben will — alte Eisenwerks-, Holzarbeits- und Flößertradition verbindet sich hier mit neuen Urlaubsfreuden. Glücklich der Bergsteiger, der solche Bergheimat sein eigen nennen kann!

FLONING

Sein Name ist Wohllaut: Floning. Ein einsamer Berg ist so benannt im Vorland des Schwaben. Er beherrscht ein weites Feld: das Lammingtal von Bruck an der Mur bis Oberdorf und das ganze Thörler Tal von Kapfenberg bis Thörl. Dieser fast 1600 Meter hohe Berg ist nur den Einheimischen und einigen wenigen „Heimatforschern" unter den steirischen Bergsteigern ein Begriff. Doch sein Name lebt wenigstens in einem obersteirischen Volkslied, das Melodie und Jodler mit dem „Ötscherlied" gemeinsam hat:

> „Am Fuß des Floningwaldes steht die Rettenwand,
> sieht mas eini wohl ins schöne Steirerland,
> sieht mas Berg und Tal und Wiesen überall,
> und auch dich, mein schönes Thörler Tal.
> Wenn am Sonntag fruah am Floning d' Sonn aufgeht
> und die Sennerin vor ihrer Sennerhütten steht,
> steigt der Nebel wohl vom Thörler Tal herauf,
> und der Halterbua, der jodelt drauf."

Und auch Peter Rosegger hat dem Floning in seinem „Heimgarten" einen begeisterten Aufsatz gewidmet!

Die Rettenwand ist bekannter als der Floning selbst, wohl durch die leicht zugängliche Rettenwandhöhle mit ihren sehenswerten Tropfsteinen. Man müßte sich aber auch den Berg Floning ansehen. Er sollte die hohe Warte sein, die man sich wählt für den ersten Anblick des Schwaben. Denn er schenkt uns von allen Gipfeln im Land vor dem Schwaben wohl die beglückendste Schau hinüber ins Hauptgebirge.

Wie einem aber diese Sicht geboten, wie man darauf vorbereitet wird, das ist das Einmalige am Floning! Er ist kein „schöner Aussichtsberg" im landläufigen Sinne. Ein solcher läßt schon beim Aufstieg einiges sehen und ahnen, der Ausblick steigert sich mit der erreichten Höhe, um schließlich in die längst erwartete Rundsicht überzugehen. Nein — mit so einfachen Mitteln arbeitet der Floning nicht! Er zieht seinen waldigen Mantel so dicht um sich, daß man nicht einmal durch ein Knopfloch etwas erspähen kann. So geht man aus den tiefen Gräben hinauf in den hohen Wald, wird immer begieriger auf Gipfel und Aussicht, die sich so gar nicht zeigen wollen, und glaubt endlich, mit dem Gipfelhang das Ersehnte vor sich zu haben.

Weit gefehlt! Man ist noch lange nicht oben! Durch üppiges Gras muß man noch 150 Meter hoch hinaufsteigen. Aber allein um dieser Gipfelwiese willen könnte man den Floning schon liebgewinnen. Der Wiesenrand ist überhöht und verwachsen und gewährt immer noch keine Fernsicht. So strebt man ungeduldig höher, die Spannung wird immer größer. Am Ende hat dieser verflixte Mugel überhaupt keinen Gipfel? Und immer wieder wehrt die Wölbung des Wiesenrandes dem Blick, als sei es so gewollt ... Dann aber ist plötzlich doch ein Gipfel da, sogar eine Pyramide steht darauf, und alle Befürchtungen sind mit einem Schlage verflogen.

Man steht im Mittelpunkt einer erhabenen Runde von Berghäuptern. Sie erscheinen um so prächtiger, je mehr man auf ihren Anblick gewartet hat. Sie überfallen einen geradezu mit ihrem Dasein.

Wer den Hochschwab sehen will, den nimmt zuerst die Sicht nach Norden gefangen: der steile Südabfall der Schwabenkette, der Ebenstein, in seiner seltenen Viereckform wie mit dem Messer aus dem Himmel geschnitten, und der Brandstein, jäh und ungestüm aus den weichen Wogen der Sonnschienalm hervortretend. Die Felspfeiler der Pribitz bieten sich dar, die grünflanke Meßnerin, die zierlichen Felsklippen der Griesmauern, die feste Burg der Stangenwand und das Getürm der Mitteralm. Und über den Schwaben hinaus reicht der Blick bis Hochwechsel und Schöckl, Zirbitzkogel und Kaiserschild!

Ja: Den Floning sollte man wählen als freundlichen Vermittler für die erste Bekanntschaft mit dem Schwaben! Schöner und spannender setzt kein anderer Vorberg sich und seine Aussicht in Szene.

BERG EINER STADT

Eigentlich sind es zwei Berge, die das Leben der Bergstadt Eisenerz bestimmen. Der eine ist für den Alltag da. Er ist ihre Lebensader und greift weit über die Stadt hinaus in das wirtschaftliche Geschick des Landes ein. Der andere ist ein Sonntagsberg. Er ist das alpine Zentrum der Stadt. Ihm gehören die Feierstunden, das „andere Leben" ihrer Bewohner. Erzberg und Pfaffenstein!

Hier aber wird der Erzberg einmal nicht die Hauptrolle spielen. Ich will vom Pfaffenstein erzählen, der den Eisenerzern so ausschließlich gehört wie der Schöckl den Grazern, die Rax den Wienern, die Nordkette den Innsbruckern und doch noch mehr: denn er wächst fast unmittelbar aus der Stadt empor, und man ersteigt ihn aus ihren Straßen. Nur darin gleicht er dem Erzberg. Sonst ist er auch im Anblick so verschieden von ihm wie der Tag von der Nacht.

Sein Gipfel liegt fast 1200 Meter höher als Eisenerz. Die Sage deutet seinen Namen: Ein frevelhafter Mönch wurde vom Teufel auf die Höhen des Hochschwab getragen und zu Stein verwandelt. Mit einiger Phantasie gesehen, zeigt der Pfaffenstein wirklich die Form eines liegenden Menschenleibes, und auch in der alpinen Literatur spricht man von Kopf und Hals des Pfaffen. Ja, es gibt sogar eine „Zehenrinne" in seinem Gelände.

Übrigens: Erschlossen wurde der Berg nicht allein von Einheimischen! Nur die beiden leichtesten Anstiege wurden wohl frühzeitig schon von ansässigen Jägern begangen. Aber die Kletterwege entdeckten berühmte Wiener und Grazer Bergsteiger, ja sogar ein Berliner war unter diesen Erschließern. Heutzutage aber kommt selten ein

Ortsfremder auf den Berg. Es sei denn, ein Systematiker, der alle Gipfel des Schwaben oder seine Kletterwege kennenlernen will ... Darum hatten wir auch von keinem unserer Kameraden etwas über den Pfaffenstein erfahren können. Und an unserer Pfaffensteinfahrt haftete das Abenteuerliche eines Ganges ins Unbekannte, denn auch aus der alpinen Literatur war uns nichts Brauchbares bekannt.

Spätherbst am Präbichl! Ein Bild tiefsten Friedens. Ein paar Hasen tummeln sich auf der ungewohnt stillen Straße und lassen sich in ihren gewiß recht wichtigen Geschäften von unserem Fahrzeug kaum stören. Als wir uns der Bergstadt nähern, verblaßt der Eindruck dieser Einsamkeit.

Eisenerz — der Name allein schon fesselt. Eine Stadt, die „Eisenerz" heißt! Das edle Erz hat ihr den Namen gegeben, und er ist treffend und einzigartig. Und einzigartig ist dieser ganze ursteirische Bergmannsort. Von fast beängstigender Lebhaftigkeit das bunte Treiben in den engen, alten Gassen, die abends taghell erleuchtet sind. Wenig Ruhe ist in der Nacht, und doch empfindet man dies kaum als störend; es ist das faszinierende Leben, der Pulsschlag dieser Stadt.

Am Morgen wandern wir erst ein bißchen verloren umher, bevor wir die Markierungstafel in der Augasse sehen. Wir sind befangen — es ist ein seltsames Gefühl, einen Berg von solchem Format aus den Straßen einer Stadt zu ersteigen. Uns fehlt der gewohnte Abstand, den sonst Bahn oder Straße zwischen Mensch und Berg legen.

Winzig klein wirkt der mittelalterliche Stadtkern mit der burgartigen Kirche neben den modernen Wohnbauten, die sich weit ins Tal ergießen und den Berg hinansteigen. Eisenerz wächst und weitet sich. Mitten durch freundlich helle Arbeitersiedlungen geht es schnurstracks auf den Berg zu. Was für ein guter Weg — gerade auf das Ziel los!

Wir wollen den Südwandsteig begehen, den eindeutigsten Anstieg auf den Berg. Eine gut geführte und bezeichnete Weganlage bringt uns rasch hinauf zu den weißen Schuttfeldern unter der Südwand. Im Sommer müßte es hier kaum auszuhalten sein. Für eine Herbstfahrt aber sind diese beintrockenen Steilflanken, in die sich die Sonne hineinlegt, gerade das Richtige.

Schon sind wir auf gleicher Höhe mit dem Erzberg. Seine stei-

70

nerne Treppe leuchtet in unerwarteter Farbenpracht. Da sind ein warmes Rot und Braun, aber auch ein herrliches kaltes Blau und Grau zu
sehen. Breite Furchen von wunderbarem Ebenmaß sind wie mit einem
Riesenpflug in den Schutt des Berges gezogen. Schönheit der Technik!
Die Häuserzeilen der Siedlungen wachsen aus dem dünnen Morgen-
nebel. Auch sie sind schön.

Der Steig läuft in die Felsen hinein. Wohlversichert geht es durch
grasige Flanken. Eisengeländer und Leitern sind da, einen Steil-
abbruch zu überwinden. Eine Tafel ist in die Wand eingelassen. Dort
steht zu lesen, daß die Eisenerzer Naturfreunde diese Steiganlage gebaut haben. Wie viele freiwillige Arbeitsstunden das gekostet hat —
das steht dort allerdings nicht. Und wir haben schon beim unbelaste-
ten Steigen so manchen Schweißtropfen vergossen!

Ungefähr beim Schienbein des Pfaffen erreichen wir die Hochfläche, denn vor uns ragen die reichlich begrünten Zehen auf. Durch
goldbraunes Herbstgras ziehen wir weiter zum Westgipfel mit seinem
Bergkreuz. Fröhliches Leben herrscht am Berg. Helles Hämmern tönt
aus der Südwestkante. Eine Seilschaft steigt gerade aus. Eine vielköp-
fige Familie späht mit dem Fernglas in die Straßen von Eisenerz
hinab.

Seltsam ist diese Stadtnähe. Man fühlt sich nie allein, wird von
der Stadt aus ständig beobachtet, vermag aber auch selbst immer zu
beobachten. Das kann sein Gutes haben! Denn die Eisenerzer sind
aufmerksame Zuseher. Und so ist es einmal geschehen, daß der Absturz einer Seilschaft am Pfaffenstein von vielen Augen mitangesehen
wurde und sehr rasch Hilfe da war. Ja, die Fama berichtet sogar, die
drei seien noch gar nicht „ganz herunten" gewesen, als die Bergrettung schon unterwegs war!

Tief unten liegt der Leopoldsteiner See in der Stille des Herbstes
wie schwarzblaues Glas. Darüber brennen die Buchenwälder in tiefem
Rot. Der Felszacken des Schwarzenstein gleicht einem Dolomiten-
turm. Fernhin verdämmern die Gipfel der Tauern — blau, so blau,
daß man nicht weiß, wo die Berge enden und der Himmel beginnt . . .

Auf dem „Markussteig" wandern wir in der großartigen Felslandschaft der Nord- und Westseite zu Tal. Dieser Weg wurde so getauft
zu Ehren von Markus Buder, dem verdienten und felstüchtigen Alt-

obmann der Eisenerzer Naturfreunde, der im biblischen Alter noch schwierige Felsberge, wie die Eisenerzer Griesmauer, erstieg. Mit Freude stellen wir fest, daß der Pfaffenstein auch auf dem einfachsten Weg kein ganz leichter Berg ist. Denn auch auf dem Markussteig braucht man Trittsicherheit, besonders wenn der Berg schattseitig vom Niederschlag des Herbstnebels wie „eingeseift" ist!

Alle anderen Wege sind noch zünftiger, wie etwa der ideal schöne Westgrat, dem auch eine nachträgliche Versicherung nichts von seiner Luftigkeit genommen hat. So ist der Pfaffenstein nicht nur ein Berg von landschaftlicher Schönheit, sondern auch von alpinistischer Bedeutung. Er sollte auch von „Fremden" mehr begangen werden! Keine Angst, liebe Eisenerzer, er bleibt ja trotzdem, was er ist — euer Pfaffenstein, der Berg eurer Stadt.

DIE BERGRUNDE VON TRAGÖSS

Ein Dreigestirn von Bergen umrundet den berühmten Fremdenort Tragöß: Trenchtling, Pribitz und Meßnerin. Sie sind vom großen Touristenstrom noch verschont geblieben. Zu sehr locken der Grüne See und die bequemen Spaziergänge im Tal. Die Wege auf die Gipfel sind lang und beschwerlich, und es gibt keine Schutzhütten. So ist die Bergrunde von Tragöß alles eher als überlaufen.

Alle drei sind sogenannte „Eingeborenen-Berge": am meisten von Einheimischen besucht. Sie kennen an solchen Bergen Weg und Steg, die der Ortsfremde oft mit Mühe suchen muß.

Von der Tragösser Runde ist der Trenchtling wohl der beliebteste; dann folgt die Meßnerin, und der einsamste Berg um Tragöß ist die Pribitz.

TRENCHTLING

Er ist kein einzelner Berg, sondern ein ganzes Massiv mit sechs Gipfeln, die nach Norden mit steilen Wänden abbrechen. Ein Steig zieht über die grüne Hochfläche, auf dem man den Trenchtling überschreiten kann vom Sattel des Hieselegg an der Straße Vordernberg—Tragöß bis in die Bereiche des Präbichl.

In der Nordwand gibt es auch Kletterwege: den klassischen Anstieg der Jahrhundertwende und schwierigere der neuen Zeit.

Der Trenchtling ist ein Blumenberg. Man muß ihn im Juli begehen, über die grünen Planen der Gipfelwiesen wandern und den seltenen Blumenarten nachspüren. Am Rande des Plateaus finden wir entzückende Aussichtsplätze; die schönsten auf der Zirbeneben mit ihrem Tiefblick auf den Grünen See, der 1100 Meter tiefer aus dem Wälderdunkel blitzt.

Mit dem Trenchtling über den Leobner Sattel verbunden sind die südlichsten, sehr einsamen Hochgipfel des Schwaben: die Leobner Mauer mit ihren Trabanten, dem Zirbenkogel, der Rotschütt, dem Himmelkogel, der Hohen Schilling und der Großen Schilling. Hat die erstgenannte noch Felsmauern mit Kletterrouten, so sind die Schillinge schon Waldberge mit sanften Formen. Die Begehung dieser Gipfelreihe läßt sich leicht mit der des Trenchtling verbinden.

Vom Leobner Sattel her haben wir noch ein winziges Steiglein zum Gipfel der Leobner Mauer. Beim Abstieg nach Süden aber braucht es schon Spürsinn, um den besten Durchstieg im Krummholz längs der Schneid zu finden. Mitten aus wildem Dickicht kommend, landen wir plötzlich bei einem Jagdhaus. Von dort haben wir wieder einen Steig. Über fünf Gipfel geht es nun auf weichem Rasen und durch schütteren Baumwuchs dahin. Wir begegnen keinem Menschen, nur wenige Kilometer vom überlaufenen Präbichl entfernt!

Stellenweise gibt es herrliche Durchblicke zum Schwaben. Über schattendunklen Fichten zeigt sich die Landschaft des Präbichl von einer neuen Seite. Es ist nicht das etwas abgegriffene Bild, das wir von oftmaligen Besuchen her kennen! Von der Schilling an geht es auf Wildfährten bergab. Der Wald ist fast ein wenig unheimlich. Gedämpft klingt der Schritt im dichten Gehölz, die Witterung von Wild liegt in der Luft, und Tierskelette bleichen am Boden.

Dann findet sich wieder ein Almweg, der uns auf die Wiesen entläßt. So schön haben wir den Übergang vom rauhen Fels in das Wald- und Wiesenland des Schwaben noch nie erlebt!

PRIBITZ

Von den drei Tragösser Bergen ist sie mit knapp 1600 Meter Höhe der niedrigste; aber auch der eigenartigste und einsamste. Die Anstiege auf Trenchtling und Meßnerin sind zwar langwierig und anstrengend, doch immerhin bezeichnet. Die Pribitz ist unmarkiert.

Und doch ist sie mühelos zu erwandern, daß es einen nur wundert, warum dieser herrliche Aussichtsberg noch nicht zum Mekka der Sonnschienpilger geworden ist! Von der Sonnschienalm zur Pribitz führt ein Almweg. Anfänglich wirkt die Landschaft abgeschlossen und heimlich durch baumgesäumte Mulden und Krummholz. Dann aber geht es hart an die Abstürze heran. Wir sehen das weiße Band der Russenstraße, das kühn und bewegt zwischen Rabenkogel und Sonnschienmauer hindurchgeschlungen ist, und auf der anderen Seite den friedlichgrünen Klammboden. Dann verengt sich die Hochfläche bei der Sonnschienmauer zu einem schmalen Kamm. Und der Blick geht über die bizarren Felsgebilde in der Nähe hinaus in die Weite.

Das breite Felsengestell der Schaufelwand ist wunderlich anzusehen. Einsame Kare tun sich auf: das Polsterkar am Ebenstein, das Öhlerkar, das Hochalmkar. Daneben schimmert freundlich und bekannt das graue Dach der Häuselalmhütte. Die höchsten Schwabengipfel sind zu sehen, seltsam gegeneinander verschoben. Die wilde Kante des Festlbeilstein ist mit ihrem „Anhang" zu einer formlosen Masse verwachsen. Die Meßnerin zeigt uns mit ihrer Westwand gar grimmig die Zähne.

Dann geht es bergab durch grüne Mulden. Der Rundblick ist beschränkt. So wächst die Vorfreude auf die Aussicht von der Pribitz. Am Achenstein vorbei, der fast so hoch ist wie die Pribitz selbst, senkt sich unser Weg gegen die Pribitzalm. Sie liegt in einem Tälchen. Ein seltsames Grün, das auch im spätesten Herbst noch leuchtet, hebt den Talboden aus seiner Umgebung heraus.

Ein Steig zieht durch einen schmalen Durchlaß in den Latschen geradewegs zur Gipfelkuppe. Der breite Rasenkamm mit den dunklen Krummholzbüschen ähnelt einem Hochmoor. Wenden wir uns noch einmal um, wo unser Steig in die Hochfläche ausläuft, und blicken wir zurück! Wir haben den schönsten Wanderweg des westlichen Schwaben kennengelernt. Auf weichem Grasboden sind wir zwei Stunden lang ohne Beschwernis geschlendert, gewandert, gestiegen. Und nun treten wir an die Randabstürze heran.

Ich habe die Pribitz mehrmals und jedesmal mit anderen Gefährten besucht. Es waren ausgepichte Schwabenkenner darunter wie auch Wanderer, denen jeder Voralpenberg eine Offenbarung war.

Aber alle waren gleich entzückt und begeistert von Weg und Aussicht und von dem ganzen weltabgeschiedenen Reich der Pribitz.

Auf drei Seiten von Wänden umgeben, ist dieser Berg wie ein Altan ins Tragösser Tal vorgeschoben. Unvermittelt führen die Gipfelwiesen vor unseren Füßen hinaus in die Luft. Darunter breitet sich jener 800 Meter hohe Absturz, den der Grazer Schwabenerschließer Dr. Karl Prodinger 1897 erstmalig durchkletterte. Doch nicht die jähe Wand ist es, die uns wie gebannt verweilen läßt. Vom Felsenrand der Pribitz hat man den schönsten Blick zum Grünen See.

Ich habe den See von der Pribitz aus oftmals gesehen. Ich kenne das Farbenspiel seiner Wasser bei Nebel und grellem Föhnlicht, bei diesiger Beleuchtung wie bei hellem Sonnenschein. Im späten Frühjahr, zur Zeit der Schneeschmelze und des höchsten Wasserstandes, haben auch seine Farben die größte Leuchtkraft. Da ist er weiß an den Rändern und blau wie Kupfervitriol und von einem ungeheuerlichen Grün, das wie Fanfarenruf zum Himmel gellt. Meine Freundin, die ihn zum erstenmal sah, hat dazu gesagt: „Und der soll echt sein?" Diese naive Bemerkung trifft das Besondere, das der Grüne See darbietet. Sie drückt in ein paar Worten das Erstaunen des Beschauers aus über diese in der Natur wirklich seltenen Farbenspiele, über das Unglaubliche am Grünen See.

Im Sommer ist das Grün gedämpfter. Der dunkle Ton der sommerlichen Wälder mag dazu beitragen. Immer noch ist das Leuchten unfaßbar. Und selbst im späten Herbst, wenn das Seewasser ganz seicht über dem Grunde steht, wenn das Himmelblau und sein Widerschein lichter und zarter geworden sind — selbst dann sind die Farben des Grünen Sees ein Wunder.

Kehren wir zurück aus der Verzauberung! Wir könnten zur Sonnschienalm wandern auf dem gleichen Weg, den wir gekommen. Wir könnten — und das wäre eine Steigerung — vom Roten Törl vor der Sonnschienmauer den Almweg absteigen zur Russenstraße. Doch es gibt noch einen dritten Weg, den Klausensteig. Er ist die höchste Steigerungsstufe, der Superlativ der drei Pribitzwege.

Er ist nicht leicht zu finden. Es sieht aus auf der Pribitzalm, als seien dort alle Wege zu Ende. Und wenn man sich von dem ebenen Boden verlocken läßt gegen Osten, so ist wirklich alles versperrt:

76

Grausige Felstobel weisen zur Tiefe, gewagte Gamssteige ziehen hinüber zum Achenstein. Ein Weg zum Gehen ist das nicht. Der beginnt an versteckter Stelle und benimmt sich ganz sonderbar! Er führt bergauf, wo er bergab ziehen sollte, und umgekehrt. Aber er ist da und nicht zu verfehlen, wenn man den Einstieg einmal gefunden hat, und bringt uns sicher hinab auf den Klausboden.

War nicht eben die Welt zu Ende? Nun öffnet sie sich wieder in ungeahnter Weite, eine Wandbucht an der Ostseite des Berges, durch die der Steig hinüberspringt in wilden Sätzen. Ein Knüppeldamm ist wie eine Zugbrücke über einen Felsspalt gelegt. Eine Wand dahinter, durchlöchert von Höhlen und Nischen. Ein enger Graben, in dem der Steig wie verrückt hin und her kurvt. Und eine lange Querung, schmal und ausgesetzt im Wald. Immer gewaltiger wird die Westwand der Meßnerin vor uns. Der Westgrat zeigt sich, wie von Künstlerhand aus edlem Fels getrieben.

Wir wollen noch die Tragösser Klamm sehen und verlassen den Klausensteig auf Pfadspuren zum Klausboden. Eine Wildfütterung größten Stiles liegt vor uns: Mehrere Zentner Roßkastanien sind da aufgeschüttet für den Winter. Der lebhafte Klammbach, der nach kurzem Lauf wieder versiegt, hat sich ein neues Bett gegraben. Munter sprudelt er im Walde dahin, ohne Ufer und Bett. Man sieht gleich, daß er ein Eindringling ist! Und man spürt förmlich die Erbitterung der ehrwürdigen, alteingesessenen Bäume über die Zumutung, mitten im Wasser stehen zu müssen!

Doch das Wasser ist es nicht, das die Klamm sehenswert macht. Es spielt hier nur eine untergeordnete Rolle. Das Verblüffende an der Tragösser Klamm sind die Felsen, die glatt, wie abgehackt, zur Höhe streben, 700 Meter hoch die gegliederten Wände der Meßnerin, nicht viel niedriger die erstaunlich glatten Wandfluchten des Achenstein. Weißgescheuert vom Wasser ist das Gestein, man sieht deutlich die Spur eines ehemaligen, über 100 Meter hohen Wasserfalles.

An einem Punkt der Klamm treten die Wände ganz nahe zueinander. Nur wenige Meter Abstand zwischen ihnen. Da fühlt man sich wie erdrückt, zerrieben zwischen den Felsen, die immer näher zu rücken scheinen. Obwohl man sich auf ausgetretenen Wegen bewegt, spürt man dort die Nähe und die Einsamkeit des Hochgebirges.

MESSNERIN

Trotz eines markierten Weges in ihrem Gebiet liegt auch über der Meßnerin etwas Einsames. Vielleicht ist es der hohe, dichte Wald, der diesen Pfad umschließt bis knapp unter den Gipfel. Vielleicht ist es, weil an diesem Weg nur verlassene Wohnstätten liegen: ein verfallenes Gehöft und hoch oben eine arme Halterhütte. Vielleicht scheint es auch nur mir so, weil ich auf der Meßnerin auch im Sommer nie einen Menschen getroffen habe.

Doch es lohnt sich, auf diesen einsamen Berg zu steigen! Auf dem bezeichneten Weg von Tragöß her ist mancherlei Wild zu sehen, wenn man Glück hat. Im Mittelteil führt der Weg knapp an den Abbrüchen der Westwände vorbei. Kleine Nebensteiglein weisen zu großartigen Rastplätzen hinaus. Von einem sieht man sogar den Grünen See, allerdings nicht ganz so schön wie von der Pribitz oder vom Trenchtling. Und das oberste Drittel des Anstieges verläuft über Wiesen. Ich habe nirgendwo im Schwaben so herrliche, farbenfrohe Polsterpflanzen gesehen wie auf der Meßnerin.

Es gibt noch einige heimliche Jägersteige auf die Meßnerin, die nicht leicht zu finden und zu begehen sind. Einer von ihnen führt so verblüffend mitten durch eine Felsschlucht, daß ich glaubte, fehlzugehen. Ich bin lieber eine Stunde lang in immer schwieriger werdendem Fels herumgeirrt, bevor ich es wagte, dem Steig zu folgen. Dann entdeckte ich allerdings eine Leiter — das Requisit aller „anständigen" Jagdsteige — und war schnell oben!

So groß der Höhenunterschied auf allen Wegen der Meßnerin ist, so anstrengend sie sind, es gibt doch einen Lohn. Wer ihn nicht schon im Anstieg selbst gefunden hat, dem wird er auf dem Gipfel zuteil.

Die Aussicht von der Meßnerin hinüber in den Hauptstock des Schwaben ist von ganz eigenartiger Schönheit. Die Gipfel liegen zum Greifen nahe; durch die dazwischengelagerten Täler aber werden sie doch wieder in schwer erreichbare Fernen gerückt. Es ist, als sähen wir ein fremdes Gebirge, nicht den heimatlichen Schwaben.

So empfinden, ja brauchen wir wohl manchmal auch den Abstand zu vertrauten Dingen.

AUF DEM HOHEN RÜCKEN DES SCHWABEN

Andere Zeiten — andere Wandersitten, so könnte man ein be-
kanntes Sprichwort abwandeln. Unsere Zeit hat die Weitwanderwege
geschaffen. Was sind Weitwanderwege? Es sind einheitlich — mit
Nummern — markierte Wege, für deren Begehung innerhalb einer
bestimmten Zeitspanne Wanderabzeichen in Bronze, Silber oder Gold
verliehen werden. An Kontrollstellen in Gaststätten oder Schutzhütten holt man sich den Weitwanderwegstempel, der in einem Wan-
derbuch angebracht wird, welches man bei alpinen Vereinen be-
kommt. Nach beendigter Weitwanderung wird das Buch wieder von
einer solchen Vereinsstelle kontrolliert und das Abzeichen verliehen.
Zu jedem Weitwanderweg gibt es auch Führer, kleine handliche
Büchlein, in denen Wege und Markierungen genau beschrieben sind
und vieles andere Wissenswerte nebenbei berichtet wird.

Die Weitwanderwege sind in den Alpen erst in den letzten Jahrzehnten aktuell geworden. Jugoslawien machte den Anfang mit einer
großartigen „Transverzala", 800 Kilometer lang, von Marburg bis
zur Adriaküste. In Österreich gab es als ersten den Nordwaldkamm-
weg vom Nebelstein bis zum Dreisesselberg (140 km) und den 84
Kilometer langen Kamptalseenweg von Rosenburg zum Nebelstein.
Der 1970 eröffnete Nord-Süd-Weitwanderweg ist eine Schöpfung von
Arbeitsgemeinschaften der Alpenvereinssektionen Waldviertel, Spitz
und Melk und des Sektionenverbandes Steiermark, Graz. Er führt
vom Nebelstein in Niederösterreich an der Grenze zur ČSSR bis
nach Eibiswald in der Steiermark an der Grenze nach Jugoslawien
und ist über 460 Kilometer lang. Er besteht aus zwei deutlich von-

einander getrennten Teilen. Der erste Abschnitt vom Nebelstein nach Mariazell zieht durch Vorgebirge und Flachland, berührt aber auch das interessante Land an der Donau, ist zirka 200 Kilometer lang und erreicht seinen höchsten Punkt auf der Gemeindealpe bei Mariazell mit 1623 Meter. Der zweite (steirische) Abschnitt, über 250 Kilometer lang, zieht vom Mittelgebirge ins Hochgebirge, verläuft auf weiten Strecken in einsamem Gebiet und verlangt respektable Gehleistungen ab.

Ein Teil der dritten, die vierte und die fünfte Tagesetappe dieses Weitwanderwegteiles spielt sich im Schwaben ab: Von der Hohen Veitsch herabkommend, erreicht man über die Turnauer und Göriacher Alm und den Seebergpaß Seewiesen, steigt dann zur Voisthalerhütte und zum Schiestlhaus auf, überquert von dort den hohen Rücken des Schwaben zur Sonnschienalm und wandert weiter bis zur Leobner Hütte mit Abstieg zum Präbichl. Einzelheiten des Weges und anderes sind dem Nord-Süd-Weitwanderweg-Führer zu entnehmen (siehe Literaturverzeichnis). Der Nord-Süd-Weitwanderweg ist in der kurzen Zeit seines Bestehens recht beliebt geworden und wird viel begangen. Trotzdem denkt man bei den erhaltenden Alpenvereinssektionen daran, den Weg aus dem Bereich des Hochschwab zu verlegen; vor allem im Hinblick darauf, daß der Nord-Süd-Weitwanderweg im Jahr 1975 in den Europäischen Fernwanderweg Nr. 6 eingebunden wird. Dann werden noch mehr Bergfremde unter den Weitwanderern sein, für welche die Hochschwabstrecke unter Umständen zu schwierig oder zu gefährlich werden könnte.

DIE ERSCHLIESSUNGSGESCHICHTE
DER HOCHSCHWABBERGE

V O R S P I E L 1800—1900

Sehr spät trat der Schwaben in das Blickfeld der alpinen Welt:
zu einer Zeit, da Großglockner und Montblanc bereits erstiegen
waren. Es war der Bergsteiger und Forscher Erzherzog Johann, der
das steirische Gebirg volkstümlich gemacht hat. Nicht allein dadurch,
daß er den Hochschwab oftmals bestieg, sich am Fuß des Schwaben
am Brandhof ansiedelte; seinem Tatendrang und Organisationstalent
entsprang auch die Idee zum ersten versicherten Schwabenweg über
den Rotgang, der jahrelang den üblichen Zugang zum Gipfel dar-
stellte. Heute ist dieser Steig, der sehr bequem gewesen sein soll, längst
verfallen und wird kaum mehr begangen. An seine Stelle traten zuerst
der alte, steilere, später der neue „Edelsteig", auch Graf-Meran-
Steig benannt, Erzherzog Johanns Sohn zu Ehren.

Jeder Gipfel der Alpen hat eine Ersteigungsgeschichte, die von
seiner erstmaligen Ersteigung berichtet, und eine Erschließungsgeschichte, die sich mit weiteren Begehungen und der Eröffnung neuer
Anstiege beschäftigt. Die Ersteigungsgeschichte der meisten Schwabengipfel ist nicht überliefert. Sind sie doch mit wenigen Ausnahmen
allesamt leicht ersteigbar und wurden wohl schon im Mittelalter von
Almern und Jägern begangen. Um so interessanter aber ist die
Erschließungsgeschichte der Hochschwabberge, deren Beginn mit dem
Wirken Erzherzog Johanns zusammenfällt. Bis zum Jahre 1879 hatte
man, dem Geiste der damaligen Zeit entsprechend, kaum andere als
die Hauptgipfel auf unschwierigen Wegen bestiegen. Doch wie man

81

in allen anderen Gebirgen der Alpen das Kletterland zu erobern begann, so geschah es auch im Schwaben. Die Meilensteine dieses Eroberungszuges waren die Eisenerzer Griesmauer und der Hochschwabgipfel selbst. Am 3. Juni 1879 erstiegen Dr. Carl Blodig und Gefährten die Griesmauer, nur vierzehn Tage später stieg der Grazer Rudolf Wagner allein durch den wilden Nordabsturz des Hochschwabgipfels durch ein Rinnensystem, den sogenannten Rinnergang, hinab ins Salzatal. Es waren für jene Zeiten ganz außerordentliche Unternehmungen.

Doch blieben es bis zur Jahrhundertwende nur wenige Kletterberge und Routen, die bestiegen und umworben wurden: so die Griesmauer, die Meßnerin, der Hochschwabturm und im letzten Jahrzehnt des 19. Jahrhunderts noch die Hochschwabsüdwand. Im Schwaben hinkte die Entwicklung und Erschließung immer ein wenig nach. Bis in unser Jahrhundert hinein, bis die Nachkriegsjahre zweier Weltkriege und die Wirtschaftskrisenjahre ihn „salonfähig" machten, ist er ein Stiefkind der Touristik geblieben. Die relativ geringe Höhe der einzelnen Gipfel mag einer der Hauptgründe dafür gewesen sein, daß der Schwaben lange Zeit hindurch nicht ganz ernstgenommen wurde.

Die Bergsteiger vor der Jahrhundertwende zeigten überhaupt einen Zug ins Große, der bei der damaligen Unerschlossenheit der Alpen paradox anmutet. Man ging nicht von den niedrigeren Gipfeln zu höheren über. Man begann mit den höchsten und stieg erst dann herab. Ebenso machte man es ja auch später mit den Riesen des Himalaja: Die vordringlichsten Ziele waren die Achttausender. Niedrigere nahm man nur als Ausweichtouren.

So ist es gekommen, daß das Matterhorn schon lange erstiegen, die erste Route durch die Brenvaflanke des Montblanc schon fünfzehn Jahre alt war, als man die Schwabenberge entdeckte. Und erst unsere Zeit mit ihrem Zug ins einzelne weiß sie richtig zu würdigen.

Der am meisten begehrte Schwabengipfel der achtziger Jahre war die Eisenerzer Griesmauer. Die Auslese der Bergsteiger versuchte sich an ihr. Fast alle, die einen Namen in der Bergsteigerschaft jener Tage hatten, gingen dort ihren eigenen Weg. Route an Route wurde durch den wild zerrissenen Fels gelegt. Am Beispiel der Griesmauer sehen wir, daß das Variantenlegen nicht erst eine „Erfindung" der heutigen jungen Bergsteiger ist, wie man uns so gerne vorhält! Nein, diese Entwicklung setzte ein, nachdem der erste Kletterweg begangen war. Wir finden unter den Erstbegehern neuer Wege Dr. Carl Blodig ebenso wie Ludwig Friedmann, Dr. Viktor Wessely und Dr. Friedrich Benesch, Dr. Karl Prodinger, Hans Biendl, Thomas Maischberger und Dr. August Böhm von Böhmersheim. Böhm ist nicht nur deswegen besonders nennenswert, weil er der Verfasser des ersten Hochschwabführers ist (1881). Er war einer der geistig regsamsten Bergsteiger, die es je gegeben hat. Er setzte sich trotz heftiger Angriffe unerschrocken für das führerlose Bergsteigen ein, das zu seiner Zeit gerade in Mode kam. Ihm verdanken wir das schöne Grußwort „Berg Heil", den Begriff des „Klettergartens" (er entdeckte die Brühl als erste Wiener Kletterschule schon Mitte der siebziger Jahre), die Idee des Standardwerkes „Die Erschließung der Ostalpen" und die heute noch übliche Berggruppeneinteilung der Ostalpen.

Auch die gewaltige, alpine Westwand der Meßnerin war ein heißersehntes Ziel. Erstaunlich mag es erscheinen, daß diese beiden Berge, Denkmäler am Weg des Alpinismus im Schwaben, heute nicht mehr so beliebt sind. Jene Berge, an denen sich in der Blütezeit Altösterreichs edelstes Bergsteigertum entflammte! Beide sind durchaus nicht abgelegen und gerade heute viel leichter noch als je zuvor erreichbar geworden. Die Griesmauer ist die kleinere; immerhin ein schneidiger, nicht alltäglicher Berg. Die Meßnerin aber hat mit großartigen Graten und Wänden auch den Heutigen noch Probleme zu bieten wie kein anderer Gipfel im vorderen Schwaben!

Auch der abseitige, versteckte Hochschwabturm hat ein ähnliches Schicksal. Markgraf Pallavicini hat ihn 1881 erstmals bestiegen. Was ihm an der Bischofsmütze nicht geglückt war, dort war es ihm beschieden: die erste Ersteigung eines kühnen Felsberges, den noch keines Menschen Fuß betreten hatte. Der Hochschwabturm galt immer als alpiner Leckerbissen und war einmal vielbegehrt. Heutzutage wird er nur selten mehr bestiegen.

So vergeht auch der Ruhm der Berge.

Einzig und allein die Hochschwabsüdwand hat ihren Ruf behalten. Vielleicht, weil sie in der Nähe zweier Schutzhütten liegt. Weil sie wie geschaffen ist für die heutige Zeit.

Doch nicht nur von Bergsteigern und ihren Taten ist zu berichten, blickt man auf die erste Erschließungsperiode des Schwaben zurück. Schon im Jahre 1884 erbaute der ÖTK das Schiestlhaus. Das Jahr 1886 ist das Jahr der Voisthaler. Diese alpine Gesellschaft übernahm um jene Zeit den Hochschwab zur alleinigen Betreuung. Erst durch die Arbeit dieser Idealisten gelangte der Hochschwab zu seiner heutigen alpinen Bedeutung! Die Voisthaler schufen das gesamte Wegenetz mit seinen Markierungen, erbauten die Voisthalerhütte (1898) samt Erweiterungen (1923 und 1928), die alte und die neue Ferdinand-Fleischer-Unterstandshütte (1905 und 1929), welche jetzt durch eine Biwakschachtel ersetzt ist, sowie das Schutzhaus auf der Sonnschienalm (1914). Die markierten Wege sind über 250 Kilometer lang; mehr als 1600 Wegtafeln haben die Voisthaler im Laufe der Zeit aufgestellt! Die Gesellschaft ließ auch auf ihre Kosten Einheimische zu diplomierten Bergführern heranbilden. Wenn wir dazu erfahren, daß damals die notwendigen Mittel von den Mitgliedern der Gesellschaft, deren Zahl nie mehr als fünfzig betrug, ohne jede fremde Hilfe aufgebracht wurden, so können wir ermessen, wie viel Idealismus, Opferwille und Kameradschaftsgeist da einem hohen Ziel gedient haben und weiterhin dienen. Jeder Schwabengeher sollte von diesen Leistungen wissen und in Dankbarkeit der Voisthaler gedenken, die seit 1936 als selbständige Sektion der großen Bergsteigergemeinschaft des Alpenvereines angehören. Selbstverständlich haben sich die Voisthaler auch bergsteigerisch im Hochschwab rege betätigt! Die Festschrift zum fünfundzwanzigjährigen Bestand meldet 898 Gipfelbesuche, darunter eine Anzahl Erstbesteigungen. Seit dem Jahre 1952 wurden die Voisthalerhütte und die Sonnschienhütte von Grund auf modernisiert, elektrischer Strom eingeleitet und Zisternen erbaut, durch die ein für allemal jegliche Wassernot im Bereich dieser Hütten gebannt wurde. Von den Weganlagen wurden unter anderem das „Ghackte" und der „Ochsensteig" vollkommen neu instand gesetzt. Alle diese Arbeiten konnten nur durch die Unterstützung der Steiermärkischen Landesregierung, des Verbandes der steirischen Alpenvereinssektionen und des Hauptausschusses des ÖAV verwirklicht werden.

DIE ZEIT DER UNBEGRENZTEN MÖGLICHKEITEN 1900—1930

Vom Beginn des 20. Jahrhunderts bis in die dreißiger Jahre weitete sich der Raum der Hochschwabkletterei. Waren es vorher nur einzelne Gipfel und Führen gewesen, so wurde es jetzt der ganze Schwaben. Ein weites Feld!

Es muß eine herrliche Zeit gewesen sein, von der wir Nachfahren nur träumen können, fast beängstigend, eine solche Fülle von Aufgaben vor sich zu sehen!

Die alpine Vereinigung der „Turner-Bergsteiger zu Graz" war knapp nach der Jahrhundertwende im Schwaben aufgetaucht. Vorher gab es die „Gilde zum groben Kletterschuh". Wie zu allen Zeiten waren aber auch Wiener an der Erschließung beteiligt, der prominenteste unter ihnen war wohl Dr. Heinrich Pfannl, der unter anderem den beliebten Weg über den Pfaffenstein-Westgrat eröffnete. Den Wienern ist der Schwaben ja immer ein liebes Ziel gewesen: ein Hochgebirge, das Österreichs Hauptstadt nahe liegt.

Aus den Reihen der Grazer Turner-Bergsteiger wurden vor allem Dr. Viktor Wolf von Glanvell und Günther Freiherr von Saar berühmt. Saar hat 1903 mit der Erstdurchsteigung der Stangenwand-Südwestwand eine einmalige alpine Tat gesetzt. Noch 35 Jahre später nannte Raimund Schinko, der Meister neuzeitlichen Felskletterns, diesen Südwestweg eine Gewalttour, mit der Saar und sein Gefährte Kaltenbrunner ihrer Zeit weit vorausgeeilt wären.

Wenn man die Bedeutung eines Bergsteigers daran messen kann, ob seine Neutouren heute noch beliebte Wege sind, so ist Wolf von Glanvell ein ganz großer gewesen. Der Campanile im Montanaiatal ist sein Denkmal in der gesamten Bergsteigerwelt. Im Schwaben aber hat er außer den vielbegangenen Führen durch die Stangenwand-Südwand und über den herrlichen Brandstein-Ostgrat erstmalig die Fölz als Kletterland entdeckt. Sein Winkelkogel-Westgrat ist immer noch eine Genußtour auf der Fölz; und jeder Begeher des Mitteralmturmes ist auf die „alte Westwand" von Wolf wenigstens für den Abstieg geradezu angewiesen. Wie viele, viele Bergsteiger haben sich schon an diesem wunderschönen, leichten Kletterweg erfreut!

Von den vielen hervorragenden Bergsteigern, die zu jener Zeit im
Schwaben wirkten, sind noch Dr. Felix König und Gottlieb Stopper
zu nennen: Dr. König, der Bescheidene, dessen großartige Leistungen
viel zuwenig bekannt wurden und dessen sorgfältig vorbereitete österreichische Antarktis-Expedition durch den Krieg vereitelt worden
war; ein Schlag, den König nie überwunden hat. Stopper als der
eigentliche Erfinder der Kurzschier — und der Schwaben das erste
Gebirge, in dem sie erprobt wurden! Bisher nahm man an, daß Oberst
Bilgeri die Kurzschier eingeführt hätte (1909). Nachdem aber schon
Stopper, der 1905 tödlich abgestürzt ist, bei seinen kombinierten
Frühjahrsschi- und Kletterfahrten im Schwaben Kurzschier verwendet hatte, hat er als Pionier der nachmals bei Bergsteigern so beliebten
kurzen Bretteln zu gelten.

Was Wolf von Glanvell der Allgemeinheit der Bergsteiger und
seinen Grazer Kameraden gewesen ist, zeigt am besten die Entwicklung der Schwabenkletterei nach seinem Todessturz am Fölzstein
1905. Die Erschließertätigkeit wurde schlagartig unterbrochen. Fünfzehn Jahre lang dauerte der Stillstand; eine einzige große Neutour
wurde während dieser Zeit im Schwaben unternommen. Gewiß hatte
in späteren Jahren auch der Weltkrieg seinen Anteil an dieser Ruhe-
zeit. Doch das Unglück am Fölzstein war ihre eigentliche Ursache.
Der Berg galt noch lange danach als Unglücksberg und hat diesen
Ruf bis heute nicht ganz verloren.

Der Unfall, bei dem auch Gottlieb Stopper und Doktor Leo
Petritsch ihr Leben ließen, erregte größte Anteilnahme unter allen
Gefährten. Keiner konnte sich die Ursache erklären. Wenn wir aber
dem Bericht eines Zeitgenossen entnehmen, daß die drei in Regen und
Nebel den Aufstieg durch die Südostwand begannen, so wissen wir,
daß auch große Bergsteiger, in unzähligen Fahrten geschult, entscheidende Fehler machen. Die brüchige, steinfallgefährdete, grasige Wand
hätten die drei bei Regenwetter niemals betreten dürfen. Zudem war
es erst Anfang Mai; Altschnee machte zusätzlich das Unternehmen
gefährlich, und die Brüchigkeit der Felsen ist um diese Zeit ärger als
im Sommer. Ein bitteres, mit drei Menschenleben allzu teuer bezahltes
Vermächtnis für die alpine Nachwelt!

Nach Jahren übernahm Dr. Richard Weitzenböck aus Graz die

Obmannstelle der Turner-Bergsteiger, die vor ihm Gottlieb Stopper innegehabt hatte. Dr. Weitzenböck war eine faszinierende Persönlichkeit, der geborene Führer. Er wurde auch in den Westalpen, seinem eigentlichen Reich, oft für einen einheimischen Führer gehalten, was ihm den größten Spaß bereitete. An Erstbegehungen im Hochschwab hat er nur wenig Anteil gehabt. Ihm waren die heimatlichen Berge nur Vorstufen für Höchstes, das er dann auch im Montblancgebiet durchführte. Eleonore Noll-Hasenclever, die größte deutsche Bergsteigerin, schreibt von ihm: „Ein Auserwählter war unter uns . . ." Dr. Weitzenböck ist 1914 in Galizien gefallen. Der Hochschwabführer von Mayer-Obersteiner ist ihm gewidmet, „dem unvergeßlichen Bergfreund und kühnen Bergsteiger", wie die Verfasser schrieben.

Im Jahre 1915 erschien im Alpenvereinsjahrbuch ein Aufsatz über den Hochschwab von Dr. Fritz Benesch, der eine Zusammenfassung aller bis zu diesem Datum durchgeführten Neufahrten brachte. Eine sehr wichtige und bedeutende Arbeit, waren doch beide Auflagen des alten Hochschwabführers von Böhm (1881 und 1896) veraltet und vergriffen. Dr. Benesch war nicht nur ein gediegener Schwabenkenner, sondern hat auch den Hochschwab im Lichtbild gepriesen. Und es waren meisterliche Aufnahmen — darunter sogar eine Farbaufnahme vom Pfaffenstein —, die er, der Nestor der österreichischen Hochgebirgsfotografen, seinem Aufsatz beigab.

Der Krieg hatte große Lücken in die Reihen der Turner-Bergsteiger gerissen. Doch schon waren wieder die Jungen an der Reihe! Allen voran die Trias Baumgartner-Obersteiner-Vorbeck. In ihr ist Doktor Ludwig Obersteiner, Graz, der bedeutendste Alpinist.

Bald nach dem Krieg beschäftigte sich Ing. Eduard Mayer, einer der gründlichsten Kenner des Schwaben, mit einem Hochschwabführer. Ohne davon zu wissen, hatte auch der kaum zwanzigjährige Obersteiner dieselbe Idee. Beide taten sich zusammen, verglichen ihre Aufzeichnungen und schufen auf der Grundlage des alten Führers von Dr. August von Böhm ein Führerwerk, das den Erfordernissen der Zeit entsprach (1921). Dieser Führer wurde 1932 neu aufgelegt, um die Neufahrtenbeschreibungen der Zwischenzeit bereichert.

Dr. Obersteiner, der in den Hungerjahren nach dem zweiten

Krieg viel zu jung gestorben ist, war der berühmteste Grazer Bergsteiger seiner Zeit. In allen Teilen des Schwaben zeugen Obersteiner-Wege von seiner eifrigen Bergtätigkeit. Sein besonderes Verdienst ist, gemeinsam mit seinem Berggefährten Ing. Rudolf Czegka, die Erschließung des Oberen Ringes. Damit wurden die Bergsteiger jener Zeit erstmalig mit der Nordseite des Hochschwab, dem wildesten und interessantesten Teil des Gebirgs, bekanntgemacht.

Darüber hinaus war Dr. Obersteiner in allen Teilen der Alpen bekannt; er beging den gesamten Windlegergrat erstmalig — eine unvergängliche Tat! —, erschloß den Kaunergrat und im Kaukasus die Schan-Tau-Gruppe. Seine unvergessene jahrzehntelange Tätigkeit im alpinen Vereins- und Rettungswesen rundet das Bild dieses einmaligen Bergsteigers. Sein größtes „Werk" im Schwaben ist wohl der Obersteiner-Baumgartner-Weg in der Hochschwab-Südwand. Gedenkt der Taten der „Alten" auf dieser Himmelsleiter im Fels!

Die Taten der Alten: Ganz unvorstellbar erscheinen sie uns Jungen manchmal! Hören wir zum Beispiel, unter welchen Umständen die erste Begehung der Griesstein-Westwand zustande kam: Zeno Baumgartner und Dr. Alfred Vorbeck übernachten beim Bodenbauer und wandern am nächsten Tag über die Sonnschienalm zum Einstieg, durchsteigen die 600 Meter hohe, äußerst schwierige und gefährliche Wand — damals die höchste bekannte Wand des Gebirges! Dr. Vorbeck entschließt sich wegen der vorgerückten Tageszeit zu einem Biwak am Gipfel, indes Baumgartner noch am s e l b e n A b e n d über Sonnschienalm und Bodenbauer nach Thörl und weiter zu Fuß nach Kapfenberg zum Nachtzug eilt! Wenn wir diesen Weg nur auf der Karte verfolgen, so erscheint uns die Leistung fast übermenschlich: ein Marsch von 45 Kilometern, über den Daumen gemessen, an einem Tag. Man muß aber dazu wissen, wie unwegsam das Gelände vor dem Griesstein ist! Und zwischen Morgen und Abend lag noch die Erstbegehung der entlegensten Hochschwabwand während eines Gewitters!

Was sind dagegen die Anmarschwege unserer Zeit, die wir hochtrabend „Einstiegsschinder" nennen, wenn sie länger als zwei Stunden dauern?

Die Taten der Alten: Welchem Schwabenkenner ist der Name

88

Oskar Franz nicht bekannt? Wir angehenden Bergsteiger trafen ihn einmal in der Dullwitz. Er schleppte einen Riesenrucksack, den wir nicht einmal aufheben konnten, mit sich. Der Sack war mit — Ziegelsteinen gefüllt! „Zum Training", wie er uns stolz erklärte. Wir lachten ein bißchen über den „wunderlichen Alten". Erst viel später erfuhren wir, daß wir einem großen Bergsteiger begegnet waren. Einem, der die großen Touren der Westalpen allein machte, unter anderem die Ostwand des Monte Rosa! Auch im Schwaben hat er in den zwanziger Jahren eine Neutour ohne Gefährten bewältigt: die sehr schwierige „Franz-Verschneidung" in der Hochschwab-Südwand. Den Gipfel des Hochschwab hat er 297mal bestiegen — auf 300 Male, wie es sein Ziel war, hat er es nicht mehr gebracht. Er ist 1956, 71 Jahre alt, gestorben und liegt in Aflenz, am Fuße seines Schwaben, begraben.

Mit Oskar Franz und seinen Zeitgenossen begann eine neue Epoche in der Schwaben-Erschließung: Die Vorherrschaft der Grazer und Wiener Bergsteiger war gebrochen. Nach Kriegsende schalteten sich auch die Anrainer des Schwaben, die Kapfenberger, Brucker, Leobner und Eisenerzer, in das alpine Geschehen ein. Da kamen die Kapfenberger Rudl Gerbing und Georg Oszkaitis, der erste ein ganz hervorragender Alleingeher, von dessen unglaublichen Fahrten man das meiste erst aus seinem Nachruf erfuhr, der zweite ein origineller Kauz, dessen Spezialität Biwakieren und tagelange Überquerungen waren. Adalbert Ertl aus Kapfenberg kannte den Schwaben wie kaum ein anderer. Gegen Anfang der dreißiger Jahre finden wir auch schon den Namen Karl Eichhorn, Kapfenberg, in Neufahrtenberichten, ein nimmermüder Bergsteiger und Schwabenspezialist, der unser Gebirge auch im Lichtbild verherrlicht. Damals wirkte auch das Brüderpaar Sepp und Willi Dobiasch im Hochschwab; beide waren ausgezeichnete Bergsteiger. Sepp hat seine Bergerlebnisse oft auch schriftstellerisch gestaltet. Willi ist beim Schilaufen auf tragische Weise ums Leben gekommen; auch Sepp ist ihm noch in jungen Jahren gefolgt. Vielleicht hätte er uns damals schon ein Hochschwabbuch schenken können. Schöne Ansätze dazu finden sich in seinen „Hochschwabbildern" im Jahrbuch 1926 des ÖTK.

Zu dieser Zeit der unbegrenzten Möglichkeiten waren die Berg-

steiger entsprechend den Zielen über den ganzen Hochschwab zerstreut. Es gab, wie auch schon vor der Jahrhundertwende, keinen
eigentlichen Mittelpunkt der Hochschwabkletterei. Bodenbauer und
Voisthalerhütte waren kleine Zentren. Aber der Bergraum war zu
weit; die Aufgaben zu vielfältig; die Bergsteiger waren noch größere
Individualisten als heute; die Vermassung stand in den Bergen erst
am Anfang.

Doch es hatte sich schon Umwälzendes angebahnt; in der menschlichen Gesellschaft wie in den Bergen.

EIN VIERTELJAHRHUNDERT FÖLZ

Raimund Schinko 1932—1940
Die Demokratisierung des Bergsteigens

Einst mied der Mensch die Berge, die er als Throne der Götter und
Sitz böser Geister kannte. Aber die Schranke von Geheimnis und
Gefahr hielt der Eroberung nicht stand. Der Mensch betrat die Berge
und schuf sie neu als Tummelplatz seines Leibes, Feld seines Geistes
und Garten seiner Seele. Deshalb finden wir Weisheit und Torheit,
Sitten und Moden der Menschen, ihre geistige und gesellschaftliche
Entwicklung in den Bergen wieder.

Die ersten Bergsteiger waren Geistliche und Gelehrte. Sie erforschten die Berge zur größeren Ehre Gottes und zum Ruhme der
Wissenschaften und Künste. Oft wurden sie von Königen oder Kir-
chenfürsten dazu angeregt; oder sie beauftragten, wenn ihnen die
Schwierigkeiten zu groß erschienen, Einheimische mit der Besteigung
von Bergen. Erzherzog Johann, der große Schwabenfreund, war einer
dieser unermüdlichen Anreger.

Später, mit der fortschreitenden Erschließung der Bergwelt, wurden der Bergsteiger immer mehr. Doch es war damals nur die sogenannte „besitzende Klasse", die über das verfügte, was zum Bergsteigen unumgänglich nötig ist: Zeit und Geld. Wobei Zeit in den
Bergen dasselbe sein kann wie Geld. Die glücklich zu preisenden Bergsteiger jener Zeit waren Akademiker und Aristokraten, Kaufleute

und Industrielle, mitunter vielleicht auch noch Lehrer, die viel Freizeit hatten. Daneben finden wir in einer Sonderstellung Bergführer, Männer, die aus dem Bergsteigen einen Beruf machten, und Einheimische, die den Bergen nahe lebten und weder viel Zeit noch viel Geld für ihre Besteigungen brauchten.

Arbeiter gab es kaum unter den Bergsteigern jener Tage.

Sie kamen erst in die Berge, als unter anderen sozialen Errungenschaften auch die Sonntagsruhe und der Urlaub gesetzlich verankert waren. Bessere Verkehrsmittel — Eisenbahn und Kraftwagen — hatten inzwischen auch die Anmarschzeiten wesentlich verkürzt. Die Berge standen allen offen. Immer weitere Kreise zog das Bergsteigen in seinen Bann, bis es zu einer wahren Volksbewegung geworden war. Die Demokratisierung des Bergsteigens hatte begonnen.

Der erste dieser Aufschwünge war nach dem ersten Weltkrieg mit seiner gesellschaftlichen Umschichtung zu bemerken. Auch in den dreißiger Jahren ergab sich trotz der Wirtschaftskrise ein Zunehmen der bergsteigerischen Tätigkeit. Der dritte Aufschwung kam mit Beginn der nationalsozialistischen Ära, der vierte, völlig unerwartete, in den Folgejahren des zweiten Weltkrieges. Ein fünfter Aufschwung im Zeichen des Massentourismus dauert noch heute an.

Aber bleiben wir bei den dreißiger Jahren! Die Arbeitslosen hatten Zeit genug. Wenn auch die Mittel zu Bahnfahrten fehlten — die Zeit war wenigstens da. In den Bergen konnte man sie gut verbringen. Die Lebenskosten dort waren gering. Man konnte mit dem Fahrrad fahren, im Heu schlafen, sich auf den Almen verpflegen. Manche der jungen Arbeitslosen entdeckten auf diese Weise die Schönheiten ihrer Heimat und der Berge. Mit einem Kanten Brot, einem Stück Speck stiegen sie in die schwersten Wände ein. Sie führten ein hartes, aber freies Leben, das sie zu Höchstem befähigte. Und darüber vergaßen sie manchmal sogar die Not der Zeit und ihres jungen Lebens.

Damals landete auch der 25 Jahre alte arbeitslose Grazer Raimund Schinko im Schwaben. Den jungen Bergsteiger lockte der Fels. Auf der Fölzalm, die für ihn leicht erreichbar war, bot er sich ihm dar mit unbegangenen, abenteuerlichen Wänden, Pfeilern und Kanten. Die Erschließer früherer Zeiten waren daran vorbeigegangen; bei allem Können — die Plattenschüsse waren zu furchterregend.

Nun aber war die Zeit reif — auch für den Schwaben, der immer ein bißchen hintennach gewesen war. So wurde erst 1928 der erste Seilquergang im Schwaben gemacht (Karlmauer, Schreinerweg). Inzwischen hatte sich der sechste Grad in den Alpen durchgesetzt. Die Dachl-Nordwand war durchstiegen, die Große-Zinne-Nordwand so gut wie bezwungen, in der Civetta schufen Andrich, Tissi und Rudatis die großen Neufahrten. Jetzt mußte es auch am Schwaben lebendig werden!

Und wirklich — fast zur gleichen Zeit beschäftigten sich einige Seilschaften mit neuen Problemen im Hochschwab, die weit schwieriger waren als alles bisher Dagewesene. Im Westen, an der Frauenmauer, bezwingen Fandler, Zahlbruckner und Gefährten den „einzig dastehenden gewaltigen Überhang" der Südwestwand mit neuzeitlicher Hakentechnik. Und auf der Fölz entdeckt Raimund Schinko mit seinem Kameraden Mr. Ing. Adolf Bischofberger die „aufreizend unbegangene Plattenscholle" der Schartenspitze.

Raimund Schinko, der im letzten Krieg verschollen ist, war ein Klettergenie. Darüber hinaus ein großer Bergsteiger, groß auch im geistigen Erfassen der Berge. Er hat eine ausgezeichnete Feder geführt; in einem eigenartigen, plastischen Stil, mit Worten eigener Prägung, die von geistiger Reife zeugen, hat er unermüdlich für den Schwaben geworben. Gleich nach seiner ersten Begegnung mit diesem Gebirge hat er erfaßt, daß es viel zuwenig gewürdigt wird. Mit unglaublicher Zähigkeit, mit geradezu wissenschaftlicher Gründlichkeit ging der drahtige junge Mann seine neuen Wege im Fels.

Raimund Schinko war ein ungewöhnlicher Mensch; eine starke Persönlichkeit, die sich stolz und mutig zu ihrem Ehrgeiz und ihren Leistungen bekannte. So schrieb er einmal: „Wirklicher Ehrgeiz ist ein echter Naturtrieb, der lichterloh in einem brennt, unlöschbar und nicht zu bezähmen, außer mit Erfüllung aller Träume... Ehrgeiz gegen Furcht, ein innerer Zwiespalt, der auf die spannendste Art die Lebensgeister durcheinanderwirbelt; und siegt die Zähigkeit meines Willens über meine Furcht und obendrein noch über alle Felsschwierigkeiten, dann leuchtet mir nicht ein, warum man nicht stolz sein darf, einen Sieg über den Berg, über sich selbst und womöglich über die Mitbewerber errungen zu haben...""

Dies das alpine Glaubensbekenntnis eines Mannes, den, nach seinen eigenen Worten, „das leicht Erreichbare geradezu anwiderte". Aber es waren nicht nur Worte! Schinko hat auch danach gelebt.

Groß waren aber auch Schinkos Klettergefährten: der hervorragende Grazer Fritz Sikorovsky, ohne den Schinkos Erfolge nicht zu denken wären und der manche Passage meisterte, die man später Schinko allein zugeschrieben hat. Sikorovsky machte auch winterliche extreme Schwabenkletterei.

Ein im wahrsten Sinne des Wortes begnadeter, auch vom Leben — oder sollte man sagen von den Göttern der Berge? — begnadeter Bergsteiger ist Schinkos heute noch lebender Kamerad Magister Ingenieur Adolf Bischofberger, Jahrgang 1900, jetzt in Oberösterreich ansässig. „Bi", wie ihn seine Freunde nennen, hat auf der ganzen Welt kein Gegenstück: Es war ihm gegeben, nach vierzig Jahren seine Erstlingstouren höchster Schwierigkeitsgrade im fast vollen Besitz seiner großen klettertechnischen Fähigkeiten zu wiederholen! Ja, der Unverwüstliche, innerlich und äußerlich um Jahrzehnte jünger als sein Geburtsjahrgang, machte als Siebziger noch Neufahrten, führte schwierige Touren und kletterte viel im Alleingang.

In dem kurzen Zeitraum vom 9. August bis zum 27. Oktober 1932 löste Schinko mit Bischofberger alle damaligen namhaften Probleme der Fölz! Es war ein einziger Siegeszug. Die beiden begannen mit dem Schwierigeren: Als erstes begingen sie den Nordwestpfeiler des Kleinen Winkelkogel mit seinem prachtvoll festen Fels, wobei Schinko, mit der Hakentechnik noch nicht ganz vertraut, im „Schuppenriß" um sein Leben kämpfte. Unauslöschlich hatte sich dieser Kampf in seine Erinnerung gegraben, so daß er noch viele Jahre später schreiben konnte: „Gerne würde ich jede mir bekannte Sechserstelle wiederholen, wie den Heinriß an der Roßkuppenkante, Civetta, sämtliche haarigen Stellen am Südgrat der Aiguille Noire — aber mit Grauen betrachte ich bei jeder neuen Nachbegehung die nun mit Haken gebändigte Stelle am Winkelkogelpfeiler, die ich einst ohne Haken bezwungen: den Schuppenriß."

Als nächstes folgte gleich noch Schwierigeres, die unheimliche Nordverschneidung des Pfeilers! Die prächtige Westkante der Schartenspitze, von ihnen am meisten gefürchtet, ergab sich viel leichter als

gedacht. Dann kamen die überhangende Nordwand und die gefährliche, brüchige Südwand der Schartenspitze an die Reihe. Alles
Fahrten, die nach der damaligen Skala von Heß-Pichl, der Gesäuse-
wertung, mit VI und sogar VI bis VII bewertet wurden! Die „eiserne
Zeit" im Schwaben war angebrochen.

Schinko hat auch noch später sein überragendes Können zur
Genüge bewiesen, im Schwaben mit der Stangenwand-Südostwand
sowie mit Neufahrten in anderen Berggruppen. Hätte er uns aber
nichts hinterlassen als die Grundlagen für neuzeitliche Felsfahrten auf
der Fölz, er wäre dennoch unsterblich unter den Bergsteigern. Denn
der Winkelkogelpfeiler und seine Nordverschneidung, die Schartenspitzkante und ihre Nordwand wurden in der Folgezeit die beliebt-
testen Schwabenfahrten der Kletterelite von Graz, Obersteiermark
und Wien.

Sie haben auch heute noch ihren guten Ruf.

Im übrigen Schwaben kam es gar bald zu ähnlichen Neufahrten:
so zur Frauenmauer-Westwand von Fandler und Feiertag, zum
Kasparekpfeiler an der Bösen Mauer, zum unmittelbaren Südwand-
weg am Festlbeilstein. Jede galt von ihrer Erstbegehung an als jeweils
„schwierigste Tour im Schwaben", bis ihr von der „nächstbesseren"
der Rang abgelaufen wurde. Keine aber hat auch nur annähernd die
Beliebtheit der Fölzfahrten erreicht!

Die Fölz war entdeckt, das Amerika des Schwaben. Schinko war
der Kolumbus gewesen, der die Heerhaufen der Kletterer zu neuen
Küsten geführt hatte.

Und sie kamen in Scharen, das neue Land zu erkunden.

Sie kamen, Schinkos Zeitgenossen, und folgten seinen Spuren. Der
Grazer Heini Harrer, später durch die Erstbegehung der Eiger-Nord-
wand und seinen Aufenthalt in Tibet zu Weltberühmtheit gelangt,
holte sich die Zweitbegehung von Pfeiler und Kante. Der Grazer
Dr. Hans Häntschl, bekannt durch die Erstbegehung der direkten
Dachstein-Südwand, machte mit seinem erprobten Kameraden Oth-
mar Kutroff, Leoben, nach der famosen Brucker Seilschaft Neureiter
die dritte Begehung der Pfeilerverschneidung. Mit den Problemen im
westlichen Schwaben befaßte sich besonders Dr. Karl August Zahlbruckner, Graz, einer aus der Spitzengruppe der Kletterer jener Zeit.

94

Dr. Zahlbruckner, kurz KAZ genannt, ein großer Freund des Schwaben, ist als der eigentliche Initiator der Winterkletterei am Hochschwab anzusehen. 1925 schon erkletterte er im Winter allein die Grattürme des Fledermausgrates, 1926 den Fowiesturm, 1931/32 zwei Routen an der Schaufelwand, wobei ihn über den sehr schwierigen Ostgrat seine langjährige Gefährtin Maria Pichler (später verehelichte Wenda) begleitete. 1932 vollführte er mit dem erstklassigen Leobner Kletterer Hans Fandler die erste Winterbegehung der Nordwestwand des Kleinen Winkelkogel, welche Tour allgemein als die erste der extremen Winterkletterei am Hochschwab angesehen wird.

Weiter, immer weiter wurde der Schwaben erschlossen. Wieder griffen Wiener Bergsteiger ein, unter ihnen Prof. Rudl Klose und Josef Pruscha, beide ausgesprochene Talente im Aufspüren von Neufahrten. Josef Pruscha, gelernter Mechaniker, hat sich durch die Berge und durch das Bergsteigen weit über sein ursprüngliches Niveau erheben können. Er war ein ausgezeichneter Stilist und 1946 Begründer einer sehr guten österreichischen Bergzeitschrift, der Wiener „Bergwelt", die sich leider nicht lange auf dem Markt halten konnte. Die einzelnen Hefte dieser Zeitschrift, mit ihren Bildern in Kupfertiefdruck, erregten damals großes Aufsehen bei den Bergsteigern; aber vielleicht war und ist Österreich kein guter Boden für alpine Zeitschriften. Josef Pruscha kann man einen der erfolgreichsten Hochschwaberschließer nennen: Unter seinen mehr als fünfzig Erstbegehungen, bei denen ihn unter anderen auch seine spätere Frau Anny, geborene Haupt, begleitet hat, finden wir viele Hochschwabtouren. Er fand den ersten Durchstieg in der Nordwand des Ringkamp (1938), welche zehn Jahre später von Paulmichl und Webern wohl auf direkter Route erklettert, von den beiden aber in Unkenntnis des Pruschaweges „Schneekarmauer" benannt wurde. Ähnlich ging es ihm mit der Nordwand des Hochgang. Zehn Jahre vor Krajnc und Gefährten machte er schon die erste Neutour in der Hochgang-Nordwand — aber bekannt wurde der Hochgang erst durch seine Nachfolger, so wie die Schneekarmauer durch ihre Zweitbegeher. Pruscha war der Erstersteiger des einsamen Weittalturmes (1938). Die zweite Ersteigung unternahmen Heinzel und Gefährten

1962, und die dritte (bisher letzte) machte wieder Pruscha in den siebziger Jahren! Dreißig Jahre, bevor tatendurstige Jungkletterer die Karlmauer-Südostwand in allen Teilen erschlossen und erschlosserten, hatte Pruscha sie schon durchstiegen, wovon nichts bekannt war. Josef Pruscha schien ein kerngesunder Mensch zu sein, der bis ins Alter noch gut klettern konnte. Doch 1973 hat ihn als knapp Siebzigjährigen unvermutet der Tod ereilt. Noch in seinen letzten Lebensjahren beschäftigte sich Pruscha sehr mit der Detailerschließung bisher übersehener Hochschwabgebiete, besonders des im Hochschwabführer totgeschwiegenen Geigermassivs bei Wildalpen. Und in seinem Nachlaß fanden sich Aufzeichnungen darüber, wie er im nächsten Sommer die plattengepanzerte Nordwand des Weittalturms, die er mit der Schartenspitz-Kante verglich, und die Nordseite der Kalten Mauer angehen wollte. Diese exakte Planung gehörte zu den letzten Freuden eines hervorragenden Kletterers, der die Berge auch geistig erfassen konnte, den Hochschwab liebte wie selten jemand und ihn mit minuziöser Genauigkeit erforschte und erschloß.

Bergsteiger werden oft mit Künstlern verglichen. Dieser Vergleich hat manches für sich. Auch der Bergsteiger ist schöpferisch tätig, er schafft und gestaltet. Wie oft wird zum Beispiel das Klettern mit dem Tanz verglichen! Wer einmal einen Meisterkletterer zugesehen hat oder mit ihm gegangen ist, weiß, daß auch Klettern eine Kunst sein kann.

Es ist aber auch eine Kunst, neue Wege zu finden und zusammenzustellen. So ist etwa Rudl Klose ein großer Künstler in seinen Wegen! Ich kenne einige Klose-Wege; alle sind sie eigenartig und haben ihre besondere Note. Im Schwaben sind es die Nordkante der Westlichen Edelspitze, die entzückende „Weibelkante", die Klose erstmalig beging, und der Klose-Weg in der Hochschwab-Südwand, von dem an anderer Stelle noch berichtet wird.

Naturgemäß mußte die alpine Tätigkeit mit Ausbruch des zweiten Weltkrieges erlahmen. Die Bergsteiger zogen in den Krieg. Schon aber waren die Jüngsten da, die noch nicht einberufen wurden.

Und in der Folge konzentrierte sich die Hochschwabkletterei in einmaliger Art auf einen Platz: die Fölz.

Bertl Hausegger und seine Zeitgenossen 1940—1950
Die Demokratisierung des Bergsteigens
ist vollendet

> „... Die Jungen stehen gewissermaßen
> auf den Schultern der Älteren. Sie
> beginnen da, wo diese aufhören. Ihre
> Erfahrungen wirken auf sie wie rüh-
> rende Naivität. Die Dinge, die die Älte-
> ren zu entdecken beginnen, sind den
> Jüngeren längst selbstverständlich ...“
> Francis Brett Young

Wenn man den Aufbau des Schwaben menschlich sehen will, so mag man sich den Gipfel als Kopf denken, die Südwand als die breite Stirne und den Nordabfall als den gewaltigen Rücken. Dann ist die Fölz das Herz des Schwaben.

Sie ist aber nicht nur das steinerne Herz, die Mitte des Gebirges, sie ist auch die lebendige Mitte der neuzeitlichen Hochschwab-kletterei. Von hier aus eroberten Raimund Schinko und die Fels-jugend nach ihm den Schwaben und die Welt der Berge.

Auf der Fölz wurde alpine Geschichte gemacht. Nicht, daß der übrige Schwaben dabei zu kurz gekommen wäre! So setzte bald nach dem Krieg die Haupterschließung des nördlichen Schwaben ein. Die Impulse dazu aber gab das alpine Zentrum Fölz. Es ist eine Stätte alpinistischer Taten, wie man sie in dieser Art selten anderswo in den Alpen findet; im Gesäuse und im Wilden Kaiser gibt es ähnliche.

Die Fölz ist räumlich geradezu geschaffen für einen solchen Mit-telpunkt. In den beiden kleinen Almhütten — der Herzer- und der Grasserhütte — drängte sich alles zusammen. Stets ist Platzmangel dort gewesen; Samstag für Samstag ging der Kampf ums Nacht-quartier, und immer noch haben alle Raum gefunden, wenn es auch manchmal nur der Schafstall war, in dem künftige Felseroberer un-ruhvolle Nächte vor bedeutsamen Fahrten verbrachten. Auch drau-ßen drängt es sich: rund um die Hütten die Berge, knapp aneinander-gereiht, das Ganze noch mehr beengend und beschließend.

Durch diese manchmal drangvolle Enge aber wächst die Ver-bundenheit. Nie hätte auf einer geräumigen Schutzhütte ein solcher

„Geist" aufkommen können wie in den Almhütten der Fölz! Dazu kommt noch, daß kaum ein „Andersgläubiger" auf der Fölz zu finden ist. Die Kletterer sind unter sich. Die Fölz ist ja wirklich ein Ausgangsort nur für Kletterfahrten.

In solch eigenartiger, verdichteter Stimmung um Hütte und Berg erwuchs im Krieg und in der Nachkriegszeit ein neuer Schlag junger Menschen am Berg: die Bergjugend der Fölz. Die jungen Kletterer kamen aus Graz und aus Kapfenberg. Und wenn es auch manchmal einen kleinen Konkurrenzkampf gab — hie Graz, hie Kapfenberg —, so wurde doch immer gute Kameradschaft gehalten, und man unternahm viele Fahrten gemeinsam. Die letzte Erschließung des Schwaben seit 1940 bestimmten die Kapfenberger und Grazer Bergsteiger.

In den späten dreißiger und frühen vierziger Jahren bauten sie auf den Errungenschaften von Schinko und Gefährten weiter. Es erschien der junge Kletterer Franz Duspiwa aus Mixnitz, an den glatten Felsen des heimatlichen Ratengrates bestens geschult. Er war an Neufahrten im Schwaben, aber auch an Wintererstbegehungen, die damals langsam in Mode kamen, beteiligt. Er hat die erste Winterbegehung und den ersten Alleingang am Winkelkogelpfeiler vollführt.

Da war der frühvollendete Hansl Senekowitsch aus Graz mit seinem stillen, in sich gewendeten Blick, voll Übermut in steilstem Fels und doch von einer rührenden, fast väterlichen Fürsorge für seine Gefährten; bekannt unter anderem durch einen Alleingang über die Schartenspitzkante. Mit 25 Jahren ist er 1945 in der Dachl-Nordwand abgestürzt. Nicht die normalen Schwierigkeiten dieser Fahrt haben den Kletterfertigen gefällt; die Seilschaft vor ihm hatte auch alle die Haken, die schon vor ihr in der Wand waren, herausgeschlagen oder unbrauchbar gemacht, so daß Hansl und sein überlebender Gefährte Heinz Labugger, Kapfenberg, ganz unerwartete Verhältnisse in der Wand vorfanden.

Aus der Reihe der Kapfenberger ragt vor allen Ernst Paulmichl hervor, in seiner Bedeutung für die Erschließung des Schwaben nur mit Bertl Hausegger vergleichbar. Bekanntgeworden durch schneidige Alleingänge auf der Fölz, hat Paulmichl auch das unbekannte Land der Abstiegskletterei erkundet. Zahlreiche Neufahrten im Schwaben fielen ihm zu. In späteren Jahren hat er mit seinem

Grazer Kameraden Dipl.-Ing. Fritz Webern die Haupterschließung des Hochschwab-Nordabfalles eingeleitet und dort die erlesensten Probleme gelöst, unter anderem unerstiegene Hochschwabgipfel, wie den Großen Heuschober, erstmalig bestiegen.

Paulmichl führte eine sehr gute Feder und fand wunderschöne Worte über seinen Hochschwab. So nannte er einmal die Stangenwand-Südostwand „den steingewordenen Willen Raimund Schinkos". Seine Gefährten nannten den hünenhaften Mann, der eine außergewöhnlich gute Erscheinung und auch ein sehr lieber Kamerad war, einen „Mann aus Fels". Um so unfaßbarer war der frühe Tod des erst 51jährigen im Jahre 1972 für alle, die ihn kannten.

Walter „Wauli" Wretschko, heute Turnprofessor in Bruck an der Mur, leitete schon 1941 den neuen Abschnitt der Hochschwaberschließung ein. Mit Labugger beging er den immer noch beliebten „Sepp-Bauer-Weg" am Großen Winkelkogel, eine Fahrt des fünften Grades, die zum Prüfstein vieler künftiger Extremer wurde. Auch im „Ring", an der Adlermauer, fand Wretschko eine Neutour. Ferdinand Straßmeier aus Kapfenberg unternahm viele extreme Hochschwabfahrten, unter anderem auch Wintererstbegehungen.

Unter den Bergsteigern dieser Zeitspanne ist auch der unverwüstliche, heute noch bergtätige Schwabenkämpe Franz Ogrinz aus Graßnitz zu nennen, der in aller Stille und Beständigkeit seine Fahrten macht, darunter auch Wintererstbegehungen, für die er als Spezialist gilt.

Die Fölz war auch im Krieg nicht verwaist, wie ja überhaupt die Berge während des Zweiten Weltkrieges niemals so einsam waren wie im ersten Krieg. An Doppelfeiertagen bevölkerten Hunderte die Fölzalmhütten.

Doch bis 1945 ging es mit der Entwicklung des Kletterns nur unmerklich weiter. Man wiederholte und verbesserte, fand aber nichts Größeres, als bereits gemacht war. 1945 aber setzte schlagartig ein neuer Aufschwung, man müßte fast sagen, ein Aufsprung ein. Dieses plötzliche Hinaufschnellen hatte für den Beobachter etwas Atemberaubendes. Dasselbe begab sich zur gleichen Zeit überall in den Bergen. Wer es mitgemacht hat, der weiß, daß er Zeuge noch nie dagewesenen alpinistischen Geschehens war.

Denn zu Schinkos Zeiten waren es nur wenige Auserwählte, die schwierigsten Bergfahrten gewachsen waren. Nun aber war die große Masse da. Die Demokratisierung des Bergsteigens war vollendet.

Es schien, als habe sich ein See, der nur hie und da höhere Wellen schlägt, mit einem Male in einen brodelnden Kessel verwandelt. Da entstand — nach Menge und Wert — ein unerhörter Zuwachs an Kletterern, ein allgemeines Hinwenden zu neuen Problemen, ein Beginnen hoch und weit über den Vorgängern. Hatten die Kletterer eben noch beim Einstieg den Fels betreten, wie es üblich war, so schien es nun, als hätten die Jüngeren den Einstieg — die bisher gekannte normale Entwicklung — übersprungen und seien auf geheimnisvolle Weise schon hoch oben in der Wand. Die Wachablöse der Jungen war da.

„Man darf in einem Zeitalter, da die Menschheit nach den Sternen greift, nicht verlangen, daß die Jugend auf dem Stand der vorangegangenen Generation stehenbleibt", schrieb Dr. Kurt Bors. Die ehernen Bande des Krieges waren gelöst. Alles war frei, die Welt stand offen wie nie zuvor. Alles überschlug sich geradezu vor Tatendrang. Es gab mehr junge Bergsteiger als jemals vorher: Vierzehn- und Fünfzehnjährige! Und gerade diese Allerjüngsten begegneten den Bergen wie keine Generation vor ihnen: mit kühler Überlegung. Das Klettergartentraining und die Wochenendfahrten gewannen entscheidend an Bedeutung. Auch wochentags wurde in jeder freien Stunde im Klettergarten geübt, wenn es nicht anders ging, auch noch abends bei Laternenschein! Kletterstellen wurden Hunderte Male begangen, man könnte sagen, auswendig gelernt... In systematischer Übung holte man sich die Kondition für größere Fahrten.

Auf der Fölz und im Schwaben ist diese Periode niedergeschrieben in der kräftigen, willensbetonten Handschrift des Grazers Bertl Hausegger. Um fast ein Jahrzehnt jünger als die vorhin Genannten, war Hausegger schon als Sechzehnjähriger ein Meister im Fels. Eine Welle von Begeisterung und Tatkraft ging von ihm aus, die viele andere mitriß. Die Zahl seiner Erstbegehungen im Hochschwab sommers und winters und seiner Wiederholungen schwierigster Felswege ist Legion. Er war der bedeutendste Bergsteiger im Schwaben nach Schinko und Paulmichl.

Von den Zeitgenossen Hauseggers sind die Grazer Hans Gsellmann, Ottl Krajnc und Kurt Laurencic auch über die Grenzen der Heimat hinaus bekanntgeworden. Gsellmann, der im Schwabenfels seine Lehrzeit ablegte, hat inzwischen durch seine Nordlandfahrten und seine meisterliche Fotografie schon internationalen Ruf erlangt. Er ist einer der wenigen Bergsteiger, die mit eiserner Konsequenz ihren Lebensweg von der Berufung zum Beruf in den Bergen ausbauen, bestaunt, beneidet und wohl auch mißverstanden von der Menge derer, die sich nicht so weit durchringen konnten. Kein „Strohfeuerchen, das nie so recht gebrannt hat", wie Schinko sagen würde! Nein — ein hell loderndes Feuer der Liebe zum Berg.

Viele Neufahrten und Wintererstbegehungen im Schwaben tragen den Namen von Ottl Krajnc, dem ruhigen, guten Kameraden. Auf der Fölz finden wir zu jener Zeit aber auch Männer wie Franz Schlachter, Kapfenberg, der die Pfeilerverschneidung als erster Alleingeher bezwang — ein Unternehmen, das ein Jahrzehnt vorher noch als völlig unmöglich abgetan worden wäre! Eine andere markante Erscheinung unter den steirischen Bergsteigern: Ing. Karl Mesnaritsch aus Graz. Um Jahrzehnte älter als seine Gefährten, gehört er doch in ihren Kreis. Er hat es verstanden, ihnen Vorbild und Kamerad zugleich zu sein. Er hat an namhaften Erstbegehungen im Schwaben teilgenommen. Dem schneidigen Bergsteiger aus der Zeit zwischen den Kriegen, der als „Trainingsfahrten" an einem Tag gleich mehrere Felswege im Auf- und Abstieg zusammenkoppelte, war eine Nachlese beschieden, wie sie nur wenige Bergsteiger seines Alters erlebt haben.

Und schließlich soll hier die wohl rührendste Gestalt unter den Schwabengehern aufleben, die nicht nur bergsteigerische Anerkennung, sondern Bewunderung verdient: der kriegsversehrte, beinamputierte Grazer Ingenieur Erich Murko.

Holzfuß hat keinen Tritt

Den neunzehnjährigen Erich Murko entließ der Krieg als Einbeinigen. Der blutjunge Kletterer war in der Jungmannschaft einer der Besten gewesen. Sein Schicksal war kaum zu fassen.

Wir sahen bald, daß es nicht richtig war, Mitgefühl zu zeigen. Erich brauchte das nicht. Er wollte ein vollwertiges Mitglied der menschlichen Gesellschaft sein — auch in den Bergen. Und gerade durch die Berge! Seine Kameraden, allen voran Bertl Hausegger, halfen ihm. Wie freuten wir uns, als wir hörten, Erich habe als Einbeiniger die Schartenspitzkante bezwungen! Und wie früher war Erich im Fels dabei; er nahm sogar an Erstbegehungen teil, wie am Hofertalturm oder in der Mitteralmturmverschneidung. Erich Murko hatte wieder ins Leben zurückgefunden.

Als sei es gestern erst gewesen, sehe ich ihn vor mir: wie er auf den Gipfeln, leise vor sich hinlächelnd, sein Holzbein abnahm, lange nach einem passenden Platz suchte und es schließlich fotografierte — eine eigenartige, uns immer wieder erschütternde Zeremonie. Noch klingt mir sein geflügeltes Wort im Ohr: „Holzfuß hat keinen Tritt."

Erich hatte eine harte Jugend hinter sich. Und als sein Schicksal sich langsam zum Besseren zu wenden begann, als er seine Frau gefunden hatte und im Beruf stand, da geschah das Fürchterliche: Der noch nicht Dreißigjährige starb. Nicht in den Bergen; an einem Verkehrsunfall. Erich Murko tot! Unfaßbar schien es für uns, die wir sein kämpferisches Leben gekannt hatten.

Früher war für einen Körperbehinderten das Leben in den Bergen so gut wie zu Ende. Heute ist er ein vollwertiger Bergkamerad. Die fatale Bedeutung des Wortes „invalid" ist auch im sonstigen Leben überwunden. Nicht zuletzt durch das Beispiel der Bergsteiger! Der bekannte österreichische Bergsteiger Bruno Wintersteller, ein Einbeiniger, meistert Bergfahrten des sechsten Grades wie Erich Murko; der beinamputierte Grazer Willi Kokol durchstieg die Fuscherkarkopf-Nordwand und fuhr bei Schirennen mit, wobei er das halbe Feld der Unversehrten hinter sich ließ; die einarmigen Schifahrer sind geradezu bekannt durch ihre exakte Schwungtechnik; ich bin im Hochschwab mehrmals einer Seilschaft mit Einarmigen und Einbeinigen an einem Seil begegnet. Man könnte diesen Bericht fortsetzen, auch für andere Länder und Gebirge der Erde.

Für die versehrten Bergsteiger im Schwaben aber ist Erich Murko das Symbol.

Die Bergsteigerinnen der Fölz

Seit den dreißiger Jahren wurden der Bergsteigerinnen immer mehr; darunter auch solche, die ihre Bergfahrten selbständig planten und ausführten; sogar zur Führung auch bei schwierigen Kletereien und zum Alleingang waren sie befähigt.

Tüchtige Bergsteigerinnen hatte es immer schon gegeben; Mädchen und Frauen, die in Begleitung von Führern, Angehörigen oder Gefährten Schwierigstes meisterten. In den meisten Fällen aber wurde der Wunsch zum Bergsteigen erst durch den Mann geweckt. Der Vater, der Bruder, der Bräutigam oder der Gatte gingen in die Berge; die Frau ging mit, wenn sie Lust und Eignung zeigte. Aber selbständige Bergsteigerinnen, die unabhängig von solchen Bindungen zu Berg stiegen, waren Ausnahmen wie Eleonore Noll-Hasenclever oder die Debelakova.

Das aber ist der Unterschied zwischen jenen Bergsteigerinnen alter Schule und denen der neuen Generation: Für diese war der Berg zuerst da. Ganz ohne Beziehung zum Mann. Der Berg war da, man konnte und wollte ihn besteigen. Es war das Natürlichste auf der Welt. Sie benahmen sich den gesellschaftlichen Gegebenheiten ihres Zeitalters entsprechend.

Da ich selbst aus jener Generation zwischen den Kriegen stamme, weiß ich um diese Natürlichkeit und Unabhängigkeit. Für mich und meine Freundinnen, die sich für Berge interessierten, war es ausgemacht, daß wir Berge besteigen und klettern würden, vom Augenblick an, da wir den ersten Berg gesehen, das erste Bergbuch gelesen hatten. Mit der gleichen Selbstverständlichkeit bewegten wir uns in den Bergen. Und wir fanden in allen Teilen der Alpen Gefährtinnen, die gleich dachten und handelten.

Die Gesellschaft, in der wir leben, findet nichts Besonderes daran. Bloß ein paar Rückständige — selbst unfähig, in den Bergen etwas zu unternehmen — wettern vergeblich gegen die „vermännlichten" Bergsteigerinnen. An ihnen vorbei, die greinend am Wege sitzen, steigen sie weiter zur Höhe, die Mädchen und Frauen einer neuen Zeit. Ich kenne keine, die deswegen „unweiblich" geworden wäre!

Gleich die erste Vertreterin dieser Schar auf der Fölz, die charmante Grazerin Dr. Irma Nievoll, geb. Zahrastnik, ist ein Musterbeispiel dafür. Wenn es eine „Miß-Wirtschaft" in den Bergen gäbe, man hätte sie zur „Miß Fölz" küren müssen! In ihrem unbeschwerten, anmutigen Kletterstil holte sie sich einige „erste Damenbegehungen" im Schwaben.

Als Sennerin auf der Fölz saß die schlanke, dunkle Herzer-Fanny (jetzt Frau Fröschl) sozusagen an der „Quelle" der Fölzfahrten. Sie hat unter anderem den Winkelkogelpfeiler erklettert. Als langjährige Bewirtschafterin der Herzerhütte war sie aber auch die „Seele" des ganzen Kletterbetriebes, die junge Mutter der „Fölzfamilie".

Der „Kopf" unter den Bergsteigerinnen der Fölz aber war die Grazerin Grete Satori, heute Frau des Grazer Geologen und Bergsteigers Univ.-Prof. Dr. Ernst Weiss. Sie war die erste im Schwaben, die als Führende schwierigste Wege ging, wie etwa die Schartenspitze-Nordwand oder die Nordwestwand des Kleinen Winkelkogel. Sie hat aber auch mit O. Krajnc die erste Damenbegehung des unmittelbaren Pfeilers ausgeführt und den herrlichen, lange Jahre übersehenen Südgrat der Schartenspitze erstmalig erklettert, der heute zur vielbegangenen Genußtour geworden ist. Zart und weiblich, dabei voll verborgener Energien, konnte sie wie eine Wilde die Felsen angehen, die sie dann doch mit überlegter Technik meisterte.

Auch die Frauen und Mädchen der Böhlerstadt haben ihren wohlgemessenen Anteil an den Errungenschaften der Bergsteigerinnen im Schwaben! Vor allem die allseits beliebte Maria Berghofer, heute Frau Eberl, von allen noch Lebenden aus der „hohen Zeit" die Beständigste. Auf viele kühnste Fahrten kann sie zurückblicken, unter anderem auf eine Begehung der Pfeilerverschneidung.

Liebe Gäste im Schwaben waren die beiden großen österreichischen Bergsteigerinnen Maria Kampitsch, Leoben, und Grete Rieder-Großmann, Graz. Maria Kampitsch hat auch an Wintererstbegehungen im Schwaben teilgenommen! Grete Rieder, vom selben Typ wie Grete Satori, ging fast nur als Seilerste oder allein. Im Hochschwab hat sie auf dem „Güntherweg" geführt. Sie trug das bittere Los der rassisch Verfemten in stiller Größe. Allein die Liebe zu den Bergen hat ihr dunkles Leben erhellen können. Sie ist 1948, kaum 35 Jahre alt, am Kleinen Buchstein vom Blitz getötet worden. Auch Maria Kampitsch starb 1956 den gleichen Tod an der Meije.

Von den Jüngeren ist besonders Annemarie Luschin zu nennen. Annemarie, jetzt Frau Gsellmann, hat vom Anfang ihres Bergsteigens an schwierige Felsfahrten geführt, ohne je davon Aufhebens zu machen; die gute Gefährtin eines großen Bergsteigers.

Viele dieser Bergsteigerinnen haben sich untereinander und mit anderen zu Damenseilschaften gefunden, bei denen meist abwechselnd geführt wurde. Alleingänge wie auch Erstbegehungen wurden gemacht. Ich glaube nicht zu irren, wenn ich annehme, daß es solche ständigen Damenseilschaften vorher nicht gegeben hat. Hier haben die Bergsteigerinnen der Fölz eine Richtung gewiesen.

Auch Heide Licek aus Wien (jetzt Frau Professor Sattek, Klagenfurt), wohl die größte (und einzigartige) selbständige Bergsteigerin Österreichs, hat Hochschwabtouren geführt. Zwischen ihrem 15. und 18. Lebensjahr(!) durchstieg sie unter anderem führend die Südwestwand der Stangenwand und den äußerst schwierigen Zinkenpfeiler.

Fölz von 1950 bis heute

Von den Bergsteigern und Bergsteigerinnen aus den Jahrgängen bis um 1930, welche die Entwicklung der Bergsteigerei im Hochschwab beeinflußt haben, konnte ich hier nur einige nennen. Es scheint mir auch weniger darauf anzukommen, Namen und Taten zu nennen, als ein Kapitel Zeitgeschichte an Hand der Entwicklung der Bergsteigerei im Hochschwab darzustellen. Es lag mir daran, das Phänomen der Fölzgemeinschaft zu schildern und mit ihm die sprunghafte Entwicklung des Alpinismus nach dem zweiten Krieg.

Es hat ja jeder, der im Schwaben Bergfahrten gemacht hat, seinen Anteil an der Erschließung. Die Erschließungsgeschichte eines Gebirges ist ein Mosaik, in dem auch das kleinste Steinchen zählt. Natürlich wird das eine oder das andere mehr hervorleuchten. Aber das Mosaik ist nur durch die Gesamtheit aller Steinchen denkbar.

Nun sind die neuen Jahrgänge im Schwaben schon nachgerückt.

Vor fünfzehn Jahren konnten ein Winkelkogelpfeiler, eine Scharten-spitzkante noch Höhepunkte sein. Heute fangen manche Kletterer schon mit ihnen an! Es gibt besonders viele Alleingeher, die die schwierigsten Fahrten, ja sogar Winterbegehungen allein machen (im Schwaben sind die Namen Knabl, Luttenberger, Renée Simek † da-durch bekannt geworden). Die Zahl der Alleingeher hat in allen Gegenden der Alpen erstaunlich zugenommen.

Und wie schon früher, haben auch tüchtige Felsdamen ihren An-teil an extremen Hochschwabfahrten. Frau Prof. Ingrid Aigner, verehelichte Quenz, derzeit Trieben, kennt manche Führe des sechsten Grades und nahm auch an winterlichen Neutouren teil. Sie ist eine gutaussehende, sehr weiblich wirkende Bergsteigerin wie auch Helga Lindner, geb. Brunzak. Ehemann Rudi Lindner aus Leoben ist Berg-führer, und mit ihm hat die blonde „Hexl" neben vielen anderen großen Fahrten, die ungewöhnlich für eine Frau sind, auch eine Menge schöner Erstbegehungen und Winterkletterein am Hoch-schwab gemacht. Darunter als ausgesprochenen „Sechser-Genuß" eine der herrlichsten Extremkletterein des Gebirges, den „Weg der Ju-gend", die direkte Ostwand des Großen Beilstein, VI, A 2—A 3.

Eine extreme Bergsteigerin ist gar Hüttenwirtin auf der Sonn-schienhütte. Frau Illia, geb. Kargl, konnte schon als junges Mäd-chen ausgezeichnet klettern, was sie unter anderem mit einem Allein-gang durch die äußerst schwierige Kalbling-Südwand bewiesen hat. Frau Illia leitet mit ihrem Mann die vielbesuchte Sonnschienhütte mit Umsicht, was sicherlich manchmal auch einer schwierigen Berg-tour entsprechen mag.

Ab 1960 finden wir unter Berichten über Erstbegehungen häufig die Namen R. Berghofer, G. Derndorfer, Bergführer H. Lenes, Berg-führer Hansl Ljubic, F. Nestler, A. Thausing (in alphabetischer Reihenfolge) und Gefährten. In der Hochschwab-Südwand, in der Stangenwand, am Kl. Winkelkogel und unter anderem auch an der lange übersehenen Meßnerin mit ihrer gewaltigen Masse an Fels wurden hochwertige Neutouren gefunden und auch Winterbegehun-gen ausgeführt.

Als größter Neutourensucher und -finder der letzten 15 Jahre aber muß Ing. Rudolf Reidinger aus Reichenau gewertet werden.

An die dreißig Erstbegehungen, auch Neutouren mit Schiern, sind ihm und seinen Gefährten, besonders mit A. Eber, gelungen. Dabei muß erwähnt werden, daß es sich nicht um Sechser-Touren handelt, sondern — was meines Erachtens viel interessanter ist — um Fahrten ab Schwierigkeit II — bis V +, wobei also „für jeden Kletterer etwas" gebracht wurde. Obwohl Ing. Reidinger auch im Winter im Hochschwab zu Hause ist — seine Schitouren und Umfahrungen wären eigener, längerer Würdigung wert! — und das ganze Gebirge kennt, hat er sich am meisten mit dem noch unerschlossenen Nordteil beschäftigt. Gipfel, die nur wenigen Spezialisten geläufig waren, wie das Tremmleck oder der Wasserbodenkogel und die Heuschlagmauer, wurden entdeckt und mit schwierigen Routen erschlossen. Reidinger ist die Neuentdeckung der Eismauer zu verdanken. Die Einsamkeit dieser Wand in einem Gebiet, das sonst so überlaufen und überklettert ist, nannte Reidinger „fast ein modernes alpines Märchen...". Er findet, daß die Eismauer, wo er mehr als zehn neue Durchstiege erschließen konnte, den Südabstürzen des Hochschwab an Großartigkeit kaum nachsteht. In den Westabstürzen der Hohen Weichsel wurden zwei Felstürme von beachtlicher Höhe erstmalig erstiegen. Der gerade Anstieg über den Südsporn des Höllkamp-Ostgipfels (V—) wurde zum Teil mit der Schleierkante verglichen, und die Nordostwand des Wasserfallkogel (V) als bergsteigerisch größte Fahrt bezeichnet.

Wohin wird die Entwicklung des Bergsteigens führen? Wir haben noch nicht den letzten Vorstoß geballter bergsteigerischer Kräfte erlebt! Es kommen immer wieder andere, Bessere. Es sind seit Jahren mehr Menschen in den Bergen als je zuvor. Die Hütten waren auch im Hochschwab auf noch nie dagewesene Weise überfüllt. Hat das wirklich mit dem Bergsteigen zu tun? Oder ist es nur, weil heutzutage die ganze Menschheit auf Reisen ist und zwangsläufig auch in die Berge kommt?

Wir wissen es nicht. Wir können nur zusehen, welchen Weg die Jungen einschlagen.

Uns dünkt, wir hätten es schwerer gehabt als die, die nach uns kamen. Aber das ist ein weitverbreiteter Irrtum. Auch sie haben ihre Probleme; nur sind es nicht mehr unsere. Deswegen verstehen wir sie manchmal nicht. Aber waren wir nicht auch einmal so, wie heute die Jüngeren sind? Haben wir die Welt der Älteren begreifen können? Vor allem das Wesen, das sie aus dieser Welt machten! Hat man uns nicht vorgehalten, wir wüßten die Taten unserer Vorgänger nicht recht zu würdigen?

Wir waren uns dieser Taten nicht bewußt, da wir mitten in sie hineingeboren wurden. Unser Leben hatte schon wieder andere Ziele.

Genauso wie das unserer Nachfolger. Es ist immer wieder die gleiche unvollendete Kette. Und nur im Älterwerden findet jeder den Haken, mit dem er sich anschließt.

Haben wir einmal unsere Vorgänger mißverstanden? Nun, da wir selbst zu Vorgängern geworden sind, verstehen wir sie gut! Unsere Nachfolger mißverstehen uns? Laßt sie selbst Nachfolger haben, und sie werden uns begreifen! Sie werden die ewige Kette sehen, die vom Beginn des Alpinismus an bis zu ihnen führt. Sie werden begreifen, daß sie ohne einen Domènigg, einen Obersteiner, einen Schinko gar nicht in die Berge, in den Schwaben gekommen wären! Dann werden sie erkennen, daß sie auf den Schultern ihrer Vorgänger stehen; und daß eine Generation die andere höherhebt, immer näher an den Gipfel heran.

Und ihr Alten, sprecht nicht von der Entartung des Bergsteigens, wie ihr es so gerne tut! Die Jungen sind doch ohne euch gar nicht denkbar! Ihr habt selbst mitgearbeitet an der Entwicklung des Alpinismus. Wollt ihr etwas schlecht heißen, was ihr selbst mit Freuden geschaffen? Etwas, das auch der heutigen Jugend Erlebnis geworden ist? Denn die Freude am Berg ist geblieben. Nur holt man sie jetzt manchmal auf anderen Wegen als ehedem.

Aber immer sind die Erkenntnisse der Älteren der Steigbaum, an dem die Jüngeren sich zur Höhe tasten.

DER HOCHSCHWAB
IN ALTER UND NEUER ZEIT

In jedem Wanderer und Bergsteiger, der nicht nur vorübergehend den Bergen verbunden ist, steckt ein kleiner oder größerer Forscher. Es wäre einmal einer längeren Abhandlung würdig, alle die Wissensgebiete, welche mit der Bergsteigerei enger oder weiter zusammenhängen, aufzuzählen und zu beschreiben. Daß mancher Hochschwabgeher in irgendeiner Höhle gerne das Skelett eines „Homo hochschwabensis" entdeckt hätte, ist klar! Vielleicht wird es auch noch einmal gefunden ... Doch bis dahin müssen wir uns an bereits vorhandene Funde halten, die leider keinen solchen Urmenschen, wohl aber andere hochinteressante Tatsachen zutage gefördert haben.

Die Rettenwandhöhle bei Kapfenberg am Fuß des Floning wird in einschlägigen Büchern über die europäische Vorgeschichte immer als wichtiger Fundort von Gefäßen der bandkeramischen Kulturstufe, 3. Jahrtausend vor Christi, erwähnt. Die Bandkeramik-Kultur war eine „donauländische Kultur", die sich auf dem Boden der heutigen Tschechoslowakei und des heutigen Ungarn entwickelt hatte. Durch die Funde in der Rettenwandhöhle konnte eine Ausstrahlung dieser Kulturstufe bis in unsere Gegend, also den Alpenostrand, nachgewiesen werden. Bandkeramische Funde wurden in der Steiermark sonst nur in der Ofenberger Höhle im Mürztal gemacht. Wegen der Unmengen an gefundenen Topfscherben wird sogar angenommen, daß sich in der Rettenwandhöhle eine Töpferwerkstatt befunden hat.

Es ist schade, daß uns aus den folgenden Zeiten nichts aus dem Hochschwab überliefert ist. Erst in der Literatur des 17. Jahrhunderts taucht er auf, aber noch nicht unter seinem heutigen Namen. Die erste Kunde über eine Bergtour am Hochschwab bringt der berühmte steirische Pestarzt Dr. Adam von Lebenwaldt 1654, nennt aber den bestiegenen Ostteil das „Afflentinische Gebirge" (nach dem Orte Aflenz). In späteren Reisebüchern erscheint der Hochschwab als „Gamsgebirg" oder „Wildalpen". Beide Bezeichnungen sind sehr treffend. Dem Geist der damaligen Zeit entsprechend wurden keine Berge bestiegen, höchstens Almen erwandert. Allerdings brachten die Reiseschriftsteller sehr interessante Stimmungsbilder und äußerst wertvolle Milieuschilderungen aus dem Leben des einfachen Volkes.

DAS LICHT DER STEIERMARK

„Lumen Styriae", das Licht oder die Leuchte der Steiermark, so hat ein Zeitgenosse den heute zu Unrecht vergessenen steirischen Pestarzt, Musiker und Poeten Adam von Lebenwaldt genannt. Es ist das große Verdienst der bekannten Grazer Historikerin Dr. Erika Horn, diese steirische Persönlichkeit der Barockzeit wieder entdeckt zu haben.

Dr. Adam von Lebenwaldt wurde als Johann Adam Christof Lebaldt vor 350 Jahren im Mühlviertel geboren. Der hochbegabte Bürgerssohn studierte in Graz Philosophie und in Padua Medizin, wo er 1652 zum Doktor der Medizin promoviert wurde. „Drei M — Musa — Musica — Medicina —, die anderen ein Vorgebirge übler Hoffnungen gewesen, sind mir zum Heil und Hafen in meinen Sorgen", schrieb er einmal. Auffällig, daß Lebenwaldt das Wort „Vorgebirge" gebraucht! Als Admonter Stiftsarzt, der auch landschaftlicher Physikus für das Enns- und Paltental, später drei Jahre in Rottenmann und danach in Trofaiach ansässig war, scheint er den Bergen besonders verbunden gewesen zu sein. Und der Steiermark! Wir verdanken ihm den ersten Bericht über eine Bergtour im Hochschwab. Der Dreißigjährige, damals in Graz ansässig, bestieg in den Hundstagen des Jahres 1654 das „Afflentinische Gebirge", wie er das Ostmassiv des Hochschwab nennt. Von Liebe zur Natur erfüllt, voll von naturwissenschaftlichen Interessen, unternahm er dieses für die damalige Zeit große Wagnis. Als einheimischen Führer heuerte er einen Jäger und „Wurzengraber" an. Von diesem Begleiter berichtet er, daß dieser junge und starke Mann lieber in der Ebene habe zwölf

110

Meilen gehen, als noch einmal eine solche Anstrengung auf sich nehmen wollen ... Lebenwaldt selbst fand herrliche Alpenkräuter, stellte
Betrachtungen an über das „Mädigwerden" des Schnees auf dem
Gipfel und konnte Gemsen im Freien beobachten. In späteren Jahren,
als Schloßherr auf Stibichhofen in Trofaiach, verfaßte er neben anderen stiriaca auch eine Damographia oder Gemsenbeschreibung.

Schon drei Jahre nach seiner Berufung ins Admonter Stift wurde
der junge Arzt zum kaiserlichen Pfalz- und Hofgrafen erhoben und
erhielt das Adelsprädikat „von und zu Lebenwaldt", eine seltene und
hohe Auszeichnung. Später kam dazu noch die Ernennung zum
öffentlichen apostolischen Notar durch den Papst. Weitere Ehrungen
folgten: Die Universität Wien verlieh ihm den Lorbeer eines Poeta
laureatus, die kaiserliche Akademie der Naturforscher zu Breslau
nahm ihn als Mitglied auf. Schöpferisch ist er zuerst als Musiker hervorgetreten: Als Medizinstudent komponierte er ein anerkanntes
musikalisches Amt zur Feier des Westfälischen Friedens.

Mit 50 Jahren zog er sich — vermutlich geschwächt durch an-
steckende Krankheiten, die er sich bei der Pflege von Patienten geholt
hatte — auf sein Schlößchen und Gut Stibichhofen in Trofaiach zurück und führte dort vorerst ein idyllisches Leben. Er sammelte Fos-
silien und Muscheln, studierte die Schriften des Paracelsus, machte
chemische Versuche, betätigte sich aber am meisten als Poet. Das
große Reimgedicht „Von dem lobwürdigen Stand des lustigen Mayr-
schaffts-Lebens" zeugt von seiner Zufriedenheit mit den Trofaiacher
Jahren. Doch die Pestzeiten verlangten wieder ärztlichen Einsatz von
ihm, den er auch mit Erfolg leistete. Als Verfasser des „Stadt-, Land-
und Haus-Arzney-Buches" hat er darin nicht nur seine Gedanken
über die Pest und andere Seuchen niedergelegt, sondern auch juri-
dische und theologische Abhandlungen, Gedichte, geistliche Lieder
und Philosophisches über die Behandlung der Kranken sowie den
Stand der damaligen ärztlichen Wissenschaft geschrieben. Als einzigartig gilt seine Sammlung von 300 deutschen Sprichwörtern.

Dr. Adam von Lebenwaldt, dieses Universaltalent, dieser Voll-
mensch der Barockzeit, ist 1696 in Leoben gestorben. Er war in seinen
letzten Lebensjahren in Melancholie gefallen. Keine Grabstätte mehr
kündet heute vom „Licht der Steiermark".

Es ist bekannt, daß unsere Altvordern die Berge, aber auch ihre Täler als furchterregend und erschreckend erlebten. Dementsprechend klingt es aus einem der frühesten Berichte von einer Reise um den Hochschwab, die K. F. von Leitner noch vor 1798 unternahm. Er nannte diese Fahrt „Vaterländische Reise von Grätz über Eisenerz nach Steyer" und berichtet unter anderem:

„... so erbärmlich gelegen als Vordernberg hatte ich bisher noch keinen Ort gesehen. Wie wir aus dem engen Trichter herauszukommen anfiengen, sahen wir, die wir gehofft hatten, nun etwas freyer athmen zu können, die ungeheuren Felsmassen des Preebühels hinter dem Flecken aufgethürmt. Auch die Vordermauer tritt so nahe heran, daß man die Gemse, welche sich im strengen Winter heerdenweis dort versammeln, von dem Marktplatze aus nicht nur sehen, sondern auch ihr Mecken vernehmen kann ..."

„... in dieser rauhesten Wildniß der Steyermark ..."

Joh. von Brodmann aus Triest unternahm im Jahre 1812 eine „Unterhaltungsreise durch einen Theil der Obersteyermark" und ließ darüber in der Triestiner k. k. priv. Gubernialdruckerey 1814 eine „Skizze einiger Betrachtungen und Empfindungen" drucken. Er hat die Schrecken des Gebirges noch tiefer empfunden als K. F. von Leitner eine Generation vor ihm, denn er schreibt: „... War sowohl der ganze von mir zurückgelegte Weg von der Radmär nach Hiflau und Reifling zwischen 600 und mehr Klafter hohen Steinkolossen uiberraschend und schauerlich, so ist doppelt wild und gräßlich jene Gegend, die man von der Wildalpe zum Weichselboden betritt. Wäre die Hauptgewerkschaft durch die ungeheure Holzverzehrung nicht gezwungen, ihren Bedarf zum Theile aus diesen Gräben mehrere Meilen weit herzuholen, so würden wahrscheinlich noch gar keine Menschen in dieser rauhesten Wildniß der Steyermark ihren Wohnsitz aufgeschlagen haben ... Die Berge, die dieses Thal umgeben, verflächen sich hier nicht, wie sonst alle Gebirge, sondern sie gehen beynahe senkrecht bis zum Boden. Felsenstücke von 1000 und mehr Zentner, die von den überhängenden Bergen herabstürzten, liegen umher und vermehren das Schauerliche dieser einzigen Ge-

gend ... Den Leopoldsteinersee rechts lassend, langte ich durch einen äusserst beschwerlichen unfreundlichen Fußsteig in dem Markte Eisenerz an. Die Unerschöpflichkeit des vom Erzgebirge an Tag geföhrdeten Eisens war mir ebenso auffallend als der traurige Verdienst jener Bergleute, die mit den leeren zweyrädrigen Karren auf den Schultern durch eine starke Stunde hinauf, und dann mit 180 Pfund beladener Erzsteine hinunter diese beyden Wege um 6 Kr. W. W. machen müssen. Eine Verrichtung, die wahrlich nur für schwere Verbrecher zu taugen scheint. Da so ein Bergknappe von Morgens 4 Uhr gemeiniglich fünfmahl fährt, so erwirbt er sich täglich 30 Kr. Die übrige Zeit des Tages bis 4 Uhr Abends muß er am Berge die größeren Steine auf den andern Morgen zerhammern ..."

Dieses hochinteressante Zeitdokument sollte man manchen Unzufriedenen von heute unter die Nase halten. Dreißig Kreuzer Wiener Währung für zwölfstündige härteste Arbeit!

Holzknecht- und Bergsteigertragödien in der Hundswand

Einige Jahre später berichtete ein anonymer Schriftsteller über eine Tragödie in der Hundswand. Jeder Wanderer, der vom Bodenbauer in die Trawies geht, muß an dieser fürchterlich steilen und glatten Wand vorbei; über eine Durchkletterung ist noch nichts bekannt geworden. Daß die Holzknechte sie schon vor 150 Jahren bei ihrer schwierigen und gefährlichen Arbeit betreten mußten, war auch bis jetzt nicht bekannt. „... ober der Hundswand ist ein kleiner Wald, welcher sich gegen das Schönbergbründel hinzieht und vor 2 Jahren abgestockt wurde. Hier verunglückte vor 2 Jahren ein Holzknecht auf die schauderhafteste Weise. Beim Holzfällen mußte Wastl alle Tage in einer ‚Lagl‘ für die übrigen Holzknechte das Wasser holen. Der Steig zum Trawiesnerbründel führt quer über den oberen Theil der Hundswand, ist vom Boden aus sichtbar wie ein dicker schwarzer Strich und sehr gefährlich zu besteigen. Sooft er diesen Weg machte, beschlich ihn ein banges Gefühl, so zwar, daß er die Arbeit kündete und eben um dieses gefährlichen Weges willen den Holzschlag verließ. Den nächsten Tag ging Wastl in den Holzschlag, packte da seine Habseligkeiten, Mehl und andere Victualien auf die

ortsübliche ‚Kraxen‘ und zog von dannen, machte aber beim Hinaufsteigen den auf dem Boden knapp unter der Hundswand beschäftigten Kohler aufmerksam, er solle ihm beim ‚Fetteln‘ (Übersiedeln)
zusehen. Wenn er über die gefährliche Stelle glücklich passirt sei,
wolle er ihm dieses durch einen Juchezer andeuten. Und in der That
glücklich kam er über die gefürchtete und gefährliche Stelle. Wastl
wollte hierauf etwas rasten, und als er sich niedersetzen wollte, muß
er an die Kraxen, die er an dem Rücken hatte, vergessen haben, stieß
damit an die rückwärts aufsteigende Wand und flog kopfüber, ein
herzzerreißendes Geschrei ausstoßend, über die wenigstens 300 Fuß
hohe senkrechte Wand hinunter, stieß im Fallen einmal an die Wand
an, so daß der Mehlsack geborsten ist und über ihm eine förmliche
Wolke von Mehl sichtbar wurde, zerschmettert und gräßlich verstüm-
melt kam er als Leiche auf dem Boden an . . .“

Die Hundswand war auch im Jahre 1972 Schauplatz einer bis
heute noch nicht geklärten Bergsteigertragödie. Der hochbegabte
und geschätzte steirische Architekt Prof. Ferdinand Schuster aus
Kapfenberg, ein Mann, dem die Berge vertraut waren, wurde am
Fuß dieser Wand tot gefunden. Eine Skizze, die man später in seinem
Auto fand, zeigte genau die Stelle an, an der der Leichnam lag.

„. . . und dem Fremden die Hände küßten . . .“

August Schumacher hatte sich in den zwanziger Jahren des
19. Jahrhunderts bei einer Waldwanderung im südlichen Hochschwab
verirrt. Er berichtet sehr anschaulich darüber in „Bilder aus den
Alpen der Steyermark“, 1822. Er fand ein Jagdhaus, über dessen
Haustür das Geweih eines stattlichen Zwanzigenders inmitten von
Bären-, Luchs- und Wolfshäuptern prangte. Als die Bewohner des
Hauses, ein Ehepaar, den Fremden gewahrten, eilten sie beide herbei
und küßten dem Fremden (nach Landessitte, schreibt Schumacher)
freundlich die Hände. Er wurde mit Ziegenmilch und schwarzem
Brot von der Frau bewirtet, der Mann aber brachte Honig und
Branntwein und bedauerte, daß er nicht mehr wie am vergangenen
Tag mit Bärentatzen aufwarten konnte. Man bot dem Gast das eigene
Lager an und brachte ihn am nächsten Morgen nach Aflenz.

Die Xanthippen von der Sackwiesenalm

Um 1860 kannte man unser Gebirge schon unter dem Namen Hochschwab, und der Geographieprofessor Eugen Josef Matz aus Wien schrieb in seiner umfassenden Arbeit „Die Schwabengruppe" schon des längeren und breiteren darüber, warum man das Gebirge besser den „Schwaben" als „Hochschwab" nennen sollte. Seine zeitgemäßen, in manchem sehr belustigenden Feststellungen und Erlebnisse sind im Jahrbuch des Österreichischen Alpenvereines 1873 nachzulesen. In den mittlerweile aufgekommenen alpinistischen Zeitschriften flutete etwa seit 1866 — damals war der erste Aufsatz über unser Gebirge in einem Jahrbuch des Österreichischen Alpenvereines erschienen — geradezu eine Hochschwabwelle. Die Berichte dieser Jahre ähneln einander sehr. Die Schwierigkeiten, wenn überhaupt vorhanden, werden sehr übertrieben (man lese dazu etwa Matzens Schilderung des Pfades von Weichselboden auf den Hochschwab); da lesen wir von „harmlos herumhüpfenden Gemsen" und von „singend und jodelnd nach Futter suchenden Sennerinnen!" Da liest man von Problemen, die damals aktuell waren: die Sorgen um den geeigneten Führer, die Schwierigkeiten der Übernachtung auf dürftigen Almen oder der Ernährungsfrage. Das schlimmste aber scheint damals das Sennerinnenproblem gewesen zu sein! Die meisten der Hochschwabschreiber führen beredte Klage darüber, daß die Sennerinnen im Schwaben zuwenig jung und zuwenig hübsch gewesen wären! Besonders Eugen Josef Matz tut sich da hervor. Er berichtet über die Sackwiesenalm: „. . . wo wir aber schön ankamen, denn wir trafen statt schönen, freundlichen Steirerinnen zwei häßliche Xanthippen, von welchen wir jeden Moment es erwarteten, daß sie statt des Besens am Milchkübel zum Schornstein hinausfahren . . ." Allerdings trafen sie später auf derselben Alm „. . . ein hübsches, freundliches Mädchen an, das sich gerne herbeiließ, mir und meinem Freund für die eine Nacht ihr Bettchen abzutreten . . ." und das sich auch „einen Trunk guten Ruster Ausbruchs, welcher bei einer Excursion selten fehlt" mit den beiden Schwabensteigern gut munden ließ!
Manche zeitgenössischen Berichte aus der Mitte des vorigen Jahrhunderts muten sehr zeitnahe an: so die Feststellung der Tatsache,

daß die Österreicher nur ausländische Gebiete großartig fänden, und Beschwerden darüber, daß bekannte Sommerfrischen wie Tragöß überlaufen seien! Es hatte also nur einige Jahrzehnte gebraucht, und aus „grauenvollen Wildnissen" waren beliebte Sommerfrischen geworden. Schon kannte man auch alle jetzt gebräuchlichen normalen Anstiege auf den Hochschwabgipfel. Der rasend schnellen Entwicklung des noch jungen Alpinismus entsprechend begann man aber bald nach weiteren und auch anderen Zielen zu suchen. Und nach der Besteigung der Eisenerzer Griesmauer, der ersten Klettertour im Schwaben, änderte sich die Zielsetzung der Bergsteiger und der Charakter der alpinistischen Hochschwabliteratur grundlegend. Von da ab suchte man immer schwierigere Aufgaben. Die Technik des Kletterns wird verbessert, sogar durch neue Geräte bereichert. Frauen treten in die Reihen der Kletterer. Kriegsversehrte und Körperbehinderte erkämpfen sich am Berg ein neues Lebensrecht. Der unbekannte Schwaben wird entdeckt. Und schließlich durchbricht der Mut junger Kletterer auch die Schranken, die der Winter bis dahin aufgerichtet hatte.

DIE ERSTE ERSTEIGUNG DER EISENERZER GRIESMAUER

Schon in den siebziger Jahren des vergangenen Jahrhunderts waren die Hochschwabgipfel das beliebteste Ziel der Grazer Bergsteiger. Nach und nach waren alle namhaften Erhebungen des Gebirges erstiegen worden — bis auf eine: die Eisenerzer Griesmauer. Seit Jahrzehnten schon bewunderte und belagerte man die kühne, unnahbare, dreigipfelige Felsmauer. Besonders Robert von Lendenfeld, ein später oft genannter Schwabenerschließer, hatte es auf sie abgesehen und war auch 1878 am weitesten — bis in eine Scharte am Fuße des höchsten Gipfels — hinaufgelangt.

Zu Anfang des Jahres 1879 vertraute sich Lendenfeld seinem Freunde Carl Blodig an, der ein ganz ausgezeichneter Bergsteiger war. Sie beschlossen, die Pfingstferien zur Eroberung des unerstiegenen Berges zu benützen.

Lendenfeld vollführte noch einige Trainingsfahrten — damals

nannte man sie „Einöl-Touren". Blodig ging ohne jede Vorbereitung an die Tour. Für den kaum zwanzigjährigen, von Tatendrang überschäumenden und sehr ungeduldigen Blodig gab es gleich anfangs eine Reihe von Hindernissen. Die Aufbruchszeit um 4.30 Uhr früh war ihm zu spät. Lendenfeld hatte noch einen weiteren, weniger geübten Teilnehmer mitgebracht, der auf einem Schneefeld ausglitt und die ganze Fahrt in Frage stellte. Und schließlich erregte der lange Bergstock des Bergknappen Josef Gleich, den Lendenfeld als Führer verpflichtet hatte, seinen Ärger. Die Elite der damaligen Bergsteigerschaft verwendete nämlich seit einigen Jahren nur noch — Eispickel! „Alpenlanze" gegen Eispickel — im Hochschwab!

Aber Blodigs Ärger schwand sehr rasch, als er neidlos erkennen mußte, was für ein ausgezeichneter Bergsteiger Gleich war. Er verzieh ihm angesichts seiner überragenden Kletterkünste sogar die „mangelhafte" Ausrüstung. Und der wolkenlose Junitag verscheuchte jeden ärgerlichen Gedanken. Und als sie im Gsollgraben jene Stelle erreicht hatten, wo die Griesmauer zum erstenmal ins Blickfeld tritt und Lendenfeld seinen Begleitern die Umkehrstelle vom Vorjahre zeigte, war alles andere vergessen. Um 8.15 Uhr standen sie in der von Lendenfeld erstmals erreichten Einsenkung, die sie „Wilde Scharte" nannten.

Josef Gleich hatte sie unter geschickter Ausnützung des Geländes dorthin geführt und vollstes Lob dafür geerntet. Von der Scharte an verfolgten sie im allgemeinen den bereits von Lendenfeld erkundeten Anstieg. Platten und ein großer Kamin waren die Hauptschwierigkeiten.

Blodig als ausgezeichneter Turner stemmte sich voller Freude im Kamin empor, indes seine weniger gewandten Gefährten ächzend und stöhnend folgten. Dann hatten sie die Grathöhe erreicht. Über wild zerborstene Flanken und Türme kletterten sie nun am Grat weiter, und um 10 Uhr 10 Minuten war der Gipfel erreicht! Vom Weg zur Frauenmauerhöhle hatte eine Menschenmenge den Anstieg verfolgt, und lauter Beifall tönte zu den glücklichen Siegern empor.

Lendenfeld, der den Anstoß zur Tour gegeben hatte und auch als „geistiger Vater" des ersten Kletterweges im Hochschwab anzusehen ist, geriet am Gipfel ganz außer Rand und Band. Gleich machte sich an die Errichtung eines großen Steinmannes. Etwa eine Stunde wurde gerastet, dann drängte Blodig zum Abstieg. Er hatte mit Recht Bedenken wegen einiger brüchiger Kletterstellen, auch trug er Sorge, ob sie den Weg im Abstieg wohl finden würden. Und richtig verirrten sie sich während des Absteigens, brauchten zwei Stunden bis zur Wilden Scharte und mußten eine längere Rast einschalten. Die unerwartete Ruhepause nützten sie zu einer Debatte über den Schwierigkeitsgrad ihres Weges. Damals verglich man jede Neutour mit Dolomitenkletterein. Lendenfeld stellte fest, daß der gefundene Anstieg auf die Eisenerzer Griesmauer schwieriger als der auf den Monte Cristallo sei.

In Tragöß wurde am Abend der Sieg gefeiert. Es dauerte geraume Zeit, bis die Einheimischen sich davon überzeugen ließen, daß der für unersteiglich angesehene Gipfel gefallen war. Am nächsten Tag erstiegen Blodig und Lendenfeld bei tiefem Neuschnee die Gipfel der Sonnschienalm und den Hochschwab. Beim Abstieg vom Hochschwab gelang es Blodig, am Edelsteig einen Gamsbock mit den bloßen Händen zu fangen, welches Husarenstück ihm bei den Einheimischen fast noch mehr Ansehen eintrug als die erste Ersteigung der Griesmauer!

Dr. Carl Blodig, später Augenarzt in Bregenz, ist als „Viertausender-Blodig" — er erstieg sämtliche Viertausender der Alpen! — und als einer der berühmtesten Bergsteiger deutscher Zunge in die alpine Geschichte eingegangen. Dieser Nestor der österreichischen Bergsteigerschaft ist erst 1956, fast hundertjährig, gestorben.

Was reicht nun von dieser Tat an der Griesmauer bis in unsere Zeiten herüber? Einmal die Tatsache, daß die Eisenerzer Griesmauer der erste Berg im Hochschwab war, dem nur mit Kletterei beizukommen war. Und dann sind uns noch die Worte erhalten geblieben, die Dr. Carl Blodig über seine Griesmauer-Ersteigung geschrieben hat:

„... wohl gelang mir seitdem die Erstersteigung mancher stolzen Zinne, ja selbst der letzte unbestiegene Viertausender der Alpen mußte mich als ersten Sterblichen auf seinem lichtumwobenen Scheitel dulden. Aber immer noch versenke ich mich a m l i e b s t e n in jene goldenen Tage, als Lendenfeld und ich von Erfolg zu Erfolg flogen und wir unsere Pickel in dem schwellenden Rasenpolster auf dem Gipfel der bis dahin jungfräulichen Griesmauer aufpflanzten ...'"

118

„DIE TOUR IST MIR ZU SCHWER"

Am Fronleichnamstag des Jahres 1910 stiegen Dr. Richard Weitzenböck, der bekannte Grazer Bergsteiger, und sein Bergkamerad Hermann Sattler zur Stangenwand auf. Sie hatten die Durchsteigung der erst einmal begangenen Südwestwand im Sinne. Günther Freiherr von Saar, einer der Erstbegeher, hatte ihnen diese Route wärmstens empfohlen. Eine Beschreibung hatten sie nicht. Saar hatte ihnen den Durchstieg nur in Stichworten angesagt.

Schon der Einstieg zeigte den beiden, daß sie es mit einer ungewöhnlich schwierigen Wand zu tun hatten. Aber Weitzenböck, der vielbewunderte Meister in Fels und Eis, brachte die heikle Querung an den glatten Platten mit den winzigen Haltepunkten spielend hinter sich, und der Gefährte, der aus der besten aller Kletterschulen kam, den Sandsteinfelsen der Sächsischen Schweiz, folgte ihm ebenso. Über eine sehr schwierige Wandstufe ging es weiter, wobei sich besonders der gewichtige Rucksack Sattlers als sehr hinderlich erwies. Ein 30 Meter hoher, senkrechter Kamin war als nächstes zu überwinden. Weitzenböck erstieg ihn unter bedeutenden Schwierigkeiten an der Außenkante. Sattler zog sich vor der Ausgesetztheit, die ihm „ungeheuerlich" erschien, in den Kamin selbst zurück.

Bald hatten sie eine Nische erreicht, von senkrechtem Fels umgeben. Auch die allseits aufstrebenden Risse erschienen den beiden „ganz ungeheuerlich". Nebel und rauher Wind durchkältete die Rastenden, die ihren verkrampften Fingern eine Ruhepause gönnen mußten. Schließlich wählten sie zum weiteren Aufstieg einen Riß im hintersten Nischengrund, der zwar mit einem „kräftigen Überhang" ansetzte, aber noch am ehesten ein Durchkommen versprach. Sattler sicherte über einen Mauerhaken, und Weitzenböck stieg empor. Die weiteren, dramatischen Ereignisse sollen mit Sattlers eigenen Worten dargestellt werden, wie er sie viele Jahre später im Hochschwab-Sonderheft des Österreichischen Touristenklubs schilderte:

„. . . die nun folgenden Minuten werde ich nie vergessen. Weitzenböck schob sich mit dem rechten Arm unter den Überhang, zog sich empor und hatte bald darauf einen Tritt für den linken Fuß erreicht. In dem Augenblick, wo er sich höherstemmen und den Tritt voll

119

belasten wollte, brach dieser aus. Weitzenböck stürzte herab, taumelte ein paar Schritte über den Schotter hinunter und kam gerade noch am Rande des Hunderte von Metern hohen Abbruches zum Stehen.

Totenbleich und keiner Silbe mächtig starrten wir uns ins entgeisterte Antlitz. Weitzenböck mußte sich setzen und atmete stoßweise, während ich immer noch wie versteinert dastand. Dann sagte er, ganz abwesend: ‚Grad hab i mi no derfangt‘, und die Spannung war gebrochen. Nun erst sah ich, daß der Ruck den Mauerhaken herausgerissen hatte. An den brennenden Händen spürte ich, daß das Seil durch die Finger geglitten war. Auch stand ich tiefer als vorher, der Ruck hatte mich also ein Stück mitgenommen; meine Hose war zerrissen. Hätte Weitzenböck vorne am Rand nicht das Gleichgewicht wiedergewonnen, es wäre unmöglich gewesen, ihn zu halten. Der Rest ist leicht auszudenken.

Nach einer Weile berieten wir, ob wir umkehren oder es an anderer Stelle weiter versuchen sollten. Der Rückweg durch den langen, schweren Riß dünkte uns das größere Übel; nach Saars Beschreibung mußten ja auch die Schwierigkeiten bald zu Ende sein. Weitzenböck forderte mich also auf, mein Heil links zu versuchen, da es rechts gar hoffnungslos aussah. Ich tat zwar mein Bestes, saß aber nach zwanzig Metern schon fest und kehrte in die verteufelte Nische zurück. Unter dem Eindruck des eben Erlebten mochte mir die rechte Energie gefehlt haben.

Nun hockten wir also wieder bei unseren Rucksäcken und überlegten. Weitzenböck war bald mit sich im Reinen: ‚Die Tour ist mir überhaupt zu schwer; wir kehren um!‘ In wenigen Minuten erreichten wir den guten Stand am oberen Ende des Kamins und fanden einen passenden Block für den Abseilring. Unter ziemlichen Mühen stemmte und hangelte ich mich hinunter. Doch gerade an der steilen, brüchigen Wandstelle traf mich ein Stein so heftig auf den Kopf, daß mir das Feuer aus den Augen sprühte und ich nur mit allerletzter Kraft mich am Seile halten konnte. Mit zitternden Knien und blutüberlaufenem Gesicht stand ich auf dem bequemen Bande. Weitzenböck kam glatt herunter.

Immer drohender zogen sich die Wolken zusammen. Wir hasteten

120

wohl nach Möglichkeit, konnten aber nicht verhindern, daß wir kurz vor Querung der letzten Platten in den Regenguß gerieten. Weitzenböck stand bereits auf dem sicheren Boden, während ich mich mit durchweichten Kletterschuhen in dem glänzenden, kalt überrieselten Plattenschuß plagte. Schließlich wagte ich mich trotz der Seilsicherung überhaupt nicht mehr weiter.

Weitzenböck aber hatte schon seine gute Laune wieder. Er hielt ermunternde Ansprachen an mich, und als diese nichts fruchten wollten, meinte er, er müsse morgen früh unbedingt in sein Institut. Wenn ich hier übernachten wollte, so würde er das Seil bereitwilligst irgendwo anbinden und sich mit höflichem Gruße entfernen. So in die Enge getrieben, entdeckte ich über mir im Felsen ein kleines Loch, wie eigens für mich zum Durchziehen des Seiles geschaffen. Bald standen wir beisammen, hatten die Genagelten an den Füßen und eilten im strömenden Regen in die Trawies hinunter. Um 1/25 Uhr traten wir unter die gastliche Tür des Bodenbauer-Wirtshauses. Wohl jeder hatte das Bewußtsein eines bedeutenden Erlebnisses.

Noch heute aber, nach reichbewegten Jahren, peitscht es mich wie ein Schlag durch alle Nerven, wenn ich vor dem Einschlafen einmal an den Augenblick denke, in dem Weitzenböck stürzte und mit wild fuchtelnden Armen am Rande des Abgrunds mit dem bleichen Gerippe kämpfte."

★

Noch im selben Jahr wurde die Stangenwand-Südwestwand von den bekannten Grazer Bergsteigern Leopold Pravda und Fritz Kräftner unter glücklicheren Umständen durchstiegen. Viele andere folgten im Laufe der Jahre. Traurige Berühmtheit erlangte der Südwestweg im Jahre 1937 durch den nie ganz geklärten Absturz der Seilschaft Uli Sild — Walter Mittelholzer — Liselotte Kastner. Mittelholzer war als „Alpenflieger" weltbekannt und auch ein geübter Alpinist. Sild war noch besser. Mag sein, daß sie zu früh im Jahr — es war erst Mai — die Tour gewagt hatten.

Jeder Begeher spricht mit Achtung von dieser Fahrt. Und nichts kann ihre Bedeutung klarer zeigen als die Tatsache, daß sie 30 Jahre lang als schwierigste Hochschwabfahrt galt — ein Ruhm, den bis jetzt keine andere Kletterei im Hochschwab erreicht hat! Erst mit dem Auftreten Raimund Schinkos verblaßte dieser Ruhm. Deshalb soll auch Schinko hier die Reihe der wesentlichsten Schwabenfahrten fortsetzen.

Die nachfolgenden Zeilen erschienen zu einem Bildbericht in der „Österreichischen Alpenzeitung" 1941. Es ist ein bedeutsames Kapitel alpiner Geschichte, niedergeschrieben im eindringlichen Stil Raimund Schinkos, der leider viel zuwenig über seine Fahrten veröffentlicht hat:

STANGENWAND — SÜDOSTWAND

Von der Ostschlucht bis zur bekannten Südwestwand der Stangenwand, dieser schönsten Felsburg im Hochschwab, erstreckt sich ein schier überhangender Wandgürtel von mehr als 250 Meter Höhe. In einem dreitägigen Kampf gelang 1938 endlich seine Bezwingung auf einem von mir schon 1934 geplanten und seitdem f ü n f m a l versuchten Weg. Es ist der einzig mögliche durch die höchst abschreckende Wand — doch sind zehn pfundige Schlüsselstellen zu bezwingen.

Der Einstiegskamin mit seiner seltenen Länge von 50 Metern war erstemmt, ein überhangender Riß erobert, nun mußte blanken Überhängen nach rechts ausgewichen werden. An der Kante, einem Sinnbild der Unmöglichkeit, ging es nach der Querung einige Meter überraschend gut empor. Wir sahen an der Schneide einen Haken noch vom ersten Versuch, an dem Dr. Ludwig Obersteiner und Helmuth Schmid teilnahmen.

Luftig wie der Weg war das Biwak auf selbstgebauter — Bank. Diese einmalige Lösung der Biwakfrage ahnte ich nicht, als einst Bischofberger und ich gerade am „Biwakplatz" in 90 Meter Höhe umkehren mußten. Sie fiel mir auch noch nicht ein, als meine dritte Unternehmung mit Neureiter und Knarr schon tiefer unten an der ungelösten Biwakfrage und die vierte überdies am Wetter scheiterte. Beim fünften Ansturm — diesmal mit Fritz Sikorovsky, meinem Gefährten in der unvergeßlichen Dachl-Roßkuppenverschneidung 1936, und mit dem tüchtigen Otto Pschenitschnik —, als um 15 Uhr noch nicht einmal der Umkehrpunkt mit Bischofberger erreicht war, da erst tauchte der ketzerische Gedanke auf, diese Frage hier einmal anders zu lösen als üblich. — Zuerst mißtrauisch, bald begeistert, räkelten wir uns auf der schaukelnden Bank. Auch Regen und Nebel erschütterten uns nicht.

Am zweiten Morgen in der Wand: Man nehme die vierfache Sicherung der Sitzbank und drei Selbstsicherungen, alles gut verteilt auf sechs Haken, und ein hoffnungsloser Seilsalat ist fertig — sollte man glauben! Aber die eine Stunde „Aufräumungsarbeiten" hat uns kaum aufgehalten! An unsrem späten Aufbruch war ein Morgengewitter mit Blitz und Donner und nicht zuletzt das „luxuriöse" Biwak schuld ...

Die Bollwerke der Dreißig-Meter-Querung, dieser Prachtkletterstelle, liegen in den ersten und besonders in den letzten Metern. In wundervoller Ausgesetztheit schwebten die Kameraden nebst unseren „Sitzlatten" am Geländerseil hinüber. Die Entscheidung fällt am Ende der Querung: Es gilt, aus unsicherer Trittschlinge heraus zu einem windschiefen Kantenvorsprung hinüberzuspreizen und auf dem glitschigen runden Buckel mit Druck und Gegendruck an einem schlechten Seitengriff genug Reibung und somit Halt zu finden — weit und breit kein Hakenritz!

Die Bank ließen wir am zweiten Biwakplatz hängen. Wohlig wärmte die Vormittagssonne, als Sikorovsky sich mit Energie in den stark überhängenden 12-Meter-Riß emporarbeitete. In der engen Trichteröffnung geben nur holzverkeilte Haken fragwürdigen Halt.

Die Schlußkamine raubten noch die letzten Kräfte, und beim fahlen Spätlicht des verdämmernden d r i t t e n Tages war der letzte dachartige Kaminüberhang aufatmend überwunden. Beim Licht einer Taschenlampe folgten beide Kameraden nach, und müde, hungrig, verdurstend und dennoch glücklich standen wir mitternachts auf dem Gipfel ...

EIN MÄDCHEN FÜHRT DURCH DIE NORD-WAND DER SCHARTENSPITZE

Das war eine kleine Sensation auf der Fölz, wo man doch einiges gewöhnt war: Ein Mädchen hatte durch die Schartenspitze-Nordwand geführt! Es war im Sommer 1946. Meine Bergkameradin Grete Satori-Weiss, die Seilerste dieser „Damenführung", schilderte die denkwürdige Tat und deren Nebenumstände:

„Ich hatte das Glück, in Hansl Senekowitsch einen ausgezeichneten Lehrmeister im Fels zu finden. Er legte auch Wert auf meine Selbständigkeit. Ich hatte schon einige große Schwabenfahrten hinter mir, als wir beschlossen, daß ich die Führung durch die Schartenspitze-Nordwand übernehmen sollte. Diese Tour durch die dunkle, überhängende Wand gehörte damals, 1944, zu den schwierigsten Fahrten auf der Fölz.

Ganz wohl war mir daher nicht, als wir am Einstieg standen. Schnell und zügig stiegen wir empor. Die unteren Risse ging ich in der Aufregung etwas zu jäh an und büßte dies mit dem Verlust von dem bißchen Armkraft, über das ich verfügte. Ja, wenn es beim Klettern nur auf Kraft allein ankäme, gäbe es wohl nur sehr wenige weibliche Wesen, die klettern! Aber ich lernte sehr schnell, mit ,Technik' zu gehen, wie es in der Kletterersprache heißt. Mit Verstand und Überlegung nahm ich so manche Stelle, die mir auf den ersten Blick ganz aussichtslos erschienen war.

Die berühmte ,Hakengalerie', eine sehr luftige Angelegenheit, machte mir schon mehr Spaß. Aber dann kam die ,Rampe', die Schlüsselstellung der Wand, vor der ich Angst hatte. Zu sehr war sie verrufen, zuviel wurde immer von ihr gesprochen. Ich fühlte, daß ich einer Führung dieser fast grifflosen Kletterstelle noch nicht gewachsen war. Ich kletterte nur weiter, weil ich mich auf meinen Begleiter hundertprozentig verlassen konnte. Aber ich spürte schon, daß meine Anstrengungen vergeblich waren.

Ein Sturz ins Seil vollzieht sich in solchem Tempo, daß man meistens hinterher nicht mehr weiß, was die eigentliche Ursache dazu war. So wußte ich auch nachher nicht, wo und warum ich den Halt verloren hatte. Hansl hatte einen guten Haken geschlagen und mich sicher in Empfang genommen. Nicht einen Augenblick verlor er die Ruhe! Ja, er lachte sogar ... Da kam auch mir wieder das Lachen, das mir vergangen war. Aber von Weiterführen war keine Rede mehr. Ich hatte mir auch den Kopf ein bißchen angeschlagen, allerdings nicht so arg, wie es mir einige Zeit später ein fremder Bergsteiger, der mich nicht kannte, in der Bahn weismachen wollte!

Er schilderte mir den Vorfall in der anschaulichsten Weise, als sei er selbst dabeigewesen! Ich hörte gespannt zu, lachte allerdings an den unpassendsten Stellen und fragte schließlich, ob der ‚Fliegerin‘ etwas geschehen sei. Und was bekam ich zu hören? ‚Ja freilich is dem armen Dirndl was gschehn! Tot wars auf der Stell! An Schädelbasisbruch hats ghabt!‘ Er hatte die Geschichte so weitererzählt, wie er sie selbst gehört hatte. Es dauerte lange, bis ich ihm klargemacht hatte, daß ich die vermeintliche Tote war!

Das Jahr 1945 brachte mir schöne Bergfahrten, aber auch den bittersten Schmerz, den ein Bergsteiger erleiden kann. Mein guter Kamerad Hansl war, kaum aus dem Kriege heimgekehrt, tödlich abgestürzt. Im ersten Schmerz glaubte ich, nie wieder auf einen Berg steigen zu können. Dann aber flammte meine Bergliebe um so wilder auf.

An verschiedenen Führungstouren geschult, dachte ich auch wieder an die Nordwand der Schartenspitze. Eine alte Abrechnung war fällig geworden. Ich fühlte mich stark genug dazu. Wie ich den Kameraden für diese Unternehmung fand, auch das gehört hierher!

Da saß ich einmal mit Walter Wretschko im Winkelkar. Wir hatten eine Kletterfahrt vorgehabt, aber Walter zeigte plötzlich keinen ‚Geist‘ mehr. In unserer Begleitung befand sich ein junger Mann namens Benno Böhm, den ich für einen erfahrenen Kletterer hielt. Wir hockten mißmutig herum, bis ich es plötzlich nicht mehr aushielt. Irgend etwas mußte geschehen! ‚Ich geh jetzt den Winkelkogel-Westgrat!‘ verkündete ich. ‚Kommt ihr mit?‘ Walter zögerte, aber Benno sprang mit einem geradezu verdächtigen Eifer auf. Wir seilten uns an und erklommen den Westgrat. Walter folgte uns nach einiger Zeit im Alleingang.

Es war eine hübsche, unbeschwerte Fahrt. Am Gipfel aber sagte Benno triumphierend: ‚Das war meine erste Kletterfahrt!‘ Mich traf beinahe der Schlag. Ich kam mir vor wie der berühmte Reiter auf dem Bodensee. Mit einem Anfänger am Seil wäre ich den Grat niemals gegangen! Aber alles Schelten half nichts. Benno erwies sich später als guter Kletterkamerad, es gelangen uns einige schöne Fahrten miteinander. Warum sollte ich mit ihm nicht auch in die Schartenspitze-Nordwand gehen?

Und diesmal, wo mir die Verantwortung zufiel, schaffte ich es auf den ersten Anhieb. Bis zur Schlüsselstelle erschien mir alles spielend leicht. Am Beginn der ‚Rampe‘ beschlich mich ein eigenartiges Gefühl; die Gedanken wanderten zwei Jahre zurück — aber heute war kein Hansl mit, der die Führung hätte übernehmen können; ich wußte, heute mußte ich führen. Am Ende der Rampe, wo man sich aus der hockenden Stellung aufrichtet und links oben wieder einen ordentlichen Griff findet, wußte ich plötzlich: Hier war ich damals ins Seil gestürzt. Nur schnell darüber hinweg! Aufatmend und mit einem herrlichen Gefühl des Sieges über die Wand und mich selbst ließ ich mich auf dem nächsten Sicherungsplatz nieder.

Ich unterhielt mich köstlich mit Benno, welcher, der Bedeutung des Tages angemessen, sehr gesprächig war. Im Kar und auf der nahen Alm hatten sich Zuschauer eingefunden, die jedes Wort hören konnten und kommentierten! Es war ein Heidenspektakel. Beinahe hätte ich darüber vergessen, daß es ja meine Nordwand war, durch die ich soeben geführt hatte.

Doch als wir wieder im Kar standen und hinaufsahen in die eben durchstiegenen Plattenschüsse, da wußte ich, daß dies ein Höhepunkt meines Bergerlebens gewesen war.‘‘

EIN EINBEINIGER BEZWINGT DIE KARL-MAUER-NORDWESTWAND

Von Erich Murko, gestorben 1952, stammt der folgende eindrucksvolle Bericht („Bergwelt“ 1947):

„Im Zweiten Weltkrieg hatte ich mein rechtes Bein verloren. In der ersten Zeit danach glaubte ich, lebendig begraben zu sein. Ich hatte keine Hoffnung mehr, je wieder einen der Gipfel unserer Alpenwelt betreten zu können. Erst als ich, aus der Kriegsgefangenschaft in Frankreich heimgekehrt, wieder meine Berge vor mir sah, packte mich die alte Sehnsucht: den Berg zu erleben, die Wände zu stürmen, das hohe Glück eines Bergsieges zu fühlen.

Im Frühjahr 1946 begann ich mit den ersten Kletterversuchen, die ganz unerwartet erfolgreich waren. Im Mai ging ich, von meinem Kameraden Bertl Hausegger geführt, bereits eine schwere Felsfahrt, die Schartenspitzkante, und nach einigen leichteren Fahrten erstieg ich, teilweise in Führung, die Hochtor-Nordwand auf dem Pfannl-Maischbergerweg.

Dann war es wieder Bertl, der Großes mit mir vorhatte. Eine Drittbegehung stand auf seinem alpinen Wunschzettel, und bald war ich begeistert von seinem Plan und glücklich über die Einladung. An einem Samstagnachmittag stieg ich über die grünen Wiesen der Unteren Dullwitz zur Voisthalerhütte auf. Von dort sah ich in die Karlmauer-Nordwestwand; sah den großen Überhang, von dem Bertl mir soviel erzählt hatte, und fand keine Möglichkeit eines Weges durch diese Wandpartie. Bertl, der jeden Samstag bis abends arbeiten mußte, traf erst am frühen Sonntagmorgen auf der Hütte ein.

Obwohl der Himmel wolkenlos war, bezweifelte ich dennoch, daß der Tag schön werde; denn der Horizont flammte goldigrot, und die Sonne kam recht zaghaft zum Vorschein. Nach einer Stunde machten wir uns fertig, um gemütlich zum Einstieg zu gehen. Über den Hochschwabgipfel, der Südwand entlang, zog es schon wolkig, was als Vorzeichen schlechten Wetters gilt. Schnell legten wir das Doppelseil an, nahmen die ‚Schlosserei‘ und auch ein 8-Millimeter-Seil, das wir für den großen Überhang brauchten, dem nach der Beschreibung der Erstbegeher nur mit Seilwurf beizukommen ist. Ein fester Händedruck, und Bertl war eingestiegen.

Es war ein Genuß, ihm zuzusehen, wie er sich katzenartig dahinbewegte, jeder Tritt und Griff war Überlegung. Sein ‚Nachkommen!‘ hörte ich kaum, denn die Worte verwehte der Wind. Meine Finger waren während der Wartezeit gefühllos geworden, und es ging daher nur langsam vorwärts. Nun bemerkte ich erst, wie sehr die Wand heraushing, als wollte sie sich uns vom Leibe halten. Doch wir ließen uns nicht abschütteln! Bei Bertl angelangt, hängte ich meine Selbstsicherung ein und überlegte dabei, wie es wohl weitergehen könnte — denn überall sah ich nur überhangende Felsen.

Zur Linken setzte ein mächtiger, vier Meter hoher Überhang an. Schon hatte mein Kamerad Karabiner und Seil in den nächsten Haken eingehängt. ‚Neues Seil, Zug!'... es schnappte der nächste Karabiner, und Bertl war verschwunden. ‚Altes Seil, Zug!' — so ging es weiter, bis die Seillänge ausgegangen war. Ich verlangte Zug am alten Seil, doch es rührte sich nichts. Ich kämpfte mich selbst bis zum ersten Haken empor, stellte den Holzfuß in die Trittschlinge und verschnaufte. Immer noch war der Fels überhängend, dann folgte ein Quergang mit kleinen Griffen.

Ein gutes Stück war ich schon gequert, als ich noch einen Karabiner aushängen mußte. Ich arbeitete einige Zeit herum, bis mir klar wurde, daß es ohne einen Gegenzug von vorne nicht gehen könne. So arbeitete ich mich tastend bis zum zweiten Karabiner vor, hängte eine doppelte Prusikschlinge ein, die ich mir um die Brust band, und kletterte, so gesichert, zurück, um Seil und Karabiner zu lösen. Mein Holzfuß baumelte oft im Leeren oder scharrte ächzend an glatter Wand. Wieder war ein Überhang, danach ein abdrängender Riß zu überwinden. Unheimlich ausgesetzt waren diese Stellen, doch es ging alles gut. Ich staunte über mich, ich hatte einen guten Tag.

Einmal fiel lautlos ein Stein in den gähnenden Abgrund. Er fiel sekundenlang — kaum hörbar war sein Aufschlag, weit weg vom Wandsockel. Als ich wieder einmal bei Bertl war, merkte ich erst an seinen nassen Kleidern, daß es regnete. Noch ein überhängender Kamin — Sturzbäche suchten durch unsere Jacken und Hosen ihren Weiterweg —, dann hatten wir die Schwierigkeiten hinter uns. Die Wand legte sich zurück.

Unsere Seile waren bocksteif wie Draht. Es war unangenehm, mit dem nassen Zeug am Leibe zu klettern. Bald erreichten wir den Gipfel. Ein langer Händedruck, strahlende Augen — dann stiegen wir zufrieden zur Voisthalerhütte ab. Jetzt erst fiel mir ein, daß wir ja gar keine Seilschlinge geworfen hatten. Bertl hatte die Kletterstelle, die schon einige Seilschaften zur Rückkehr gezwungen hatte, ohne Seilwurf gemeistert!

Am Heimweg hielten wir noch einmal Rückschau. Die Nordwestwand war wieder von der Sonne beschienen, und im Geiste zog der unvergeßliche Weg durch diese Wand als Erinnerung an uns vorüber."

PIONIERE IM „RING" — SCHNEEKAR-MAUER

An einem Regennachmittag des feuchten Sommers 1948 saßen drei Männer im Jagdhaus in der Höll. Ein Jäger und zwei Bergsteiger. Das Gespräch drehte sich um das Jagdrevier und die Berge der Höll. Über diese allen dreien vertraute Materie hatten sie rasch Kontakt miteinander gefunden: der Revierjäger Reitbauer aus den Schwabenbergen und der Werkmeister Ernst Paulmichl aus Kapfenberg mit seinem Gefährten, dem Baumeister Dipl.-Ing. Fritz Webern aus Graz. Die beiden Bergsteiger beschäftigten sich in diesem Sommer intensiv mit der Erschließung des Unteren Ringes. In knapp vier Wochen waren ihnen drei große Erstbegehungen gelungen: Großer Heuschober, Höllkamp-Ostkante und Severinkogel-Nordpfeiler. Sie hatten mit Staunen erkannt, wie herrlich unberührt dieser Nordabfall des Hochschwabzuges noch war.

Nicht nur Wände und Kanten konnten sie erstmalig durchsteigen — mit dem Heuschober fiel ihnen auch ein ganzer, bisher unentdeckt und unerstiegen gewesener Berg zu! Es war ein wahres Märchenland für tatendurstige Bergsteiger. Und immer noch sollte es Überraschungen für die beiden Glückspilze geben. Reitbauer erwähnte den Namen „Schneekarmauer". Die Bergsteiger spitzten die Ohren. Ein unbekannter Gipfel? Vergessen war der trübe, tatenlose Nachmittag. Der Nebel zog um das Jagdhaus. Die beiden aber sahen trotzdem eine Wand vor sich, steil und abweisend, so wie Reitbauer sie ihnen beschrieb. Wieder ein Berg, so unbekannt, wie es der Heuschober vor seiner Ersteigung war! Der Jäger hatte die geheimnisvolle Mauer auf der Gamsjagd schon einige Male betreten. In einem solchen Revier muß der Jäger auch ein Bergsteiger sein. Von einer touristischen Begehung der Schneekarmauer war ihm nichts bekannt. Eine Durchsteigung der prallen Nordwand hielt er für ausgeschlossen.

Stangenwand   129

Daß es sich um die — von Josef Pruscha bereits durchstiegene — Ringkamp-Nordwand handelte, wußte Reitbauer nicht.

Den beiden hatte der Rasttag mehr eingebracht, als eine Bergfahrt es vermocht hätte. Mit ihrem Wissen um den „neuen" Berg wanderten sie wie Beschenkte hinaus in ihr Standquartier in Weichselboden. Mit Ungeduld erwarteten sie den kommenden Tag. Die Schneekarmauer sollte sofort gesucht und versucht werden!

Kaum hatte es aufgeklart, zogen Paulmichl und Webern wieder in die Höll. Von der Jagdstraße aus sahen sie zum erstenmal die Schneekarmauer — bei sichtigem Wetter zeigt sie sich knapp vor der Höll über den hohen Baumwipfeln. Sie fällt kaum auf, weil man an ihrem Standplatz keinen Berg vermutet und weil der Eckpfeiler des Unteren Ringes von weitem schon den Blick an sich zieht. Überdies kommen zumeist nur Urlauber aus Weichselboden in diese Gegend. Den Bergsteigern ist das Salzatal zu entlegen.

Das Sommerfrischlerproblem bekamen Paulmichl und Webern zu spüren, als sie nach scharfem Anstieg in glühender Sonne die Edlabodenalm erreichten. Ein alter Senner empfing sie brummend. Was er vor sich hinknurrte, klang nach „damische Sommerfrischler" und „verrennen und Scherereien haben". Als die beiden aber ihre Kletterausrüstung ausbreiteten und von der Schneekarmauer zu reden anfingen, wurde die Stimmung zusehends freundlicher.

Inzwischen hatte sich das Wetter wieder verschlechtert. Über der Riegerin hing eine Wolkenbank, die nichts Gutes versprach und bedrohlich näher kam. Trotzdem wollten die zwei einen Versuch wagen. Über Almboden stiegen sie ins Schneekar, in dem blutrot der Almrausch blühte. Dann stand sie vor ihnen, die Schneekarmauer: 500 Meter hoch in der Gipfelfallinie. Je näher sie kamen, desto höher und abweisender schien sie zu werden. Haltlos glitt der Blick ab an überhängenden Rissen und Riesenplatten, von Wasser überronnen. Paulmichl glaubte nicht an ein Durchkommen. Aber Webern zeigte sich zuversichtlich. „Wenn wir sie packen, dann nur in der Fallinie", meinte er, „dort, wo im oberen Teil die Riesenverschneidung aufwärts zieht . . ."

Immer mehr hatte sich der Himmel verfinstert. Jeden Augenblick konnte der Regen herniederrauschen. Sie beschlossen abzuwarten.

130

Unter einem Überhang richteten sie sich ein. Doch der erwartete Guß blieb aus. Sie stiegen ein. Weberns Optimismus riß den bedächtigeren Paulmichl mit. Eine ideale Seilschaft! Der eine — Ältere! — der Anreger, Stürmer und Dränger, der andere, Jüngere, der Ausführende, dessen großes Können mit Bedacht eingesetzt wurde.

Aufwärts stiegen sie in der Gipfelfallinie. Nach 60 Metern schöner Kletterei im festen Fels standen sie wieder beisammen. Über ihnen baute sich ein Dachüberhang in die Luft hinaus — unbegehbar. Aber schräg nach links zog eine steile Felsrampe empor. Noch ein prüfender Blick auf den Standhaken, und Paulmichl begann „mit gemischten Gefühlen" die Querung. Es ging besser als gedacht. Mit Hilfe eines Hakens erreichten sie einen mäßigen Stand auf glatter, geneigter Platte. Der Weiterweg lag klar vor ihnen. Weberns oft bewährter Spürsinn hatte nicht getrogen. Die Riesenverschneidung führte, unterbrochen von abschreckenden Überhängen, in einem Zug zum Gipfel hinauf.

In flottem Tempo ging es weiter. Kleine, feste Griffe in sehr steiler Wand erlaubten ein schnelles Höherklimmen, bis wiederum ein großer Überhang Halt gebot. Mit kurzer Rechtsquerung gelang es Paulmichl, eine sechs Meter hohe, glatte, überhängende Wandstelle mit Doppelseil und Steigschlingen zu überwinden und die schützende Verschneidung zu erreichen. Es waren bange Minuten — immer wieder drohte die Schwerkraft den Menschenkörper ins Schneekar hinabzuziehen. Der Rucksack mußte aufgeseilt werden. So schnell es die manchmal beträchtlichen Schwierigkeiten zuließen, stiegen sie weiter. Die immer näher kommenden Regenwolken trieben sie.

Von Umkehr sprach keiner mehr. Es graute ihnen davor.

In Regenschauern und Wind stiegen sie weitere sechs Seillängen durch steilen Fels. Wieder stießen sie an einen Überhang. Eine Umgehung scheiterte. Also direkt hinauf! Mit einigen Manövern, bei denen seine beträchtliche Körperlänge ausschlaggebend war, gelang es Paulmichl, hinaufzukommen. Nach weiteren, sehr luftigen 20 Metern war eine Kanzel erreicht. Und damit auch die Nebelgrenze. Der Felsen wurde naß und gefährlich. Eine glatte Rampe . . ., vorsichtige Reibungstritte . . ., Seillänge auf Seillänge brachten sie im schwarzen Fels hinter sich.

Die Sicht war auf wenige Meter beschränkt. Plötzlich aber riß ein Windstoß eine Lücke in das Nebelmeer und zeigte den Gipfel ganz nahe. In fünf Stunden hatten Paulmichl und Webern einen direkten Durchstieg durch die Wand gelegt.

Es gab noch eine böse Überraschung: Sie konnten den Abstieg von dem fast turmartigen Gipfel nicht gleich finden. Erst nach zermürbenden Versuchen entdeckte Webern den richtigen Durchstieg. Als sie heimwärts wanderten, lagen im Salzatal schon die Schatten der Nacht. Und kaum hatten sie Weichselboden erreicht, brach der Regen los. Ein Gewitter löste das andere ab.

Eine Beiwacht in diesem Unwetter hätte den sicheren Tod der beiden Bergsteiger bedeutet.

DIE ERSTE WINTERERSTEIGUNG DES GROSSEN HEUSCHOBER

Von dieser Winterfahrt, die ihm am 21. Dezember 1952 mit Sepp Weber gelang, erzählt Bertl Hausegger:

„Von Wegscheid waren wir über den Kastenriegel in die Höll gekommen und hatten am Höllboden, in einem wunderbaren Wildparadies, in dem selbst der Steinadler nicht fehlt, unser Zelt aufgeschlagen. Der Wind rüttelte am Zelt. Es raunte und rauschte in den Schluchten, als ob mächtige Wasser über den Fels stürzten. An den Kanten brach sich der Sturm. Wolkenschleier verdeckten den Himmel, und matt erhellte das Mondlicht die aufgewirbelten Schneefahnen. Hin und wieder funkelte ein Stern durch den brandenden Vorhang. Über die Zeltbahn rieselte leise der Schnee. In unsere Daunensäcke gehüllt, den Stimmen der Gewalten lauschend, übermannte uns der Schlaf.

Früh am Morgen stiegen wir durch steilen und schütteren Wald, in Schrofen und Rinnen im Pulverschnee wühlend, zum Einstieg aufwärts. Das Wetter war etwas besser geworden, doch von Nordwesten schob sich bald wieder eine schwarze Wolkenbank heran, und mit größerer Heftigkeit trieb uns der Wind die Kristalle ins Gesicht. Es war ein richtiger Hochschwabsturm, dem wir schon am Vorabend in

unserem Zelt gelauscht hatten. Umkehren? Nein! Zum Greifen nahe
lag der Gipfel. Entschlossen arbeiteten wir uns über den verschneiten
Fels der Ostkante empor. Noch einmal lichtete sich für kurze Zeit das
eintönige Grau, um dann endgültig hereinzubrechen.

Spät am Nachmittag betraten wir froh den Gipfel, doch gleich
mußte der Abstieg angetreten werden. Keine Zeit war zu verlieren,
die Dunkelheit brach herein. Der Sturm fauchte um die Kante,
peitschte das Seil. Schon längst war die Nacht unser Begleiter geworden. Tastend seilten wir uns in die Finsternis ab und wateten im halt-
losen Weiß tiefer. Nur abwärts, abwärts! Von unseren Aufstiegs-
spuren war nichts mehr zu erkennen.

Doch auch dieser Abstieg hatte ein Ende. Müde fielen wir in unser
Zelt. Ein langgehegter Wunsch war Wirklichkeit geworden."

Dieser Bericht ist in seiner Einfachheit kaum zu überbieten. Der
Kenner des Hochschwab aber vermag zwischen den wenigen Zeilen
die bergsteigerische Tat herauszulesen: eine Winterbegehung während
eines Hochschwabsturmes!

Wer das Gelände um den Heuschober kennt, der weiß auch, daß
der Zugang zum Einstieg im Winter allein schon eine Meisterleistung
sein muß.

Die Ostkante des Großen Heuschober hat Bertl Hausegger als ihr
Erstbegeher im Sommer mit dem dritten Schwierigkeitsgrad bewertet.
Wer um die Gesetze der Winterbegehungen weiß, nach denen das
Gelände bis etwa zum vierten Grad das schwierigste ist — am fünften
oder sechsten Grad ändern bekanntlich winterliche Verhältnisse auch
nicht mehr viel —, der weiß, welche Leistung sich hinter den beschei-
denen Worten Hauseggers verbirgt!

DIE SCHI-ÜBERSCHREITUNG
DES HOCHSCHWAB VON NORD NACH SÜD
Ing. Rudolf Reidinger, Reichenau

Es ist etwas Eigenartiges um den Schwaben — ich nenne ihn
übrigens erst so, seit er meine zweite Bergheimat geworden ist —, je
mehr man ihn zu kennen glaubt, um so mehr neue Möglichkeiten zur

alpinen Tat entdeckt man. Mir geht es jedenfalls so, und ich spüre dort nun schon seit über zwölf Jahren sommers und winters bewußt und intensiv neuen bergsteigerischen Unternehmungen nach.

Der in West-Ost-Richtung verlaufende Hauptstock drängt Durchquerungen in dieser Richtung zwangsläufig auf, die Nord-Süd-Überschreitung, über die ich hier berichten will, stellt aber mit 23 Kilometer Gesamtentfernung (Luftlinie) ebenfalls ein beachtenswertes alpines Unternehmen dar.

Anfang Jänner 1970 zogen Freund Alfred, Naz und ich vom Gasthof Greifensteiner im Salzatal zeitig am Morgen (der Tag ist kurz im jungen Jahr!) los, um durch den Waldsiedlgraben die Hochfläche der Zeller Staritzen zu erreichen, was uns auch ohne besondere Probleme, allerdings mit mühevoller Spurarbeit im tiefen Neuschnee, gelang (orogr. links am Hangrücken halten). Nach Besteigung des Schneekogel gab's die erste Panne: Bindungsbruch bei Naz! — Wann werden Sicherheitsbindungen nach den Beanspruchungen des Tourenlaufes konstruiert? — Mit Reepschnüren und Kletterknoten konnten wir aber ein Provisorium schaffen, welches dann auch die restlichen drei Tourentage hielt. Mit klammen Fingern — die Reparatur im kalten Wind ging natürlich nur ohne Fäustlinge — machten wir uns auf den Weiterweg, vorerst durch unübersichtliches Grabengelände, in welches wir nicht zuletzt wegen des nebeligen, schlechtsichtigen Wetters unsere Spur legten (der rechte Höhenrücken wäre zwar etwas weiter, aber trotzdem vorteilhafter). Über die Kuhalm und den Ochsenbühel erreichten wir dann den Zinken (1619 m), die höchste Erhebung der Zeller Staritzen. Von hier wollten wir durch den Elendgraben die Hintere Höll erreichen: anfangs mäßig geneigt zum Grabenbeginn, dann ziemlich steil durch schütteren Hochwald hinunter. Zuerst ein zögerndes Gleiten und Orientieren, aber bald ein jubelndes Abwärtsrauschen in stäubendem Pulver, vergleichbar einem Walzer mit einem guten Partner! Zuletzt wird dieser Schneetanz zwar durch dichteren Jungwald etwas gestoppt, aber gleich darauf haben wir den Talboden der Hinteren Höll erreicht, noch dazu gleich neben einem Blockhaus, welches mit seinem Kamin — sprich Wärme! — zur Nächtigung förmlich einlädt. (Der Förster in Weichselboden erhielt später eine gute Flasche Wein als Nächtigungsgeld!) — Bald sitzen

134

wir in der Stube, von der benachbarten Holzhütte wird mit einer
Scheibtruhe Holz herangefahren, und bald breitet sich behagliche
Wärme aus, während es draußen Nacht wird. Als die ersten Sterne
aufblinken, wissen wir, daß uns morgen ein herrlicher Tag erwarten
wird. Wir richten alles für einen zeitigen Aufbruch her, machen Ord-
nung in der Hütte, legen auch Späne und Kleinholz griffbereit für den
nächsten Besucher. Bevor es in die Strohsäcke geht, sitzen wir noch
länger im vertrauten Gespräch beim dampfenden Tee — die Atmosphäre auf solch einer Hütte kennt nur der, der sie selbst schon erlebt
hat.

Wie vorausgesehen, ist der nächste Morgen strahlend klar. Wir
ziehen — noch in der Dämmerung — durch den frostklirrenden Wald
in die Roßhöll hinauf, erreichen über einen kurzen Steilhang den Ver-
bindungskamm Dippelwandgrat — Hohe Weichsel und letztere
schließlich mit geschulterten Schiern. Eine kurze Abfahrt zur Rot-
lacken folgt, und im beständigen Auf und Ab geht es über Severinkogel — Ringkarwand, vorbei an der mit bizarren Schneewächten
verzierten Wasserfallschlucht auf den Hutkogel. Ein Federbruch,
aber diesmal bei Alfreds Sicherheitsbindung, kann uns nicht aufhalten, weil dieser, gewitzigt durch frühere Brüche, ein ganzes Reserve-
sortiment an Federn mitführt! — Eine schöne Abfahrt ins Ochsenreichkar folgt, dann werden wieder die Felle angeschnallt, und der
letzte Aufstieg des heutigen Tages, zum Hochschwabgipfel, beginnt.
Lange sitzen wir beim Kreuz — es ist, eine Seltenheit für den Schwabengipfel, vollkommen windstill. Wie oft saßen wir schon hier, wie
oft werden wir noch hier sitzen? Für Alfred war es das letztemal im
Winter — wir wußten es natürlich nicht. Nur eines, glauben wir,
erleben wir als Bergsteiger besonders eindrucksvoll: nicht die Zahl der
Jahre, ihr Inhalt ist das Leben!

Bevor sich die Sonne anschickt, als rotglühendes Fanal den heutigen Tag abzuschließen, fahren wir hinunter über den altvertrauten
Meransteig zur bewirtschafteten Voisthalerhütte. Heute müssen wir
nicht selbst fürs Nachtmahl sorgen, auch einen guten Tropfen gibt's,
kein Wunder, daß es bei Gespräch und Lied spät wird.

Trotzdem verschlafen wir den dritten Tourentag nicht, der uns
wieder mit einem wolkenlosen Himmel erwartet! Erstes Ziel ist der

Trawiessattel (im Steilhang hinauf leisten uns Spuren vom Vortag gute Dienste), von wo wir über die Hochfläche den Karlhochkogel (2094 m) und die Bärmauer (1995 m) besteigen, später den Kamm bis zum Fölzkogel verfolgen und schließlich noch bis zum Kreuz am Fölzstein gehen. Diese vorgeschobene Aussichtsbastion verleitet wieder — Wettersorgen gibt es ja auch heute keine — zu längerer Schaurast. Schließlich müssen wir aber doch zurück zum Schidepot am Nordfuß des Fölzkogel. Die nun beginnende Einfahrt in den Karlgraben ist sehr steil und hart, weshalb Alfred und ich im weiten Rechtsbogen vorsichtig einfahren, während Naz eine extrem steile und schmale Rinne ins Karl (1680 m) artistisch hinabwedelt. Auch in der Grabensohle erwarten uns noch einige Steilpassagen, es gibt aber ausreichend Schnee, um die Abfahrt auszukosten. Auf ca. 1100 Metern müssen wir den Graben aber dann doch verlassen und (orogr. rechts) einige Meter zum Weg aufsteigen. Über diesen die Schier bis zur Karlschütt tragend (900 m), geht's von hier wieder in flotter Fahrt hinaus zur Straße und nach St. Ilgen, wo wir im Gasthof nette Unterkunft finden. Haben wir die letzten Tage bescheiden gelebt, so können wir hier gustieren: Paradeissuppe, Tafelspitz mit Apfelkren und Petersilerdäpfel, garniert mit Fisolen, und zum Abschluß Palatschinken mit Ribiselmarmelade. Dazu einen spritzigen Wachauer Weißwein! Die gelungene Überschreitung wird gebührend gefeiert, denn die letzte Etappe morgen können uns auch widrige Verhältnisse nicht nehmen.

In der Nacht kommt auch ein Föhneinbruch und bringt Schlechtwetter, am Morgen ist die Nebelgrenze bei 1500 Metern und sinkt langsam tiefer. Wir mühen uns im pappigen Schnee durchs Alpltal und aufs Ilgner Alpl (1509 m). Kurz vor Erreichen des Rustecks reißen zur Abwechslung bei meinem Sicherheitsbacken die Schrauben ab, aber auch dies läßt sich behelfsmäßig reparieren, und bald geht's weiter. Es ist überwiegend Waldterrain, und wir versuchen bei der Abfahrt Blößen, Schläge und Wiesen auszunützen, was uns auch teilweise gelingt. Um die Mittagszeit erreichen wir Thörl, den vorgesehenen Endpunkt unserer Nord-Süd-Durchquerung.

★

Das war unsere Wanderung durch die Schwabenzeiten, die sich zu einer respektablen Bergfahrt geweitet hat.

Dreihundert Jahre Hochschwab! Eine lange Strecke, gemessen an Menschenaltern und der raschen Entwicklung des Alpinismus — und doch nur ein Augenblick im lebendigen Sein des Gebirgs.

DIE FREUNDE DES SCHWABEN

Ich sagte es schon eingangs: Das erste Hochschwabbuch hat mir viele interessante Begegnungen, Bekannte, ja sogar Freunde eingebracht. Kann man sich mehr von einem Buch wünschen? Die ganze, oft niederschmetternd schwierige Arbeitsleistung beim „Schreiben" fand durch die Zuschriften, durch das Echo solcher Menschen einen mehr als hohen Lohn! Wie freundlich war es doch von jenem ganz fremden Schwabenfreund, mir mitzuteilen: „Sie haben mir aus der Seele gesprochen, Sie sind eine bezaubernde Bergsteigerin!" Wenn's auch zuviel des Lobes war — gefreut hat's die Hochschwab-Lisl doch! So nannte mich Herr Landesrechnungsdirektor in Ruhe Alexander Adam gleich nach Erscheinen des Buches, und dabei ist's bei uns geblieben. Ich kann ihm das Kompliment hiemit zurückgeben: Ohne ihn wäre das Buch nicht entstanden, denn sein Bericht in der Zeitschrift der HG des Grazer AV, „Vom unbekannten Schwaben", 1949, hat mir erst Mut zum Schreiben gegeben; und das erste Buchmanuskript beschäftigte sich fast nur mit den unbekannten Teilen des Hochschwab. Es ist dann der ganze Schwaben geworden, und das war gut so!

Und welcher rauhe Bergsteiger-Charme, welche Zuneigung zum Schwaben spricht doch aus den Worten von Karl Lukan, dem Wiener Bergschriftsteller, der mir einstens schrieb: „Sind S' nicht bös, aber der Hochschwab gehört d o c h uns Wienern!" Sicherlich, lieber Lukan, sicherlich — er gehört jedem, der ihn gernhat! Gernhaben muß den Schwaben wohl auch Georg Krautwaschl aus der Fölz, von dem man hört, daß er schon tausendmal am Hochschwab war. Das ist wohl der Rekord an Schwabentouren! Josef Suppantschitsch aus Graz, genannt „Supperl", ist im Jahre 1961, 92 Jahre alt, gestorben.

Er war „nur" hundertmal oben, dafür aber gehörte er zu den Kletter-Erschließern des Schwaben. Im hohen Alter gelähmt, hat ihm die Erinnerung an seine Neutouren doch viel Lebenskraft und Freude geben können! Bei einem Besuch habe ich ihm einmal ein Krokus-Stöckerl mitgebracht. Unter dem Licht und der Wärme einer nahen Leselampe entfalteten sich die dunkelvioletten Blüten. Und fast ebenso blühte das schmale, verwitterte Gesicht des lieben alten Herrn auf, wenn er von seinem Hochschwab schwärmte! Wohl der älteste, heute noch lebende Freund des Schwaben ist Min.-Rat i. R. Dr. Franz Groß, Jahrgang 1 8 7 7 ! In Bad Ischl in der durchsonnten Stille der Girardi-Villa lebend, kann er auf eine überreiche Ernte an Bergtouren in allen Gruppen der Ostalpen und noch darüber hinaus stolz sein. In seinem interessanten Manuskript „Streifzüge durch die Ostalpen" sind 27 Seiten dem Hochschwab gewidmet. Begeistert erzählt der 97jährige, der mit 95 noch Turnübungen, vor allem Liegestütze, wie ein Junger ausführte, als über Achtzigjähriger noch mit dem Rad in die Berge fuhr, von seinen Touren. Vor genau 80 Jahren — 1894 — hat er als Gymnasiast den Schwabengipfel erstiegen, am nächsten Tag gleich das Gebirge bis nach Eisenerz überquert. Die Südwand des Hochschwab durchstieg er 1902 mit den Erschließern Roderich Kaltenbrunner und Hans Reinl, wobei er erwähnt, daß die beiden anschließend noch zum Hochschwabturm hinüberwanderten und auch diesen „mitnahmen"! Die erste Schitour machte Dr. Groß 1899, die letzte 1953, also mit 76 Jahren, er ist somit 54 Jahre lang Schifahrer gewesen. Er bemerkt dazu, daß man damals beim Aufstieg auf hartem Schnee Tuchstreifen unter die Schier band. Einer von den Schigefährten des Dr. Groß war Kleinoscheg. Was für eine Freude, was für ein seltsames Gefühl muß es sein, als fast Hundertjähriger auf solche Touren zurückblicken zu können!

Ein lieber Freund des Schwaben, noch aus der k. u. k. Zeit, und vieler anderer österreichischer Berge ist der Fotograf Josef Janour aus Prag, der mir eine Menge interessanter Dokumentarbilder — 60, 70 Jahre alt — aus dem Schwaben und seiner Umgebung gleichsam als Vermächtnis bei Lebzeiten gesandt hat. Oder jener alte Fotograf aus Kapfenberg, der eine unglaublich reichhaltige Sammlung von Hochschwabbildern zusammengetragen hat. Oder Fritz Bayerl aus Jauring mit seinen wunderschönen Gebirgsbildern und einer interessanten Mineraliensammlung. Und Karl Eichhorn aus Kapfenberg, jetzt in Deutschland lebend, der schon das Material für einen Hochschwab-Bildband beisammen hatte. Diesem hervorragenden Kletterer bin ich auf meiner ersten Klettertour im Schwaben in der Mitteralmturm-Kante begegnet. Wie „fuhrwerkten" wir mit unseren Seilen herum, und wie elegant schwang sich der Alleingänger Eichhorn an uns vorbei an den Rand der Kante hinaus — uns armen Anfängern erschien er wie ein Klettergott! Ein eigenes Hochschwabbuch wäre diesem Schwabenkenner wohl zugestanden.

Meine Freundin Gerty Schrattenecker, geb. von Spaun, mit dem letzten Admiral der österreichischen Flotte verwandt, hat mir der Hochschwab eingebracht. Sie schrieb mir zu meinem Buch: „Ihr Hochschwab hat mir über sehr traurige Weihnachten und Ostern hinweggeholfen und mich in meine glücklichsten Jugendtage versetzt, als mich mein Vater auf die Gschirrmäuer führte und mich hinuntersehen ließ zur Florlhütte. Er hielt mich dabei am Genick und fragte: ‚Wirst schwindlich?' Ich wurde es nicht. Ab damals durfte ich allein in die Berge. Aber der Hochschwab war meine erste Liebe. Bei einer Wanderung von Seewiesen in die Dullwitz zählte ich einmal an die 400 Stück Gamswild. ‚Was mauschelst du nur dauernd?' fragte mein Vater, als wir wortlos hintereinander aufwärtsstiegen und ich gerade 265, 266 . . . gemurmelt hatte!"

Auch Elfriede und Rudolf Jeglinski aus Hamburg kann ich zu den lieben Freunden zählen, die mir das Hochschwabbuch geschenkt hat. Elfriede schrieb mir den wohl längsten Leserbrief zu meinem Buch, lobte seinen großen pädagogischen Wert, nahm aber auch einige Mängel scharf unter die Lupe. Wir schrieben viel hin und her und kamen zu keinem Resultat, bis die Jeglinskis mich dann einmal besuchten und wir uns befreundeten. Sie sind seit 16 Jahren jedes Jahr sechs Wochen lang am Fuß des Hochschwab auf Urlaub und wünschen sich, obwohl sehr wählerisch im Geschmack, keine schönere Landschaft.

Auf dem Edlaboden machten wir die Bekanntschaft einer sehr lieben Wienerin. Fräulein Grete, eine charmante, damals etwas mollige junge Dame, saß mit einem Riesenrucksack vor einer Almhütte und sah aus wie die „Melancholie" von Feuerbach. Die unwirkliche Stimmung — knapp vor einem schweren Gewitter — tat das Ihrige zu diesem Anblick. Sie wollte auf der unbewirtschafteten Hütte übernachten und am nächsten Tag zum Schiestlhaus aufsteigen. Wir luden sie ein, mit uns nach Weichselboden abzusteigen, allein wäre es doch zu gefährlich hier. Aber Gewitter, Einsamkeit, steiler Pfad schreckten sie nicht, wie sie sagte. Wir versuchten sie zu überreden, mußten aber dann weitergehen. Im Wald beim Schwaiggarten, es war schon fast finster, polterte plötzlich etwas in höchster Eile hinter uns herab . . . Fräulein Grete! „Wieso auf einmal jetzt?" fragten wir. Da kam es heraus — in der Almhütte waren einige Mäuse aufgetaucht. Gewitter, Einsamkeit, steiler Pfad schreckten die Alleingeherin nicht. Aber vor den Mäusen ist sie entflohen! Übrigens zum Glück für uns, denn sie war die einzige, die in Nacht und Unwetter eine funktionierende Taschenlampe mit hatte!

Die steirische Dichterin Hannelore Valenčak aus Kapfenberg hat einen Roman geschrieben, zu dem sichtlich der Hochschwab die Kulissen abgibt: „Die Höhlen Noahs." Ein paar Menschen überleben den letzten aller Kriege in Hochschwabhöhlen. Auch Hannelore Valenčak kann man als Freundin des Schwaben bezeichnen — sie hätte ihn sonst sicher nicht für ihren Roman gewählt!

Von vielen Freunden des Schwaben müßte ich noch berichten — jener Bergsteigergruppe aus Bayrisch-Gmain, die so viel Gefallen am Hochschwabfels und an gemeinsam ausgewählten Touren fand, daß sie mir heute noch schreibt. Vom ehemaligen Hüttenwirt des Schiestlhauses, Kriebernegg, einem bekannten Original, der traurig war, daß ich ihn im ersten Hochschwabbuch nicht erwähnte — wo er doch so zum Schwaben gehörte! Für die vielen, derer ich hier nicht mehr gedenken kann, sollen noch zwei stellvertretend genannt sein — weil der Schwaben sie zu künstlerischer Arbeit angeregt hat. Dr. Wilhelm Schmiedl, Kapfenberg, hat ein feines, erfolgreiches Jagdbuch „In Wald und Fels" veröffentlicht, ein guter Teil davon ist der steirischen Mark gewidmet, und der Hochschwab gibt den Hintergrund dazu. Vieles an Schmiedls Jagdgeschichten interessiert auch den Bergsteiger; die Sprache, der man die Liebe zur Musik anmerkt, erinnert manchmal an Kugy.

Der Schwaben hat aber auch seinen Maler — Professor Paul Kassecker. Dem gebürtigen Mürztaler war das nahe Gebirge schon von Kind an vertraut. Als junger Schilehrer kam er unter anderem auch nach Aflenz und ist dort geblieben. Bald verlegte er seine Schikurse auf die Bürgeralm und baute sich ein Haus auf den Berg, hoch droben am Felsrand des Ransteins. Später kamen Haus und Atelier in Aflenz dazu. Erquickend einfach sind Kasseckers Bergbilder, ohne große Probleme. Mit kräftigem Strich stellt er die Berge hin in flächiger, oft fast plakathaft wirkender Manier. Aber man spürt überall die Ehrfurcht vor dem Berg und seiner Größe. Die Berge des Schwaben sind vorherrschend: immer wieder Fölzstein, Winkelkogel und Mitteralmturm, die Südwand und vor allem die Bürgeralm. Die Bürgeralm in rosigem Weiß, daß einen gleich alle Schiseligkeit des Schwaben überkommt, und die Alm in ruhigem Grün, daß man sich gleich hineinsetzen und rasten könnt, wie einmal ein Besucher einer Kassecker-Ausstellung gesagt hat. Kasseckers Berge haben manchmal etwas Losgelöstes, über der Erde Schwebendes: Sie sind so, wie wir Bergsteiger sie gerne sehen — hoch über uns, groß, übermächtig. Auch die bleichen, wenig farbigen Schwabenfelsen sind gut wiedergegeben. Im Land vor dem Schwaben ist Kassecker mit seiner volkstümlichen Kunst um und um bekannt. Wir finden seine Wandgemälde und Fresken in Gasthöfen und Bauernhäusern bis in die Veitsch und ins Mürztal hinein. Seit den dreißiger Jahren lebt „der Kassecker" im Banne des Schwaben und gehört als einer der größten Freunde dieses Gebirges zu seinen Menschen und seinen Bergen.

BEVOR DIE SCHOKOLADEZEIT BEGANN

Schokoladezeit — ein sonderbares Wort. Meine liebe Bergkameradin Hermi hat es in den Notzeiten des vergangenen Krieges geprägt.
Ein treffendes Wort! Es umschließt mit ein paar Silben eine ganze
Welt. Jene friedliche Welt, nach der wir uns sehnten im Kriege und
in den harten Jahren danach.

Am Berg entstanden, hatte dieses Wort vorerst nur den Mangel
an Proviant ausgedrückt. Die Schokolade, die wir Jugendlichen am
meisten entbehrten, hatte unserem Wunschbild den Namen gegeben.
Bald aber wuchs das Wort über den Berg hinaus, wurde Symbol für
alles, was wir in jener Zeit nicht haben konnten. Und das war viel.
Das war alles, was das Leben lebenswert macht.

Wenn wir in der Werksküche die berüchtigte „Drahtverhau-
Suppe" hinunterwürgten; wenn wir im Luftschutzkeller zitterten;
wenn uns harte Arbeit oder bittere Freiheitsbeschränkung zugeteilt
worden waren — immer tröstete einer den anderen: „Wenn erst die
Schokoladezeit da ist . . .“

Es war unser Privatausdruck. Aber jeder, der ihn hörte, verstand
ihn sogleich. Das Wort, das in keinem Wörterbuch steht, wurde von
allen verstanden — es sprach die Wünsche und Sehnsüchte aller aus.

Nun hat die Schokoladezeit lange schon begonnen. Längst ist
jener denkwürdige Tag im Jahre 1948 Vergangenheit geworden, da
wir die erste Tafel Schokolade im freien Handel kauften. Lange
schon sind die Schokoladenorgien jener ersten Zeit überwunden. Und
uns ist alles selbstverständlich geworden, was wir jetzt wieder haben:
alles, was das Leben lebenswert macht.

Der Mensch vergißt so gerne. Und das ist gut so, sonst würde er all das Schwere, das ihm auferlegt wird, kaum ertragen können. Aber es gibt Dinge, die man nicht vergessen soll. Und niemals vergessen darf! Wollen wir aus der Fülle der Schokoladezeit, aus all unserer Sattheit und Zufriedenheit, aus Wärme und Geborgenheit nicht einmal daran denken, was vor dem Überfluß war? Wie es war, bevor die Schokoladezeit begann . . .

An einem glühend heißen Augusttag eines Nachkriegssommers verlassen drei junge Menschen den Bahnhof von Bruck an der Mur. Sie sind mit einem Viehwaggon von Graz hergefahren. Einer von ihnen war dabei auf den Puffern, der andere mit dem Gepäck auf den Stufen des Waggons gestanden, und der dritte war am Dach gesessen. Der Viehzug hatte keinen Anschluß. Es gab keine Autobusverbindung zu jener Zeit. Also weiter zu Fuß: nach Kapfenberg, durch den Thörlgraben, durch den Fölzgraben und am selben Tag noch auf die Fölzalm.

Schwer drückt der Rucksack. Jeder hat zehn Kilo Kartoffeln und einen Wecken Brot mit. Eine der zaundürren Gestalten bin ich, die anderen sind meine Bergkameraden Hermi und ihr Bruder Emil, vor wenigen Wochen aus der Kriegsgefangenschaft heimgekehrt. Zu Fuß hatte er sich von Hamburg nach Graz durchgeschlagen. Eine gute Bergkameradschaft, in harten Zeiten geschlossen und bewährt, verbindet uns. Nun wollen wir die glückliche Heimkehr und die neugewonnene Freiheit in den Bergen feiern. Die erste Bergfahrt nach dem Kriegsende! Sie konnte nur dem Hochschwab gelten, wo wir die ersten Schritte miteinander ins Gebirge getan.

Wie hatten wir auf diesen Anfang gewartet, uns alles herrlich ausgemalt, sofort alles nachholen wollen! In unserer Unschuld dachten wir, nun werden Milch und Honig fließen. Doch an Stelle der Schokoladezeit war vorläufig ein Chaos ausgebrochen.

So sind wir recht bedrückt auf unserem langen Marsch zur Fölzalm. Was hatte sich gegenüber den Kriegsjahren geändert?

Unsere Lehrzeit in den Bergen war kriegsbedingt unmäßig hart gewesen. Da war die Unfreiheit; wann immer wir auch auf Urlaub gehen wollten, hieß es: Urlaubssperre. Keinen Urlaub für Jahre, in denen wir Jugendlichen die Arbeit von mehreren Erwachsenen leisten

mußten. Einmal nur gelang es uns, durch die Maschen des Netzes zu schlüpfen und ein paar freie Tage zu ergattern. Prompt wurde uns ein eingeschriebener Brief nachgesandt, wir sollten sofort zurückkommen. Der Brief wurde an die Hütte adressiert, die wir als Standquartier hatten angeben müssen. Inzwischen waren wir aber schon in einem anderen Gebiet. Ob einer von den Jungen, die heutzutage ihren wochenlangen Urlaub genießen können, wo und wie sie wollen, ermessen kann, was diese geschenkten Bergtage für uns bedeuteten?

Auch in dieser Hinsicht begann die Schokoladezeit erst Jahre später! Da war die mangelnde Freizeit: jeden freien Tag teilte man uns irgendeinen Dienst zu. Sinnlose Dienste, die wir zu leisten hatten für Menschen, die unsere junge Lauterkeit und Gläubigkeit mißbrauchten. Die uns mit der Verschickung ins Arbeitslager drohten, als wir ein einziges Mal ein bißchen zu spät zum „Dienst" kamen, weil wir den Zug versäumt hatten und die ganze Nacht hindurch zu Fuß nach Hause gewandert waren.

Was es für Winkelzüge, Nerven und Geld kostete, sich einmal im Monat vom Dienst loszukaufen, davon macht sich wohl keiner der jungen Bergsteiger von heute einen Begriff! Wir gaben einen guten Teil unseres Monatsgehaltes für Zigaretten aus, mit denen wir Kollegen bewogen, die nutzlose Zeit für uns abzusitzen!

Und was wir alles an unseren so schwer errungenen Fahrtentagen erlebten! In den letzten Kriegsjahren durfte man nicht weiter als 100 Kilometer von Graz wegfahren. Als wir diese „Zuteilung" einmal überschreiten mußten, fuhren wir schwarz. Wir sprangen auf den Trittbrettern von Waggon zu Waggon, wenn sich ein Schaffner näherte, und einmal warteten wir sogar zitternd im „Kabinett" der gelernten Schwarzfahrer, bis sich die Gefahr verzogen hatte. Einmal verpaßten wir einen Zug, ein Gefährte mußte aber zu einer bestimmten Zeit zum Dienst zurück. Harte Strafe drohte! Wir liefen wie um unser Leben auf der Straße von Kapfenberg nach Bruck. Trotzdem hätte er den Anschluß niemals erreicht, wenn — ja, wenn wir nicht unterwegs einen friedlichen Radfahrer angehalten und ihn förmlich gezwungen hätten, den Kameraden mit dem Rad zum Bahnhof zu bringen!

Der Mangel an Bekleidung war akut. Berg- und Kletterschuhe

kannten wir nur vom Hörensagen. Ahle und Schusterzwirn waren uns in jenen Tagen vertrauter als jedes andere Arbeitsgerät. Nach der Art der Sextener Patschen nähten wir Sohlen, die wir auf alte Turnschuhe montierten. Es war ein Festtag, als wir plötzlich entdeckten, wozu sich die Filzunterlagen von Bürosesseln und Schreibmaschinen verwenden ließen! Und die Materialverwaltung unserer Dienststelle mag sich höchlichst über den Riesenverbrauch an Filzdecken gewundert haben!

Wir aber schnitten fröhlich Schuhsohlen daraus, steppten sie mit Papierspagat durch, nähten sie auf unsere Schuhe und stiegen stolz in die Mitteralmturmkante ein. Als wir am Gipfel ausstiegen, war die ganze Route mit weichen, grünen Filzfleckerln markiert. Wir aber waren für den Abstieg auf den „Naturfilz" unserer Fußsohlen angewiesen.

Die Filzunterlagen waren also zu weich. Da entdeckte einer von uns daheim einen abgetretenen Bettvorleger. Die Sohlen, die wir daraus verfertigten, kamen dem Ideal einer richtigen Manchonsohle am nächsten. Aber die so besohlten Schuhe waren nach jeder Fahrt durchgetreten, da wir sie außerdem auch als Bergschuhe benützten. Da gingen wir eben barfuß! Wer das Glück hatte, ein paar richtige Bergschuhe zu besitzen, der zog sie sooft als möglich aus und ging barfuß, um sie zu schonen!

Von Spezialbekleidung oder Bergausrüstung war gar nicht die Rede! Unsere altersmorschen Rucksäcke sind gar manchesmal auseinandergeplatzt, zum Gaudium der Zuseher, meist an besonders „exponierten" Orten, wie am Bahnhofsplatz! Wie selig waren wir, ein abgelegtes Kleidungsstück von jemandem zu bekommen, ein Paar Schuhe, um Nummern zu groß, oder eine ausrangierte Schihose!

Uns haben damals alle Voraussetzungen zum Bergsteigen gefehlt. Und wir sind trotzdem in die Berge gegangen. Darauf sind wir stolz. Man hat unsere Jugend ärmer gemacht; wir haben trotzdem das Beste aus unserem Leben herausgeholt.

Wir waren drei junge Menschen in den Bergen. Drei Einzelschicksale für Tausende! Und nur das Bewußtsein, nicht allein zu sein, hat uns geholfen, die widrigsten Lebensumstände zu ertragen.

Einen ganzen Tag haben wir damals gebraucht von Bruck bis auf die Fölz. Doch am anderen Morgen sind wir stumm vor Seligkeit auf unserem ersten Nachkriegsgipfel gestanden. Wir waren wieder am Berg! Nun mußte doch alles wieder gut werden, auch drunten im Tal.

Und es wurde wirklich besser. Harte Tage aber waren noch durchzustehen bis zu jenem August 1948, da die Schokoladezeit begann.

Es war jene Zeit, da ein Reporter von Bertl Hausegger und Kurt Chibin berichtete, sie hätten mit einer Flasche Tee und vier Butterbroten zwei Tage in einer winterlichen Schwabenwand ausgehalten. Diese vier Butterbrote kennzeichnen den Geist und den Mut der Jugend jener Zeiten besser als tausend schöne Worte.

Die Arbeitslosen der dreißiger Jahre hatten wenigstens eigene Fahrräder für ihre strapaziösen Schwabenfahrten. Die Jugend von 1945 war noch ärmer! Wer ein halbwegs brauchbares Fahrrad sein eigen nannte, teilte es mit einem anderen. Zu zweit mit einem Fahrrad von Graz bis in den Schwaben! Man würde es heutzutage nicht mehr für möglich halten, wenn man es nicht selbst erlebt hätte.

Wer kein Rad hatte oder schneller weiterkommen wollte, fuhr per Anhalter. Lastwagen und zuckelnde Traktoren waren die „Straßenkreuzer" jener Zeit. Wir waren sogar einmal sehr froh, daß uns ein — Mistauto ein paar Kilometer weit mitnahm! Oft klappte es mit dem Anschluß nicht, dann wurde eben biwakiert.

Was würde die Bergjugend von heute wohl sagen, wenn sie vor einer Bergfahrt zur Entlausung gehen müßte? In den Jahren 1945/46 herrschte in manchen Alpentälern die „Entlausungsgefahr". Jeder, der aus der Bahn stieg, sollte die Entlausungsstellen der Amis passieren. Die meisten Bergsteiger aber zogen es vor, unter Ausnützung ihrer alpinistischen Fähigkeiten lieber Züge und Zäune zu überklettern, als dieser „alpinen Gefahr" ins Auge zu sehen.

Langsam besserte sich die wirtschaftliche Lage. Dieselben „bösen" entlausenden Amis unterstützten uns mit Verpflegung. Wer von den jungen Bergsteigern jener Tage erinnert sich nicht noch an die Suppenwürfel, die Teedosen und das geliebte Oatmeal, den Höhepunkt aller Genüsse? Suppenwürfel und den mit Milchpulver vermischten Tee aßen wir auch roh. Beides schmeckte uns ausgezeichnet — wir waren damals nicht verwöhnt!

Es war eine regelrechte „Bergkatastrophe", als meinem Gefährten einmal mitten in einer Hochschwabwand die Geldtasche mit den Lebensmittelkarten aus dem Anorak fiel! Wortlos brachen wir die Tour ab, an der uns sehr viel gelegen war, und kletterten die mühsam errungenen Seillängen hinab zum Einstieg. Und dann suchten wir den ganzen Tag bis zum Abend am Fuße der Wand nach den Marken, die in alle Winde zerstreut waren. Wir haben sie alle wiedergefunden. Nach dem Geld haben wir gar nicht gesucht.

Nach dem Kriege bildeten sich allerorts die alpinen Vereine wieder. Man nahm sich der Jugend an. Es war, als ob das in Kriegszeiten Versäumte in wenigen Monaten nachgeholt werden müßte. Eine hektische Tätigkeit setzte ein. Starke Jugendgruppen mit Hunderten von Mitgliedern entstanden. Man ebnete der Jugend die Wege wie niemals vorher. Sie erhielt von Jugendämtern zusätzliche Verpflegung und Bergausrüstung, von den Vereinen auch finanzielle Unterstützungen.

Und man veranstaltete Sonntags- und Wochenendfahrten mit Kraftwagen, Symbol einer neuen Zeit.

Dieser Einrichtung, von der kaum je geschrieben oder gesprochen wird, weil sie schon viel zu selbstverständlich geworden ist, will ich ein Lob singen, wie es ihr gebührt.

Es ist ein Song. Der Song von der Sonntagsfahrt. In alter Zeit klang das romantische Lied von Schusters Rappen oder von der Postkutsche. Unsere Zeit singt den Song von der Sonntagsfahrt, gemixt aus Kilometerfraß und Straßenstaub, Benzindunst und Autolärm.

Wißt ihr überhaupt noch, Kameraden, wie das mit den Sonntagsfahrten war in der ersten Nachkriegszeit? Wie es begann mit Holzgasern und mit Schwabenfahrten? Der Schwaben war das nächste große Gebirge. Die Holzgaser waren eine Zeitlang die einzig verfügbaren Kraftwagen. Ungedeckt, ohne Sitze, so primitiv, daß man es sich heute gar nicht mehr recht vorstellen kann ... Und doch haben sie Tausende von jungen Menschen in die Berge gebracht. Und mancher Chauffeur wurde bei der Behebung der unzähligen „Patschen" zum Märtyrer! Gar oft aber half alles Heldentum, aller gute Wille nichts, wenn die Bereifung nicht mehr mittun wollte. Es kam vor, daß wir Samstag mittags in Graz wegfuhren und erst Montag vormittag

148

zurückkamen! Dazwischen hatten sich ereignet: dreizehn Patschen und zwei Reifenplatzer, eine Fahrt von 100 Kilometern, für die wir zwölf Stunden brauchten. Danach Biwak mit verteilten Rollen: im Auto, auf dem Wagendach, im Straßengraben und im Wald. Anderntags eine schöne Bergfahrt, danach Heimfahrt: 100 Kilometer, von sechs Uhr abends am Sonntag bis Montag zehn Uhr vormittags . . .

Es hatte gar keinen Zweck, sich ein Fahrtenziel zu wählen! Es kam ja doch anders. Oft landeten wir statt im Hochschwab irgendwo im Murtal oder gar — im heimatlichen Klettergarten. Manchmal kamen wir aber auch über Graz gar nicht hinaus, wenn der Wagen an der Stadtgrenze beschlagnahmt wurde.

Das Leben war ein einziges Abenteuer! Wir waren eine verschworene Gemeinschaft junger und auch älterer Berggefährten, zusammengewachsen und bewährt in hunderterlei Nöten, Gefahren und lustigen oder unliebsamen Zwischenfällen. Wir hatten Abenteuer der Straße genug zu bestehen. Aber niemals ist ein Unfall geschehen.

Was waren das für herrliche improvisierte Bergfahrten, wenn wir auf den Hochschwab wollten und schließlich nur den Röthelstein begingen. Wenn wir auf der Landstraße Fangen spielten, alt und jung durcheinander, indes der Wagen repariert wurde. Und dann die Heimfahrten! Ein Zauber lag darüber . . .

Nach den Erlebnissen am Berg sind alle ruhig geworden. Wie eine milde Staubschicht deckt die Müdigkeit des Abends den farbenstarken Tatendrang des Tages. Alles Grelle ist ausgelöscht. Kein hartes Licht stört die sanfte Dunkelheit im Wagen. Zart wächst die Freude an der Heimkehr empor. Ein paar singen leise. Manche träumen mit offenen oder geschlossenen Augen. Die zwei dort in der Ecke haben sich heute gefunden. Jeder weiß es, doch keiner spricht davon. Einige palavern von den Ereignissen des Tages. Worte fallen wie „ . . . herrlich in Form gewesen . . . gar nicht schwer . . .". Was ist die Erinnerung doch für ein goldenes Sieb!

Die Wagenplane ist offen: Blühende Bäume am Straßenrand senden ihren Duft in das Dunkel. Hie und da dringt ein silbernes Licht herein. Das Paar in der Ecke fährt dann auseinander. Niemand schaut hin. Hinter uns versinken die Berge, die Straße ins Wesenlose.

Da kann es geschehen, daß aus dem Song von der Sonntagsfahrt ein Lied wird. Ein Lied von Bergen und Kameraden und vom ewigen Wandern . . .

Mit der Zeit besserte sich der Zustand der Fahrzeuge. In kaum zehn Jahren sind wir vom schmutzigen Holzgaser zum Überlandcar mit Autoradio und Mikrophon gelangt. Vom großen Abenteuer, das in wenigen Kilometern beschlossen lag, bis zur Vierländerfahrt, die jedem Kind schon geläufig und in wenigen Tagen erledigt ist. Fast möchte uns die heutige Vollkommenheit selbstverständlich erscheinen — wenn wir nicht den Unterschied kennen würden.

Manchmal möchte ich die Jugend von heute beneiden, die hineingeboren ist in diesen Überfluß und ihn als gegeben hinnimmt. Diese Jugend unserer so heiß ersehnten Schokoladezeit! Dann aber denke ich daran, wie es vorher war, und es scheint mir, als seien wir doch die Reicheren.

Dann ist mir, als hätte mir nie im Leben etwas besser geschmeckt als nach einem Tage wütenden Hungers ein Stück klebriges Kriegsbrot; kein späteres Bergglück ist dem wortlosen Entzücken zu vergleichen, mit dem wir nach dem Kriege unseren ersten Gipfel erstiegen haben.

Damals, als wir mit Schuhen aus Mutters Bettvorleger auszogen, eine Welt zu erobern. Damals, als wir, stolz wie die Feldherren, auf dem Dach eines Holzgasers sitzend, in die Berge zogen.

Damals — bevor die Schokoladezeit begann!

150

ERSTE SCHWABENFAHRT

Alle Berge sind uns Bergsteigern Heimat. Doch darüber hinaus hat noch jeder von uns einen Flecken Erde als Inbegriff aller Bergliebe, allen Heimatgefühls — meist dort, wo sich die Welt der Berge ihm zum erstenmal aufgetan.

Ich liebe den Hochschwab, seit ich ihn erstmals gesehen — diesen grünen Garten in steinerner Öde, umhegt von einem wilden Zaun aus weißem Fels. Und diesen „Schwaben", der seinen Freunden ist, was den Münchnern der „Kaiser" bedeutet, will ich preisen mit der ganzen Liebe, die ihm gehört.

Schönere Wanderung gibt es nicht, als über die Brücke der Erinnerung in das Land der Vergangenheit zu gehen. Wie leicht gelangt man dorthin! Man blättert ein Tagebuch auf, betrachtet ein Bild, das Sonne ausstrahlt, die Stimmung und den feinen Glanz ferner, schöner Tage. Oft ist's auch nur ein leiser Duft aus vergangener Zeit, von irgendwo hergeweht; ein Anhauch kühler Luft in der Nacht, auf dessen Schwingen wir hinübergleiten in das gelobte Land.

Mir genügt ein kleines Wort: Schwabenfahrt! Das klingt nach Abenteuern, nach wilden Streichen, nach unbeschwerter Kameradschaft mit guten Fahrtgenossen. Schon ziehen die Tage im Schwaben in tausend Bildern an mir vorüber, vielfältig und bunt, bis zum Rande voll von Erleben. Ob sie die Wärme des Sommers durchglühte oder der Regen trostlos vertropfte, ob wir im Sturm auf den weißen Höhen geirrt oder unseren Weg durch brauende Nebel gesucht, ob wir im Brausen des Frühlings unterwegs gewesen oder in der goldenen Weite des Herbstes ...

Ein Bild vor allen anderen ist unauslöschlich in meine Erinnerung gebrannt. Es zeigt den Auftakt zu einem Leben in den geliebten Bergen; die Tage der ersten großen Schwabenfahrt.

Wenn man jung ist, glaubt man oft, daß das Leben an einem vorübergehen will. Man hat von allem zuwenig; an jedem Morgen, der blau vor den Fenstern steht, zittert man, der Tag könnte nicht genug Erleben bringen. Und gar in den Bergen! Man hat zwar schon einiges „gemacht" und nennt sich stolz Bergsteigerin, aber man weiß, daß dies alles noch nichts war gegen das, was man könnte und wollte! Man treibt auf dem unendlichen Ozean der Sehnsucht umher als ein Schiffbrüchiger der eigenen Gefühle. Und dann weht eines Tages doch am Horizont die Rauchfahne der Erlösung auf. Ein stolzes Schiff ist in Sicht: die große Tat!

Man liegt in unruhigem Schlaf und spürt das Glück schon im Traum. Man erwacht viel zu früh, ja, man weckt sich selber auf, um die Vorfreude besser genießen zu können: Die erste Kletterfahrt im Hochgebirge! Man hat vor Aufregung den Rucksack schlecht gepackt, er drückt schrecklich, auch die Bergschuhe zwicken, so daß man am Bahnhof schon hinkt, aber was ist das alles gegen die große Fahrt! Man läßt ganz verstohlen ein Endchen Seil aus dem Rucksack baumeln, obwohl man schon weiß, daß es streng verpönt ist, den „Strick" offen zu tragen. Aber man muß es tun — sonst könnte man mit einem „gewöhnlichen Wanderer" verwechselt werden!

So schön schien die Sonne noch nie — so sehnsuchtsvoll hat noch keine Lokomotive gepfiffen, und noch nie waren alle Menschen so freundlich! Dann sitzt man inmitten einer wilden Schar „Zünftiger" und staunt über alles: die merkwürdigen Kletteranzüge, über die „feine" Leute die Nase rümpfen, und die klirrenden Haken und Karabiner. Man hört von Bergen und Fahrten und beschließt, sich jedes der Worte auf ewig zu merken. Die jungen Bergsteiger nennen berühmte Namen so lässig, als handle es sich um ihre besten Freunde. Dann singen sie aus rauhen Kehlen „. . . uns geht die Sonne nicht unter . . .", Lieder, die man niemals vergessen kann! Zwischendurch messen sie ihre Kräfte am Gepäcknetz und machen Klimmzüge mit zwei Fingern, was man auch sofort versuchen muß, was aber nicht einmal mit beiden Armen gelingt!

Vor den Fenstern fliegt der Frühsommer vorbei, Holunder blüht und roter Mohn, darüber der Duft von frischem Heu ... schöne Zeit, die Zeit der ersten Mahd ... In der Abendstille wandern wir den Fölzgraben hinein, durch die kühle Klamm, durch das knochentrockene Totenbett eines Bergbaches. Berggipfel tauchen auf, nie gesehen und doch lang schon vertraut aus Erzählungen. Wie der Bug eines weißen Schiffes schneidet der Mitteralmturm in die blaue Abendflut des Himmels. Beim Schlagalmbrunn überfällt uns die Nacht. Warme, sommerliche Dunkelheit. Ein Fünkchen glimmt in den Latschen. Wir rasten eine Zigarette lang.

Dann die endlosen Schuttstraßen der Steinbockleiten. Der Mond ist aufgegangen, der volle Mond ... Was für ein fließender Schein über den Almen! Ich möchte den Anblick schildern können in einer Sprache, die Malerei und Musik zugleich ist, die zitternd ins Licht verschwimmende Musik dieser Nacht. Ist das noch ein Berg, dieses kristallene Bild, das ohne feste Umrisse in den Nachthimmel übergeht? Da ist die wunderbare Linie, mit der sich die Hänge vor der Fölzalm verschneiden. Daß man eine Landschaft um einer solchen Linie willen schon lieben kann!

Wir bleiben noch lange draußen unter der Glocke der Nacht, in der die Stimme des Windes tönt. Wir blicken auf zu den Sternen.

Sonntagmorgen auf der Fölz! Ein Sonnentag — golden von der Sonne, blau vom Himmel, weiß vom Schnee. Die Fölzalm ragt wie eine steinerne Insel aus dem Nebelmeer, das die Täler erfüllt. Kleine, rasche Wolkenflocken fliegen über die Grate. Und die Berge wandern den Wolken entgegen. Alles sieht so traumhaft aus: die weiße Moschee des Kleinen Winkelkogels, die sinnverwirrenden Zinken und Zacken rundum, die erschreckend schattendunkle Schartenspitze.

Dann steigen wir ein in die Kante des Mitteralmturmes. Und das Gebilde, das mir gestern im Glanze der Nacht wie gesponnenes Mondlicht erschien, verwandelt sich in festen Stein. Schwabenfels, den man anpacken kann, mit dessen Härte man ringt. Zum erstenmal erleb' ich ihn, spür' ich den unvergeßlichen Duft der Kletterfahrt, den Geruch von Hanf und Stein.

Wer denkt noch an die Bezauberung der gestrigen Nacht? Uns

erfüllt nur die Freude an der Bewegung, an der eigenen Gewandtheit. Und noch mehr als das! Die Kante ist uns nicht steil genug. Wir suchen unseren eigenen Weg, dort wo die Abstürze am jähesten sind. Wie losgelöst von mir selbst hänge ich an Fingern und Zehenspitzen in kleinen, festen Griffen und spreize in der Rißreihe hoch, den Körper weit ab vom Fels. Und sehe nur noch eins vor mir: den Weg, der höherführt. Die Lotrechte.

Zum erstenmal in meinem Leben spüre ich raumbewußt Höhe und Tiefe, das Schwebegefühl des Kletterers. Nun weiß ich auch, daß man aus sich heraustreten, über sich hinauswachsen kann. Nicht mein Körper ist es, der mich da über den Felsen hinaufträgt. Es ist eine unbekannte, übermächtige Kraft, vielleicht aus Geist und Willen zusammengesetzt, die mich das Leibliche völlig vergessen läßt. Die mich Strapazen ertragen läßt, denen ich im Tale nicht gewachsen wäre. Bin ich das noch selbst? Wie bin ich da heraufgekommen?

Ich weiß, daß dieses erstaunliche Gefühl, außerhalb meiner selbst und über mir zu sein, mich in den Bergen begleiten wird mein ganzes Leben lang. Und ich weiß auch, daß ich immer wieder danach verlangen werde.

Überdeutlich und dennoch wie im Traume nehme ich alles um mich wahr: die frühlingsgrünen Wälder zu unseren Füßen, die jähen Rinnen des Fölzstein, die starren Ströme aus Geröll, darüber die Hitze flimmert. Aus dem Latschenpelz der Fölzalm dringt klar und doch geheimnisvoll ein Kuckucksruf.

Die Gefährten holen die schweifende Seele zurück. Und ich steige mit ihnen über den Gipfel ab in die andere Welt — die Welt der Wiesen, Wälder und des Kuckucksrufes, der Hütten und der Menschen.

IN DEN ENDRIEGELN

Wie es zum Hochschwabbuch kam

Die Endriegel waren das erste Stück des „unbekannten Schwaben", das ich zu Gesicht bekam. Entdeckt habe ich sie aus Langeweile. Ich wußte nicht, was mich dort erwartete. Ich konnte nicht ahnen, daß durch einen simplen Abstieg in eine Felsschlucht mein Leben in eine entscheidende Richtung gelenkt werden sollte.

Damals war ich noch ins Klettern verliebt. Zu jedem Wochenende zog ich mit den Kameraden in den Schwaben, meist auf die Fölz oder zur Voisthalerhütte. Doch bald wurden mir die Hüttenanstiege langweilig. Immer das gleiche! Zur selben Zeit muß ich bemerkt haben, daß Klettern nur ein Teil des Bergsteigens ist — und daß die Fölz, die Dullwitz und die Trawies nur ein kleiner Teil eines großen Gebirges sind. Und schon reizte mich das Größere, das keiner von uns kannte. Das war leichter gedacht als getan! Meine Kameraden zeigten wenig Stimmung dafür; zu sehr lockte der Fels! Für eine Durchwanderung hätten wir mehrere Klettertage opfern müssen. Da versuchte ich es mit einem „Umweg": Ich nahm mir vor, an jedem Bergtag im Schwaben einen neuen Weg kennenzulernen und nur noch leichtere Durchstiege zu machen, damit mehr Zeit bliebe für den „unbekannten Schwaben".

Ich fand auch bald einen Gefährten, meinen verständnisvollen Bergkameraden Dr. Hans Meixner. Nach einer Überschreitung der Edelspitzen war uns genug Zeit geblieben für eine Wanderung über die Mitteralpe. Wir kannten sie schon. Aber der Graben zwischen

155

Mitteralpe und Bürgeralm, der wie ein Cañon in den weichen Kalkfels geschnitten ist, hatte schon auf der Landkarte unser Interesse geweckt. Und schon stiegen wir ab; vom Zlakensattel über sehr steile Wiesen und Schneefelder — es war erst Mitte Mai — durch Wasserrunsen und Schuttrinnen, sprangen über Felsabsätze hinunter, rutschten auf grießigen Platten herum und landeten schließlich auf einem kaum erkennbaren Steig.

Heutzutage, seit man mit dem Auto bis zum Schwabenbartl fahren kann, wird der Auslauf des Endriegelgrabens mit seinen Wildbachverbauungen öfter auch von Bergfremden besucht. Die gesamte Endriegelschlucht, wo auch Dolomitgestein auftritt, wird hie und da von Bergsteigern durchstiegen. Man kann sich in dieser Wildnis aus Fels und Wasser ganz schön versteigen, wenn man die richtigen Durchschlupfe nicht findet. Gar mancher, der dort eine „Direttissima" versuchte, war froh, wenn er heil wieder ans Tageslicht kam!

Wir fanden damals zufällig gleich den richtigen Einstieg und wanderten dann gemächlich am Fuße des Mitteralpenkogel entlang zum Schwabenbartl. Was gab es da alles zu sehen und zu entdecken! Ein einsames Jagdhaus, Gams- und Rotwild am Weg, hohen Wald, darüber die Wände des Mitteralpenkogel mit einem runden, weißen Felsturm, für den wir schon die Pläne einer Erstbesteigung schmiedeten (später hat ihn dann jemand anderer erstiegen, er wurde nach dem unvergeßlichen Bergsteiger Hans Feiertag † „Feiertagturm" benannt). Alles war neu, alles war schön. Niemand von unseren Gefährten kannte den Endriegelgraben, wir waren die ersten gewesen. Es war ein Hochgefühl ohnegleichen, mit dem wir dann durch die Fölz hinauswanderten, den letzten Zug versäumten, zwischen Bruck und Kapfenberg auf einem Maurergerüst biwakierten und am nächsten Tag per Anhalter heimfuhren.

Wenn schon dieses kleine Stück so schön war, wie mußte erst der ganze Schwaben sein! Der Entschluß stand fest, ich mußte das Ganze kennenlernen. Und ich begann in der spärlichen Hochschwabliteratur zu suchen, was bekannt und was unbekannt war. Und plötzlich ging es mir auf wie ein Licht, nein, wie eine Lichtorgel: Es gab ja gar kein Hochschwabbuch!

Eine Idee war geboren. Mehr als zehn Jahre hat es dann noch gedauert, bis sie verwirklicht werden konnte, bis ich mich imstande fühlte, das Buch zu schreiben: Viele Wochenenden, viele Urlaube habe ich im Hochschwab verbracht und immer wieder Material gesammelt. Und auch die Kameraden, die Erfahrungen, Ratschläge oder Bildmaterial zur Verfügung stellten, fanden sich ein.

Alle Mühen und Sorgen — ich würde sie nochmals auf mich nehmen, wenn ich neu beginnen müßte. Der Hochschwab ist es wert.

DAMENSEILSCHAFT

Wir leben unser Leben um jener Augenblicke willen,
da wir uns grenzenlos vergessen
und doch grenzenlos wir selber sind.
Und dies geschieht uns nur
am Berg, in schöpferischer Tat und in der Liebe.

Ob der verheißungsvolle Name „Sonnschien" wirklich von Sonnenschein kommt? Heute wollen wir's gerne glauben! Wir eilen zum
Schafhalssattel. Lang und verzwickt wie diese Bezeichnung ist auch
der Weg dorthin. Mächtig erhebt sich vor uns der Brandstein — ein
Ungeheuer von einem Berg. Wir sind sofort in seinem Banne. Heut
noch wird sein Ostgrat unser sein. Seltsam, wie wir von unseren
Fahrten sprechen: der Berg wird uns gehören, wir haben die Tour
„gemacht", der Gipfel ist unser. Nein, das ist gar nicht so sonderbar, wie es klingt. Sie sind ja wirklich unser, die Erlebnisse der
Fahrten. Denn all unsere Habe, unser Gut und Geld, ja sogar unsere
liebsten Menschen können uns jederzeit genommen werden. Doch
keine Macht der Welt vermag zu enteignen, was unverlierbar unser
ist, jetzt und in alle Ewigkeit: Erlebnis und Erfahrung.
Vor uns steigt der Ostgrat des Brandstein im zarten Morgen-
duft empor: eine scharfgeschliffene Schneide, eine kühn gebogene
Klinge aus edlem Fels. Schon sind wir beim Einstieg. So stehen wir
wohl alle vor großer Fahrt und heben unsere Augen auf zum Berg:
zaghaft bei aller Härte des Entschlusses, erwartungsvoll und dennoch scheu und fragend. Wir stellen dem Berg eine Frage. Aber sie
gilt uns. Und wir selbst werden uns die Antwort geben.
Längst vertrauter, oft geübter Ritus des Anseilens! Präludium
der Kletterfahrt. Schwer und berauschend ist der Duft des Hanfes,
und die Felsen glänzen festlich weiß. Eisenzeug klirrt wie im Takte
des Tanzes, und unsere Herzen pochen den Rhythmus darein. Danach die Fermate eines langen Händedruckes. Wir blicken einander

in die Augen und wissen: Dies ist unser wahres Gesicht. Nicht das, welches wir in den Tälern tragen, den Menschen weisen. Darum gehen wir in die Berge: um jene Augenblicke zu erleben, da wir die Inszenierung vergessen und ganz wir selber sind. Ein Bergsteiger nannte diese Momente einmal „die Kristallisation des Ich". Am Berg spüren wir das besonders: Aus formbereitem Stoff wächst der kristallene Kern unseres Wesens.

In dem klaren, in höchster Sammlung gespannten Antlitz der Gefährtin kann ich diese Kristallisation erkennen. Ein fremdes Leuchten ist darin, das mich seltsam berührt — eine Entrückung. Es ist aber auch eine Härte in ihren Augen, die mir sagt: Es gibt kein Zurück. Doch, einmal, nach unendlicher Zeit — nach der Ewigkeit einiger Stunden — werden wir vom Gipfel des Brandstein in die Täler wiederkehren. Doch wir kommen nicht mehr als dieselben zurück. Abends sind wir nicht mehr die, die wir am Morgen waren ... So bildet sich der Kristall, wächst und strahlt die Ewigkeit wider, bis er dereinst in ihr vergeht.

Wir wollen nicht mehr zurück. Lotrecht und griffarm sind die Platten des ersten Grataufschwunges. Ich sehe den dunklen Kopf der Gefährtin tief unter mir. Wie hab' ich doch den Grat vorhin genannt — eine Klinge — wirklich, wie auf eines Messers Schneide steh' ich an der steilen Kante. An winzigen Leisten taste ich mich über den düsteren Abgrund der Nordwand. Das Seil ist zu kurz! Ich kann den nächsten Sicherungsplatz nicht erreichen. An einen alten Haken gebunden, erwarte ich Grete mit Ungeduld. Sie befreit mich bald aus meiner luftigen „Sommerwohnung".

Schwierig und verblüffend war dieser Auftakt. Dann kommen wir zu einem kleinen, erfrischenden Überhang; durch eine glatte Rinne zu einem Türmchen, von dessen spitzem Scheitel wir uns hinüberfallen lassen in die Gratwand. Dort schlägt das Herz des Menschen endlose Augenblicke lang an der Brust des Berges. Doch schon greifen die Hände den festen Fels und heben sich an ihm zur Höhe. Da ist inmitten der steinernen Pfeiler ein sanft geschwungener Grasgrat. Wir schmiegen uns an seine weichen Flanken und ruhen. Das Gras ist wie das Fell eines Tieres: krauswollig, bräunlich und warm.

Eine grobgriffige Verschneidung führt weiter wie eine steinerne Stiege. Wir gehen über die drohenden Brandsteintürme, berühren die weißen Platten am Rande der Südwand und eilen hinauf zum höchsten Punkt des Brandstein.

Dann liegen wir lange Zeit in einer Mulde und schauen dem Gamswild zu. Es sind Geißen mit Kitzen. Und wie wir uns zum Abstieg rüsten, wissen wir, daß uns dieser Brandsteingrat alles gegeben hat, was wir von einer Bergfahrt verlangen: geistige Erkenntnis; zartes Erlebnis der Seele; und den Genuß körperlicher Leistung.

Die Berge brennen und verblassen wieder zu fahlen, wesenlosen Schatten. In Dämmerung und Nacht gehen wir einen schier endlosen Weg durch die Krummholzwälder der Sonnschienalm zur Hütte zurück.

Der nächste Tag. Die Sonne brennt, heiß und flimmernd ist die Luft. Über hellen Schuttfeldern flackern die Felsen wie steile Flammen in den blaulodernden Himmel. Und auch wir glühen — im Fieber der Erwartung. Es geht ja um „unsere" Wand, die Ostwand des Kleinen Brandstein. Sie ist unbegangen.

Grau ist ihr Fels und herrlich rauh. Wir beschreiten blankgescheuerte Bänder und schmiegen uns in kühle Rinnen. Wir führen wie immer abwechselnd und raufen uns um die „besseren" Seillängen. Dann teilen wir aber doch nach Eignung und Neigung. Mir fallen die Quergänge und Platten zu — ich bin das „Plattenweibl" unserer Seilschaft. Grete liebt Risse. Ohne Unterlaß späht sie mit begehrlichen Augen nach einem würdigen Ziel. Sie findet es auch in der Schlüsselstelle der Wand — einem kantigen, sehr schwierigen Riß. Da kann sie sich austoben. Und sie tut es auch! Wie eine Rakete fährt sie in die Höhe. Auch hausfrauliche Tugenden kommen dabei zum Vorschein! Sie säubert den Riß von Steinen und putzt alles Lose fein säuberlich auf mich hinunter.

Immer noch glüht der Tag. Wir aber sitzen etwas abgekühlt am Fuße der Gipfelwand, die noch etwa zwei Seillängen hoch über uns aufstrebt. Alles hat sich gegen uns verschworen: der splitterige Fels, dem Sicherungsplätze mangeln. Die Standhaken, die sich standhaft weigern, die Pflichten eines anständigen Hakens zu erfüllen — sie wollen ganz einfach nicht singen! Ein tischgroßer Block, den man überklettern müßte, der aber so lose aufliegt, daß man sich am besten nur flüsternd unterhält. Eine hastige Bewegung hat uns beinahe aus dem Tritt geworfen, auf dem wir beide standen.

Nun, so gibt es eben keine „Direttissima"! Die Wand ist trotzdem unser! Wir streben nun auf die gipfelnächste Scharte zu. Ich tröste mich mit der herrlichen Kletterei an einer Riesenplatte. Wir überlisten sie an zwei kümmerlichen Erosionsrillen: mit leisen Pfoten — wie die Katzen auf dem Dach.

Schrofen, verwitterte Rinnen, Latschenkamm und Gipfel. Wir sehen von oben den Ausstieg, der uns versagt war. Nein, diese brüchige „Rutschen" reizt uns gar nicht mehr. Wir haben den besseren Weg gefunden!

Und wieder geben wir uns auf einem Gipfel die Hände zum Dank für Kameradentreue und gedenken all der schönen Stunden, die uns in den Bergen vereinten.

BERGKAMERADEN

Kameradschaft ist eine der schönsten menschlichen Beziehungen. Sie begleitet uns durch das Dasein mit den Gespielen der Kinderzeit, den Kameraden der Schule, des Sportes, des Berufes und des Lebens. Viele haben sie im Krieg erschütternd erlebt, an der Front wie in der Heimat. Unter den Menschen, die zu Berge gehen, ist sie die vorherrschende Beziehung.

Kameradschaft ist vielleicht nicht die edelste aller Bindungen, gewiß aber die lebensvollste nach der Liebe. Sie unterscheidet sich deutlich von der Freundschaft, mit der sie oft verwechselt wird. Kameraden kann ich mir selten aussuchen. Das Leben wirft sie mir zu. Ich muß sie hinnehmen. Freunde wähle ich mir; aber nichts zwingt mich dazu. Ich suche sie mir, weil sie bestimmte Eigenschaften haben, die ich schätze. Der Freundschaft kann ein auserlesenes, klares, ja kühles Gefühl eigen sein, den geistigen Bezirken zugeordnet, ja, sie kann sich ganz im Geistigen bewegen, auch über Fernen wirken. Kameradschaft spricht Körper und Seele an. Sie braucht die Nähe des anderen: auf jeden Fall die gemeinsame Tätigkeit, das Erleben miteinander. Kameradschaft ist in ihrer Schicksalhaftigkeit der Liebe verwandt. Ich kann mir nicht vornehmen: diesen will ich lieben; Liebe ist Schicksal. Genauso Kameradschaft. Sie kann von einem heftigen Gefühl getragen sein. Man kann sich gegen sie genausowenig wehren wie gegen Liebe. Sie will erlebt werden.

Kameradschaft kann Menschen verbinden, die sich hassen oder gehaßt haben. Eine solche Kameradschaft kann die letzte, vielleicht einzige Brücke sein zwischen Mensch und Mensch, Volk und Volk.

Von der Kameradschaft, von dem Gefühl, das lebendig ist wie das Leben selbst und das unser Dasein am Berg sosehr bestimmt, will ich erzählen.

Ebenstein-Westwand. Ich sitze in einem Schartel und sichere. Über mir ein weißer Turm, glattwandig, gar nicht steil. Und doch ist er eine harte Nuß. Der bedauernswerte Nußknacker dort oben, mein neuer Bergkamerad, kommt nur im Zeitlupentempo weiter. Wir haben uns verstiegen. Es ist unsere erste Fahrt miteinander.

Meine Gedanken gehen im Kreise: ... es kann sein, daß der da oben herunterkommt, ich weiß ja gar nicht, ob er gut klettern kann ..., wenn er fällt, dreht es ihn nach rechts, also muß ich nach links. Auf die Gratschneide muß ich die Arme legen, als Unterlage für das Seil, damit es der scharfe Fels nicht zerschneidet ...

Ich denke nicht daran, was mit mir geschieht, wenn der Kamerad fällt. Ich denke nicht daran, wie das ist, wenn mir das Seil die Hände verbrennt. Ich denke nur: Wie kann ich dem Kameraden Hilfe geben?

Der da oben wirft von Zeit zu Zeit einen hastigen Blick auf mich. Und ich — ich singe aus Leibeskräften auf meinem Felsensitz, indes die Angst mir das Herz zerfleischt. Ich nicke und lache ihm zu: „Gleich haben wir's geschafft!“

Wir haben es noch lange nicht ... der da oben rutscht plötzlich auf dem glatten Stein! Die Kletterschuhe sind lehmverschmiert. Mir rinnt es kalt über das Genick. Seine Finger werden immer länger, schon öffnet sich eine Hand ... die Arme muß ich auf den Grat legen, unter das Seil, die Arme ... Ach, in der Erinnerung hört sich das alles so trocken an. Für uns war es Leben, erlittenes Leben, würgende Angst in der Kehle — und heller Jubel, wie die Hand da oben sich wieder um den Fels schließt und weitergreift.

Keines dieser Gefühle möchte ich missen. Nicht die Angst und nicht die Freude.

Mein Kamerad sagt auf der Turmkrone, es sei ihm die größte Beruhigung gewesen, mich so siegessicher lächeln zu sehen. So vertrauend hätte ich zu ihm hinaufgeblickt. Wie ein starker Strom sei die Zuversicht mit dem Seil zu ihm emporgekommen — Kameraden!

Schaufelwand-Ostgrat. Die nahe beeinanderliegenden Kletterwege am Ebenstein und an der Schaufelwand werden gerne miteinander verbunden. So eilen auch wir nach Durchsteigung der plattigen Ebenstein-Westwand hinüber zum Ansatz des Ostgrates der
Schaufelwand. Der Berg hieß früher Schafelwand. Idealisierende
Bergsteiger haben ihn in „Schaufelwand" umgetauft. Und der Ostgrat steigt wirklich empor wie die scharfe Schneide einer Schaufel.

Diesmal führe ich. Schon liegt der Vorbau, die eigenartige
„Nase", hinter uns, und wir stehen vor dem Steilaufschwung. Ich
quere um die Kante herum auf das „schöne, schmale Band" des
Greenitzweges. Band? Es sind nur Tritte, ein Gesimse ist es, hinausgebaut über den Abgrund. Unter meinen Füßen ist Luft. Vom Fels
der Südwand ist nichts zu sehen. Es ist, als halte sie den Atem an
mit eingezogenen Flanken. Hat nicht in jenen Platten einmal ein
Kletterer einen furchtbaren Sturz getan? Stundenlang ist er über der
Südwand gehangen, halb erstickt vom Seil, bis endlich Hilfe kam.
Ich verbanne jeden Gedanken an dieses Ereignis, das Adalbert Ertl
so eindrucksvoll geschildert hat*.

Ich brauche jetzt nichts mehr denken ... Handeln muß ich!
Vorhin am Ebenstein habe ich schwere seelische Last getragen: die
ganze Bürde der Gefühle, der Gedanken, der Sorgen des untätigen
Zweiten am Seil. Nun bin ich Seilerste und darf selbst tätig sein.
Und nun kann mir mein Kamerad das zurückgeben, was ich ihm
vorhin am Ebenstein gab: Sicherheit und Vertrauen. Bevor ich mich
hinausschiebe in den Quergang, rufe ich ihm noch zu: „Aufpassen!"
Beruhigend kommt seine Stimme zurück. Und so trete ich, doppelt
gesichert durch Seil und Kameradschaft, den schweren Gang an.

Langsam, immer wieder stehenbleibend, taste ich mich das Sims
entlang. Ruhig läuft das Seil nach. Wenn ich es berühre, ist mir, als
spüre ich die Lebenskraft des Kameraden darin. Aufatmend trete
ich in weniger steile Platten hinaus. Schnell und sicher folgt der
Kamerad, obwohl Querungen durchaus nicht sein Fall sind. Dann
steigen wir gemeinsam über sehr steile Schrofen auf den Grat hinaus.

Auf dem Mäuerlein des Gipfels hockend, geben wir uns die

---

* „Durchs Seil verbinden" in „Der Bergsteiger", 1924.

Hände — heiße, fiebrige Hände. Widerwillig würgen wir unseren Traubenzucker hinunter. Und dann krächzt der Kamerad aus trockener Kehle die rauhen Worte: „Blut geschwitzt hab' ich um dich da unten hinter der Kante." Es ist ihm genauso ergangen wie mir am Ebenstein. Und doch hat jeder dem anderen so viel Kraft gegeben — Kameraden!

Die Schaufelwand ist mein Kameradenberg geblieben. Ein andermal stiegen wir zu dritt über den rasigen, aber gefährlichen Westgrat auf. Martin, der eine meiner Begleiter, war ein Bergsteiger, mit dem ich einige Touren gemacht hatte, Gerhard, der andere, hatte noch keinen Berg vom Range der Schaufelwand bestiegen.

Als wir uns anseilen wollten, gestand Martin, das Seil in der Hütte gelassen zu haben. Wir gingen trotzdem weiter, weil Gerhard gerne auf den Berg wollte. Martin eilte voraus. Wollte er eine Dummheit mit der anderen totschlagen? Jedenfalls war ich an den entscheidenden Stellen mit Gerhard allein. Zu unserem Glück ging er ganz gut und unbeschwert. Ich ließ ihn knapp vor mir steigen, um ihn im Falle eines Sturzes halten zu können. Er hielt sich mit Vorliebe an lockeren Steinen oder saftigen Grasbüscheln an. Doch kamen wir ohne Zwischenfall zu den Kletterstellen des Gipfelgrates. Martin saß schon oben und kümmerte sich um nichts.

Nun wäre ich wirklich gerne umgekehrt; aber Gerhard war schon mit solcher Begeisterung in die Felsen gestürmt, daß ich ihn nicht mehr aufhalten konnte. Er hing so verbohrt im Gemäuer, daß es schon besser war, ihn hinaufzulotsen. Ihm hinabzuhelfen, dazu fehlte mir die Kraft. Trotzig schob ich ihn weiter. Diesem Martin wollten wir's zeigen! Aber plötzlich steckten wir alle zwei in einem Riß, aus dem wir weder hinauf noch hinab konnten.

Es folgten Augenblicke, die zu den schrecklichsten meines Lebens gehören. Gerhard flüsterte kraftlos: „Es geht nicht mehr weiter..." Damit brachte er auch mich aus der Fassung. Er schlug mit den Armen um sich und drohte, mich aus der Wand zu stoßen. Unter uns die Steilrinne, die über der Südwand ausläuft... Augenblicke, in denen man um das Leben kämpft... Augenblicke, in denen man nie geahnte Kräfte aufbringt. Wie eine Verrückte warf ich mich gegen den Fels und drängte Gerhard in den Riß zurück.

Ich sehe heute noch sein erstauntes Gesicht vor mir. Denn trotz meiner Anstrengungen wiederholte ich sinnlos den Satz: „Nein, es geht nicht mehr weiter!" Aber meine Hände umspannten den Riß wie Eisen, meine Schultern schoben und drängten trotzdem weiter, und kurze Zeit später saßen wir am Grat.

Ich habe Gerhard vorher nicht gekannt und ihn auch nachher nicht wieder gesehen. Aber er bleibt mein Kamerad — ein Mensch, der in unvergeßlichen Stunden mit mir gegangen ist und mit dem ich um unser beider Leben gekämpft habe. Zu Martin aber hatte ich das Vertrauen verloren. Er hatte als Kamerad versagt.

Gemeinschaftsfahrt am Fölzstein. Wir waren noch so bergfremd, daß wir einen Grat kaum von einer Schlucht unterscheiden konnten. Gedankenlos stiegen wir zu acht ein. „In der Rinne is no net einmal a Gams gwesn", brummte der Seilerste. Steine knatterten wie Trommelfeuer. Ich riß einen Steinblock aus der Wand, der so groß war wie ein Sofakissen, nur nicht so weich. Nachdem ich ihn mir zuerst fast selber auf den Kopf geworfen hatte, mußte ich ihn fallen lassen. Gerade unter mir stand Franzi und blickte ahnungslos zu mir hinauf.

Damals wurde mir zum erstenmal klar, was Kameradschaft ist. Franzi und ich konnten einander nicht ausstehen. Ich glaube, wir haßten uns sogar mit dem törichten Haß der Jugend, die das Andersgeartete nicht wahrhaben will. Aber wir waren Kameraden, in jener Fölzsteinschlucht miteinander verbunden auf Gedeih und Verderb. Der Stein fiel um Haaresbreite an Franzi vorbei.

Die Angst, die einer um den andern empfand und zeigte, war echt; herzlich und ehrlich der erste Händedruck, den wir auf dem glücklich erreichten Gipfel tauschten. Zwei Wesen, die anscheinend nichts miteinander gemeinsam hatten, verstanden sich mit einem Male. Das Wunder der Kameradschaft war geschehen.

Vieles noch könnte ich erzählen von Bergkameraden. Von meiner Freundin Grete, dem zarten Mädchen, die ihren schwerverletzten Gefährten auf dem Rücken zu Tal getragen hat. Von Menschen in den Bergen, die ihr letztes Stück Brot mit dem anderen, dem Fremden, teilten; die zu ihrer eigenen Last noch die des Kameraden tragen; die lieber Kälte leiden, als den Gefährten frieren lassen ...

167

Aber der Bergsteiger kennt es ja selbst und erlebt es immer wieder neu und beglückend, das Wunder der Kameradschaft, die der Liebe verwandt ist. Die letzte, vielleicht die einzige Brücke von Mensch zu Mensch . . .

ALLEIN

Der Tag hat ein heiteres Lächeln. Auf den Wiesen blüht das Habichtskraut, und dies allein schon stimmt mich froh. Mich entzückt die goldrote Farbe dieser Blume, ihr rundes Gesichtlein — wie eine kleine Sonne sieht sie aus! In tiefem Rosa steht der wilde Kümmel. Wie zarter Schaum liegt er über dem Gras. Dieses allerzierlichste aller Blütengespinste schwebt wie aus Wolkenduft gewoben über seinen derberen Schwestern. So erheben sich über unseren simplen Alltag ein paar feine Gedanken, liebevolle Gefühle oder hauchzarte Träume.

Viel Volk belebt den Polster. Ich habe Angst vor diesem Berg gehabt, vor den Massen, die der Lift emporschleust. Aber nun machen mir die vielen Menschen gar nichts mehr aus. Ich habe nämlich vorhin nur ein paar Schritte vom Wege getan. Da stand ich auf einmal inmitten eines ganzen Zauberkreises von Türkenbundlilien.

Nein, die Berge werden nicht entweiht durch Bahn und Lift! Man hat den Massen mit diesen Hilfsmitteln die Berge nicht nur geöffnet. Im Gegenteil: Man hat sie ihnen auch verschlossen! Denn Bahn und Piste beschränken die Allzuvielen auf kargsten Raum. Und diese vorgezeichnete Trasse verlassen sie nur selten. Gewiß, einzelne Gipfel sind auf diese Weise Allgemeingut geworden wie der Polster, der vor kurzem noch wenig begangen war. Und längs der „Trampelpfade" haben sich die Blumen zurückgezogen.

Aber geh einen Schritt nur abseits von diesen Wegen, tu einen Blick nur vom Allerweltsweg zur Seite: Da blühen die seltensten Blumen, da stehen die einsamsten Berge! Und die schönsten unter ihnen sind näher als du glaubst. Ja — sie sind gerade dort zu finden, wo Unmengen von Menschen täglich vorbeigehen . . .

Die Welt der Berge ist groß geblieben trotz Lift und Bergbahn; ja, sie ist größer geworden durch diese Beschränkung! Und sie ist uns Bergsteigern neu geschenkt worden.

Fahr hinauf mit dem Sessellift vom Präbichl zum Polster, der du die Bergbahnen verdammst! Du wirst die Berge ganz anders, ganz neu erleben: wie sich schon nach den ersten hundert Metern Fahrt die Gebirge machtvoll aus der Tiefe heben; der kantige Reichenstein, die rosigen Wände des Kaiserschild, der farbenglühende Erzberg und der schattenhafte Pfaffenstein. Wie das alles in Sekundenschnelle steigt und höher wird neben dir, und du sitzt in deinen Sessel gebannt und kannst nichts tun, als Zuschauer sein. Fast unheimlich ist dieses Aufwachsen der Berge, genauso wie dein Höhergleiten, zu dem du selbst nichts beiträgst.

Die Berge sind machtvoll, wenn du sie auf diese Weise erlebst.

Und dann steig ab von deinem bequemen Sessel und geh ein Stück mit den anderen längs des Bergkammes, der so traurig und abgewetzt aussieht. Schau zu, wie die Masse dahinzieht, ohne abzuweichen, als folge sie einem unsichtbaren Rattenfänger! Besieh dir das unheimliche Schauspiel dieses geisterhaften Menschenzuges genau.

Und dann such dir einen Berg in der Runde aus — deinen Berg. Jeder kann es sein außer dem Polster. Du wirst dort allein sein oder ihn mit wenigen Gleichgesinnten teilen und daraufkommen, warum uns das Zeitalter der Technik die Berge neu geschenkt hat. Warum uns Bergsteigern der ganze Bergraum mit Tausenden von Bergen, auf die niemals ein Lift führen wird, nun erst recht gehört.

Wie straff die Wiesen des Trenchtling zwischen die Grate gespannt sind! Wie grüne Leintücher. Ich finde eine Quelle im Krummholz. Berge und Blumen, ein kühler Trunk, ein Stück Brot — ein großes Glück kann darin beschlossen sein. Wenn nur eines von den vielen Kindern, die da über die Wiesen springen, die Herrlichkeit dieses einfachen Lebens entdeckt, so ist es gut.

Über den Hirscheggsattel wandere ich auf dem Steiglein gegen Neuwaldegg. Da steht die Eisenerzer Griesmauer über mir — einen

170

Schritt nur jenseits gebahnter Wege, dort, wo viele Menschen täglich vorbeigehen.

Durch eine Rasengasse steige ich auf. Unterwegs treffe ich einen Bergsalamander. Ich nenne ihn „Graf Bobby" und unterhalte mich längere Zeit mit ihm, bis er durch die Latschenwurzeln weitertatzelt. Ich wähle den Böhmweg, den leichtesten Anstieg zur Griesmauer. Er verlangt nicht sosehr Kletterei als sicheren Tritt und ist ausgesetzt.

In der Scharte höre ich plötzlich ein scharfes, schnalzendes Geräusch. Bleibe betroffen stehen. Ein Stein? Ich gehe weiter. Und wieder knallt es wie ein Peitschenhieb, daß es mich fast aus den Tritten wirft. Diesmal aber erkenne ich, daß es ein großer Vogel ist, der mit raschem Aufflug das merkwürdige Geräusch verursacht.

Meine Hand faßt den Rand einer Felsenhöhle. Mit den Fingerspitzen berühre ich etwas Warmes, Weiches: ein Nest! Wie ich die Hand vorsichtig zurückziehe, um nach einem anderen Halt zu suchen, streife ich noch etwas. Zwei Eier liegen im Nest. Dünnschalig und biegsam, wie mit flaumenweicher Seide überzogen. Sie haben noch die Wärme des Vogelleibes an sich. Und drinnen regt es sich schon, pocht ganz leise an die Schalenwand . . .

Als hätte ich etwas Verbotenes getan, ein Geheimnis erlauscht, ziehe ich mich zurück. Langsam gehe ich weiter wie unter der Last einer Erkenntnis, die dennoch beglückend ist.

Über die Schartenkehle steig' ich hinab in die steilen Schrofen der Südseite. Was für ein reizender, unmoderner Weg das ist! Er führt zum Gipfel auf die leichteste Art, schlängelt und schmeichelt sich schlau an ihn heran. Die „Alten", die ihn fanden, hatten Gefühl für Berg und Weg und Stil.

Rippen und Risse bringen mich von Süden her rasch zur Höhe. Wie ich aus einem Felsspalt ans Licht komme, steht in hellster Sonne ein leuchtend rotes Kohlröserl vor mir! Mißtrauisch beäuge ich wenig später das Gipfelbuch. Es hängt in einem Blechgestell, das mich an eine Guillotine erinnert. Das Fallbeil — der Außendeckel — fällt mir auch gleich auf die Finger. Aber der Inhalt des Buches versöhnt mich wieder. Die Eisenerzer Griesmauer ist ein feiner, einsamer Berg. Nur wenige Menschen sind es im Jahr, die ihren Gipfel ersteigen. Auf dieser schmalen Schwabenzinne finden sie, was sie suchen.

Auf einem weichen Grasteppich strecke ich mich aus. Über mir nur Himmel und leicht bewegte Wolken. Sommerwolken und Wind, Boote und Segel unserer Träume ... Nachdem die Masse der Sonnschienwanderer tief unter mir vorübergezogen ist, steige auch ich ab. Ganz leise und in den unmöglichsten „Stilarten" bewege ich mich in der Nähe der Scharte. Ich hätte ohne weiteres in mein Fahrtenbuch schreiben können: erste Begehung des Böhmkamins mit dem Kopf nach unten. Aber es ist mir gelungen, den Vogel, der geduckt in seiner Höhle saß, nicht wieder zu erschrecken!

In schier endlosem Auf und Ab zieht der Steig hinüber zur Sonnschienalm, einer der herrlichsten Wege im Schwaben. Die Berge haben grüne Rücken aus Krummholz, und das läßt sie bemoost und ehrwürdig erscheinen. Der Brandstein fährt auf über der Hochfläche wie ein stolzes Piratenschiff. In weiter Ferne erheben sich Ebenstein und Schaufelwand. Es ist, als starrten sie sich ins steinerne Angesicht, wartend und drohend.

Im Rückblick wird die Griesmauer zum scharfen Dreizack, so wild und kühn, daß man das Interesse Dr. Blodigs und seiner Gefährten wohl verstehen kann! Am felsigen Löwengesicht der Hörndlmauer vorbei, wo der Steig sogar versichert ist, komme ich zu den Hütten der eigentlichen Sonnschienalm; zur Mutter dieser Familie von kleinen und kleinsten Almkindern, deren Gesamtheit „die Sonnschien" ausmacht.

Es leidet mich nicht lange dort. Eine Musikkapelle vertreibt mich noch am späten Nachmittag auf die Berge. Einige hundert Meter weiter ist die Musik nur noch leise zu hören. Ja, sie erfreut mich sogar! Wie erträglich, ja erfreulich manches werden kann, wenn man nur den richtigen Abstand gewinnt!

Es ist eben die Art mancher Menschen, ihr Berggehen mit Lärm zu feiern. Es ist dies auch nur ein Beweis dafür, daß die Berge den Menschen verändern. Den einen machen sie still. Der andere jauchzt sein Glück hinaus. Der eine wird demütig, der andere übermütig. Viele werden unruhig. Das sind die, welche das Erleben jenseits des Alltags nicht gleich verarbeiten können. Da werden reife Menschen wieder zu Kindern. Vorige Nacht habe ich mich über einige Frauen im Schlafraum geärgert. Sie haben die halbe Nacht gelacht und gekichert. In der Frühe habe ich sie mir angesehen. Es waren weißhaarige Frauen, biedere und gewichtige Hausfrauen, denen es unten im Tale nicht im Traum einfallen würde, sich so zu benehmen! Aber am Berg sind sie anders. Sie gehen aus sich heraus. Sie sind „außer sich". Wie immer — der Berg verändert den Menschen.

Er macht auch mich anders. Vor kurzem habe ich meine Stellung verloren, an der ich mit allen Fasern meines Herzens gehangen hatte; habe mit Schrecken erkannt, daß der Boden, auf dem ich mein Leben gezimmert, auf einem Sumpf gelegen war. Ohne jeden Abstand zu diesen Ereignissen, zermürbt von seelischen Kämpfen, bin ich gestern in die Berge gekommen.

Und heute springe ich fröhlich durch die Kare, habe einen herrlichen Berg bestiegen und einen anderen noch vor mir. Bin Gesell und Gespiel von Berg und Baum und Blume, von Sonne, Wolken und Wind. „...Selig, wer sich vor der Welt ohne Haß verschließt..."

Ich trage den festen Boden meines Lebens mit mir.

Über den Polstersattel dringe ich vor ins Brünnerkar. Das ist ein tönender Name. Und es tönt und rauscht auch darinnen von den vielen, vielen Brunnen, die dem Kar dem Namen gegeben. Wasser, sprudelndes Wasser mitten im Sommer, in allen Formen — Adern und Rinnen und Läufe und ganze Wasserfälle! Auf einem Gamswechsel laufe ich hinab in den „Fenstertrog" und steige über Graswände hinauf zum Großen Griesstein.

Sein Gipfelgrat ist im Halbrund über die steinerne Stirne der Westwand und die Dolinen des Ostabsturzes gezogen. Feierlich brennt die Abendröte über dem Schwaben.

Und feierlich ist mein Gang über die Wölbung des Grates. Ich haste und hetze nicht mehr. Ich umschreite das Halbrund, die edle Hufeisenform der Gipfelkuppe. Dann stehe ich beim Gipfelbuch. Ich bin in diesem Jahr die erste auf diesem Berg. Zwanzig Besucher in 21 Jahren sind im Buche eingetragen ...

Weit und anstrengend, aber schön war heute mein Weg — von der zierlichen Klippe der Eisenerzer Griesmauer, von der elegantesten Spitze im westlichen Schwaben zum Großen Griesstein, seinem wuchtigsten Berg, der die gewaltigste Wand des Gebietes trägt.

Weit und schwer, aber schön war auch der Weg, den ich in mir gegangen: aus dem trüben Sumpf der Niederungen hinauf in die reinen Höhen der Berge!

IM KLETTERHIMMEL

Wenn ich eine Grundformel des menschlichen Lebens aufzustellen hätte, so würde sie etwa so lauten: Jeder Mensch lebt nach seinem eigenen Gesetz, das nur für ihn Gültigkeit hat. Die daraus abzuleitende Formel menschlichen Verstehens aber lautete: Es müßte nur eine allgemeine Bemühung auf der Welt geben — zu trachten, das Gesetz des anderen zu verstehen oder wenigstens zu achten.

Niemals gab es zwei ganz gleiche Menschen auf der Welt, niemals wird es sie geben. In jedem wirkt das Leben anders, jeder sieht die Welt mit seinen Augen. Glück und Unglück, Schönheit und Häßlichkeit sind für jeden etwas anderes. Jeder lebt sein Leben, wie sein Gesetz es befiehlt. Da wir das Gleiche niemals finden können, suchen wir wenigstens nach dem Ähnlichgearteten. Wir Bergsteiger haben da den anderen Menschen etwas voraus, einen gemeinsamen Nenner sozusagen, auf dessen Basis wir einander besser verstehen können: die Liebe zum Berg.

Doch auch in den Bergen scheiden sich die Geister! Was dem einen gefällt, muß der andere längst nicht schön finden. So hat jeder sein persönliches Bergparadies, seinen eigenen Kletterhimmel. Und es ist gut so! Wo kämen wir denn hin, wenn wir alle nur einen einzigen Himmel hätten? Wo blieben die begeisterten Schilderungen und Debatten, wo bliebe das Mitgehen, das Einfühlen in den anderen? Nein — unsere Welt ist schon ganz richtig eingerichtet.

Mein Kletterhimmel im Schwaben sind die Griesmauern. Ich habe lange nach ihm gesucht. Manchmal kam ich mir dabei etwas undankbar vor. So viele schöne Fahrten hatte ich schon erlebt!

Sollte ich nicht jede als Ganzes nehmen in ihrer unvergleichlichen Eigenart? Das hinderte mich aber nicht, mir in Gedanken doch immer wieder die ideale Fahrt zusammenzustellen. Da müßte der Mitteralpenturmkamin her und ein ordentliches „Trumm" aus der Schwaben-Südwand, ein gewisser „sanfter" Riß vom Buchberger Beilstein, das blaue Plattenband aus der Ebenstein-Westwand und ... und ...

Bevor ich aber noch in Gefahr kam, die ideale Fahrt selbst vor lauter Träumen zu übersehen, bin ich den Griesmauern begegnet. Der Fledermausgrat ist ihr Herold. Er steht am Eingang in ihr Reich. Für mich war sein Anruf nicht zu überhören!

Fledermausgrat — das ist ein ungewöhnlicher Name! Er klingt ein bißchen düster und moderig, nach zerfallendem Gemäuer und unheimlichen Schlurfen in dunklem Gestein. Und doch ist der Fledermausgrat das gerade Gegenteil: blaukantiger Kalkfels unter freiem Himmel, von Luft und Sonne umspielt! Von Fledermäusen, diesen Unterweltstieren, keine Spur! Der Name soll von einem Schneefeld herrühren, das die Form einer Fledermaus hat. Wir haben es nie ausfindig machen können. Viel sinnvoller wäre es, man hieße den Grat nach seinem Ersteiger den Frischauf-Grat! Das wäre der rechte Name für diese Himmelsleiter.

Der Zugang zu meinem Kletterhimmel ist einfach. Über die Blumenwege der Handlalm oder des Polster wandert man dahin. Man könnte sich sogar eine „vornehme" Auffahrt leisten: mit dem Lift über den Polster. Wie man es auch halten will, mit der alten oder der neuen Zeit: Es gibt keinen Einstiegsschinder.

Es gibt auch kein Suchen nach dem Berg. Frei und übersichtlich baut sich alles auf. Der Fledermausgrat und seine Türme sind die bekanntesten und am meisten begangenen Kletterwege im westlichen Schwaben. Vielleicht sind sie sogar die beliebteste Kletterei in unserem Gebirg. Keine Sorge, daß der Grat überlaufen sei! Es verteilt sich alles ganz schön. Wir sind ja im Himmel: Dort will man auch nicht ganz allein sein.

Auf schmalem Weglein geht es an den Grat heran. Das ist der Einstieg: ein Plätzchen zum Anseilen; nicht gerade bequem, aber wir wollen ja klettern und nicht ruhen; noch nicht ausgesetzt, aber

176   *Untere Dullwitz*

auch nicht mehr für jedermann zugänglich. Über Schrofen baut sich der Einstiegsriß hinaus. Das ist ein merkwürdiges Ding: ein viereckiger Block, von einem Riß gespalten. Er schaut aus wie — ein Nachtkastl. Man kann ihn nicht ganz ernst nehmen. Zudem schwebt er knapp über dem Boden. (Außerdem kann man ihn auch umgehen!) Also ein gemütlicher Anfang.

Dann bewegt man sich in „aufgelöstem" Gelände über Bänder und Rinnen. Ein Stemmkamin klafft auseinander. Das Muster eines Kamins: unten glatte Wände, oben hübsche Tritte zum Aussteigen. Das Ganze nur einige Meter hoch. Danach legt sich der Kamin, vorzeitig müde geworden, zur Schlucht um. Sehr beruhigend! Es ist immer kühl dort. Dann ein Turmkopf, eine Scharte. Kurzer Abstieg, Block und Quergang. Für Abwechslung ist gesorgt. Das ist ja das Herrliche an diesem Fledermausgrat: Es ist „alles drin", wie die Kletterer sagen. Und alles im kleinen, ohne dabei aber niedlich zu sein. Nichts Heroisches. Keine Ballade. Ein schlichtes Lied im Volkston.

Fast unmerklich strebt die Führe nach dem Block ihrem Höhepunkt zu. Hätte ein Mensch den Fledermauskamin geschaffen, man müßte ihn Meister nennen! Wie das besinnlich beginnt, hineinführt als freundliche Rampe mit großen Griffen und Tritten; wie es dann kaum spürbar steiler wird, wie die Haltepunkte spärlicher werden, wie sich die offene Wand schließlich aufrichtet, zum Kamin wird, zum glatten Riß, in dem man sich hochschiebt von Absatz zu Absatz; in welch wohlausgewogenem Übergang schließlich gestuftes Gelände gerade dort ansetzt, wo man es schon herbeiwünscht — das ist vollendet. Und wie einen im großen Kamin immer das Gefühl der Geborgenheit begleitet bei aller Luftigkeit!

Vom Grasgipfel des nächsten Turmes an weist alles — wieder meisterhaft eingerichtet — nach abwärts. Ja, es ist wirklich alles drin in diesem Grat, was sich ein Klettererherz nur wünschen kann! Sogar eine Abstiegsstelle, wie sie an Hochschwabgraten recht dünn gesät sind. Vorher aber kommt noch ein Hangelgrat. Das ist mir der liebste Platz in meinem Kletterhimmel.

Jeder geht dort anders. Manche rutschen am Bauch hinab, was gefährlich aussieht. Ich sah auch einmal ein Mädchen sitzend über die Platte abfahren wie auf einer Wasserrutsche. Vielleicht ist sie deswegen so glatt poliert? Ich nehme sie „mit Piaz". Ich fasse die Kante mit beiden Händen und stemme mich mit den Füßen ab. Wie im Walzerschritt drehe ich mich hinunter: Schritt — Tritt — Stand, Schritt — Tritt — Stand . . .

Eine schmale Scharte folgt, ein guter Sicherungsplatz für das Kommende. Doch man steigt nur wenige Meter hinab an den ausgebauchten, knifflichen Felsen. Man muß dort schon ein bißchen denken und kombinieren. Ein Muster von einer Abstiegsstelle. Dann kommt das „echte" Schwabengelände: Platten und Rippen, fein durchwachsen von Gras. Noch ein Spreizschritt um eine Ecke! Und über niedrige Wandstufen geht es beliebig dem Gipfel zu.

„Beliebig" ist auch das Stichwort für das ganze Gebiet meines Kletterhimmels. Man kann dort gehen, wie und wo es einem gefällt. Die Griesmauern sind keine Wand, in der es nur ein starres Hinauf oder Hinab gibt. Sie sind ein langgezogener Grat mit Runsen und Falten, Türmen und Schneiden und verborgenen Winkeln. Man kann, wenn man Lust hat auf würzigere Kletterkost, von Anfang an alle Türme über den sehr schwierigen Hornweg gewinnen. Man kann aber auch durch verschiedene Scharten zu den einzelnen Türmen gelangen. Man kann den Fledermauskamin gegen einen noch schwierigeren „austauschen", könnte aber auch vor beiden vorher noch auskneifen!

Man kann im wüsten, sehr „paprizierten" Häntschlriß zur Höhe turnen; man kann auch den obersten Gipfelgrat ganz einfach „auslassen". Man kann die plattigen Seitenwände der Grate erkunden; man kann, wenn einem die erste Spitze des Griesmauernzuges nicht genügt, weiterklettern über den Mittelgipfel, die T.A.C.-Spitze, und über den langen Rücken hinüber zur einsamen Eisenerzer Griesmauer.

An den Griesmauern kann man alles machen, aber man muß nicht. Und das ist das Schöne daran! Man ist nicht ausgeliefert, ja, nicht einmal gebunden, wenn man einmal im Fels ist. Es ist alles sozusagen unverbindlich. Man hat freie Wahl. Die Griesmauern sind Berge, die die Phantasie anregen und ihr Spielraum lassen.

Manche nennen die Griesmauern, obwohl alle drei Spitzen über

2000 Meter hoch sind, einen Klettergarten. Warum auch nicht? Warum soll nicht auch der Schwaben seinen Klettergarten haben? Ein steinerner Garten, das ist ein sehr schöner Vergleich. Ein Garten ist etwas Gepflegtes. Auch die Felswege der Griesmauern kann man gepflegt nennen, sie sind abgeklettert und ausgeputzt durch viele Begehungen.

Ein Garten, das ist etwas Heimeliges, Begrenztes, Umzäuntes, zum Unterschied von den freien Feldern und Wiesen. Ein Garten ist nicht groß, man verirrt sich in ihm nicht wie im wilden Wald. Man behält immer die Übersicht. Gartenarbeit ist auch nicht so schwer wie Feldarbeit. Sie behält immer etwas Spielerisches.

Warum sollen wir nicht auch einmal in den Bergen spielen? An den Griesmauern wird ernste Kletterarbeit zum frohen Spiel. Die Griesmauern, der steinerne Garten des Schwaben. Ein Garten Eden — ein Paradies — ein Kletterhimmel!

BERG OHNE EIGENSCHAFTEN

Der Zagelkogel ist der zweithöchste Gipfel im Schwaben. Er ist ein ganz unauffälliger Berg. Man könnte ihn den „Berg ohne Eigenschaften" nennen. Er hat weder eine besondere Gestalt noch schöne Wanderwege, noch großartige Felsabbrüche. Deshalb findet weder der Wanderer noch der Bergsteiger, noch der Kletterer etwas an ihm. Obwohl der Weg von der Häuselalm zum Schiestlhaus knapp an seiner rasigen Gipfelkuppe vorbeizieht, ist er doch einer der einsamsten Schwabengipfel.

Wohl fände sich bei genauer Betrachtung gewiß auch ein Kletterweg auf den Zagelkogel. In seinem Bereiche steht z. B. ein wilder Turm aus rotem Fels, der den eigenartigen Namen Labenbecher trägt. Doch selbst dieser nicht zu übersehende Vorbau ist unbekannt. Zu nahe ist die prunkende, prangende Stangenwand, neben der die nächste Umgebung übersehen wird.

Auf dem Zagelkogel, dem Berg ohne Eigenschaften, trifft man ganz bestimmt keinen Menschen. In dieser Bergeinsamkeit kann man nur eines finden: sich selbst. Auf den Zagelkogel steigen nur zweierlei Arten von Menschen: Einsame und Spezialisten, denen es um den Schwaben als Ganzes geht. Ich habe einmal beides miteinander verbunden. Ich wollte alle wichtigen Schwabengipfel kennenlernen. Überdies hatte ich mit mir selbst etwas auszumachen. Da kam mir der Zagelkogel gerade recht.

Die Sennerin von der Trawiesalm, als dichtendes Original bekannt, rennt mir laut schreiend nach, wie ich vom Weg abbiege. Sie glaubt wohl, ich hätte mich vergangen. Doch ich bin so schnell über die Schrofenstufe verschwunden, daß ihr vor lauter Verwunderung die Stimme wegbleibt. Dann ist es endlich ruhig um mich.

In tiefem Sinnen steige ich das Bogenkar hinauf. Vom Wetzsteinkogel gehe ich den grasbewachsenen Kamm weiter gegen den Gipfel. Nebel fällt ein. Die rötliche Felssäule des Labenbecher schwebt über mir im Dunste. Steigt auf und verschwindet wieder, so wie der Nebel zieht. Auf einem Schrofentritt stehe ich lange Zeit und zögere. Fast will ich wieder umkehren. Es ist ein so unentschlossener Tag heute. Aber dann straffe ich doch den Fuß und greife höher. Die Entscheidung ist gefallen. Ich blicke nicht mehr zurück.

Ich sehe aber auch nicht nach vor! Der Nebel hat alles verschlungen. Auch der Labenbecher, der mir als Wegweiser gedient, ist verschwunden. Ich weiß, daß ich nicht mehr auf der Route bin. Doch das Gelände ist nicht schwierig. Bei einem Wetterloch, aus dem eisiger Hauch quillt, mache ich Rast. Im Weitergehen fällt mein Blick auf einen Stock, der am Boden liegt. Ein Hirtenstock, wie ihn die Halter haben. Die Rinde ist in Spiralen kunstvoll abgelöst. Ich betrachte den dicken Knauf und pralle fast zurück. Ein Gesicht blickt mich an. Grob geschnitzte, einfache Züge und doch abschreckend häßlich wie eine Teufelsmaske. Ein uraltes Gesicht, uralt wie das Böse selbst. Wer hat es geschnitzt? Ein Wahnsinniger? Oder nur ein Einsamer am Berg, der vieles sieht, was andere nicht sehen?

Ich möchte den Stock ganz gern mitnehmen, er ist ein Kunstwerk. Aber dann werfe ich ihn weit von mir. Zu böse ist das Gesicht, das mir nachblickt. Vielleicht ist ein Zauber darauf?

Über Schrofen erreiche ich den Gipfel. Der Nebel ist zu Tal gesunken. Das Wetterloch mit dem Zauberstab ist darin verschwunden. Ich habe den Zagelkogel kennengelernt, meinem Schwabenmosaik einen neuen Stein eingefügt.

Und die Sache, die ich mit mir auszumachen hatte, ist auch bereinigt. Man muß das Böse von sich werfen wie jenen unheimlichen Hirtenstab.

FREUDE IM FELS

GELIEBTE HOCHSCHWAB-SÜDWAND

Es ist ein wilder Schwung und Schwall von Platten, ein fließender Fall von Felsen, der sich vom Hochschwab und vom Kleinen Schwab nach Süden hinab ergießt. Man begreift bei seinem Anblick sogleich das seltsame Wort von der Wandflucht. Das zieht und fließt in einem dahin, eine Heerschar von Felsen vom Ghackten bis zum Rotgang. Nur 300 Meter hoch, zwei, drei Kilometer lang. Und dennoch: eine große Wand. Eine Einheit ist darin und eine Geschlossenheit, die sie über andere erhebt.

Eine Wand, groß in den Zügen, im Absturz und an dessen Begrenzung. Da drängt es leise an von Ost und West, und in der Wandmitte tritt es feierlich vor. Schöne Linien, die sich an den Kanten der Hochfläche wiederholen. In wundervollem Ebenmaß streben sie auf zur Höhe des Gipfels. Eine reine Form. Ein Stirnreif aus Fels. Die Krone des Hochschwab.

Die Wand ist weiß. So weiß, daß einem die Augen wund und weh werden können von ihrem Geleucht. Und auch das Herz kann wund und weh werden bei ihrem Anblick.

Eine stolze Wand! Sie ist nicht immer da für ihre Bewerber. Im späten Frühling noch, wenn die Kletterzeit schon begonnen, hält sie ihren Winterschlaf. Längst schon haben die anderen Schwabengipfel ihre Daunen von sich geschüttelt. Sie aber ist noch tief darin vergraben. Bis in den frühen Sommer hinein trägt sie den Schleier der Wächten. Weit über die Wände laden die Schneegebilde aus, und der

Wind fängt sich in ihnen und singt ein seltsames Lied. Für eine Südwand benimmt sie sich reichlich merkwürdig. Sie ist eben eine feine, besondere!

Im Sommer dann hat sie andere Methoden. Da führt sie ihre weißen Platten, ihre südliche Lage, ihre ungegliederten Flanken ins Treffen. Schattenlose, wasserlose, gnadenlose Südwand!

Im Herbst aber zeigt sie sich plötzlich gewogen. Der Herbst ist ihre Zeit. Spät im Jahr, wenn stille Sternennächte in kühle, überirdisch klare Morgen übergehen; wenn auf den Wiesen unter der Wand der blasse Enzian des Herbstes seine violfarbenen Flämmchen entzündet: dann ist die Zeit der Hochschwab-Südwand gekommen.

Der Schwabenherbst spielt ein Spiel mit uns, das wir gerne mitmachen: das Spiel vom Sommer. Doch mag die Sonne gluten! Sie sengt uns nicht, sie wärmt nur noch. Und treulich gibt der Stein die Wärme wieder.

Dann steigt hinauf, Berggefährten, empor durch die Wand, greift den griffigen Fels, geht über prachtvolle Platten, fühlt es bei jedem Schritt: Euer Weg ist köstlich und schön. Mehr als 20 Kletterwege sind es nun schon, die die Wand durchziehen: jeder einzelne eine Begehung wert! „In dieser Wand ist alles schön!" hat mir einmal ein Bergsteiger gesagt, der ihre Geheimnisse kennt.

Nehmt in der Südwand Abschied von einem Jahr in den Bergen! Sie ist zum Abschiednehmen grad die Rechte; sie macht es euch schwer und doch leicht: Sie fordert nicht Kampf, wenn ihr euren Weg bedachtsam wählt. Sie ist Freude im Fels. Und macht euch damit den Abschied so schwer, daß ihr wiederkehrt. Und das wollt ihr ja. Das ist doch der Sinn des Bergsteigens: die Wiederkehr. Das Immerwiederkommen, solang uns die Füße noch tragen ...

Wenn ihr dann aussteigt über den Felsenrand, seid nicht enttäuscht, daß dieser Berg eine Wiese trägt statt eines Felsgipfels. Wie oft findet man denn schon das Ideal eines Berggipfels, auf dem man sich nur im Reitsitz behaupten kann, die Beine in der blauen Luft?

Gerade das aber erscheint mir am Schwaben so schön: heraufzukommen aus der Tiefe, Körper und Seele noch im Aufruhr des eben Erlebten — und danach auf festem Boden zu stehen und im warmen, wolligen Gras der Gipfelwiesen zu ruhen!

Schließt die Augen zu, und gebt euch auf diesen Wiesen der Ruhe hin! Wir leben nun einmal zwischen der Unrast des Wanderns und der Seligkeit der Rast. Nach der Südwand mögt ihr getrost ruhn. Nach solchen Wegen stürzt ihr nicht wie Steine in den Brunnen eurer Müdigkeit. Es ist ein Gleiten wie in eine weite Schale, die Stille birgt und eine milde Helligkeit. Ein sachtes Sinken in die seligste aller Rasten am Berg: die Gipfelrast.

Eines noch wünsch' ich euch auf den Weg: Möge euch die Südwand solches Erleben schenken wie mir. Vergeßt es nicht: Der Herbst ist ihre Zeit!

AUFTAKT: DAS GHACKTE

So waren diese Siebzehnjährigen früherer Zeiten: Den beiden Mädchen erschien die Fahrt zum Bodenbauer wie eine Reise; das Übernachten in einem eigenen Zimmer war ein aufregendes Erlebnis, von dem sie noch lange sprachen. Sie wachten am nächsten Morgen in einer fremden Welt auf. Der Waldrücken des Reidelstein sah zum Fenster herein mit seiner schön geschwungenen Rundung; Felsen darüber, im Nebel, ohne Anfang und Ende, sinnlos zwischen Himmel und Erde hängend. Aber dies erschien ihnen mehr verständlich als das Leben im frostigkalten Haus. Es regnete. Auch dies nahmen sie gleichmütig hin.

Die Mädchen wanderten durch die feuchten Strähnen in die Trawies. Ungeachtet der Nässe warfen sie sich neben dem ersten Petergstamm ihres Lebens zu Boden, um diese gellend gelbe Wunderblume genau zu betrachten. Den nassen Schnee mußten sie in den Händen spüren, ob er auch echt sei. Gedankenlos wie junge Tiere stapften sie weiter im Schnee.

Sie verloren die Markierung, die Richtung, eine Fahrkarte und eine Proviantdose, aber nicht den Mut. Das heißt: Sie wußten gar nicht, was Mut ist. Sie wollten an diesem Tage den Hochschwab ersteigen. Und sie taten es. Wenn man siebzehn ist, hat man eine Kaltblütigkeit und Unerschütterlichkeit an sich, von der man selbst nichts weiß und die man später wieder verliert.

Die beiden hatten keine Vorstellung vom Ghackten, jener steinernen Riesentreppe am Rande der Hochschwab-Südwand, über deren Versicherungen schon Tausende hinaufgestiegen sind zur Kuppe des Schwaben. Sie bekamen es auch gar nicht zu sehen. Nach Jahren sollten sie dann sehr erstaunt sein, wie dieses Ghackte eigentlich beschaffen war: ein hohes Steiglein, im Fels, in Ketten und Eisen geschlagen.

Für sie war das Ghackte eine Schneerinne, die sich ohne Ende im Nebel verlor. Sie banden die nassen Kleider auf und stiegen hinein ins Nichts. Stufe um Stufe traten sie in den grauen Firn. Sie glitten aus und fanden wieder Halt und stiegen die verlorenen Meter kichernd wieder hinauf. Ein großartiger Spaß! In den rauhreifstarrenden Felsen packte sie der Wind und zerrte sie herum wie zwei gerupfte Hühnchen. Sie fielen zu Boden und standen wieder auf, wanden ihre Kleider aus, putzten sich den Schnee aus den Ohren und gingen unverzagt weiter. Dann blies der Wind ein Loch in den Nebel, und sie sahen das Schwabenkreuz.

Da fielen sie in die Knie. Ich glaube aber kaum, daß es aus Andacht geschah! Sie waren ein bißchen müde, und der Sturm war mächtig. Sie rutschten auf allen vieren weiter, und kniend näherten sie sich dem Gipfel.

Der Wind riß ihnen die Regenmäntel vom Leibe. Aber sie hatten den Gipfel erreicht. Es war das einfachste auf der Welt: Man hört von einem Berg, bestenfalls sieht man ihn vorher, auf jeden Fall aber besteigt man ihn. Den Siebzehnjährigen erscheint alles selbstverständlich, was sie tun.

Dann packten sie ihre mageren Rucksäcklein, aus denen sie hartes Brot mit einer Handvoll Schnee gegessen hatten, und sprangen bergab. Sie schlugen Purzelbäume, wenn ihnen ein Hang zu flach zum Gehen erschien; an steileren Flanken fuhren sie, auf den Rucksäcken sitzend, quietschend vor Freude ins Ungewisse. Es machte gar nichts, daß sie im Eifer einige Male über Felsabsätze hinausflogen! Eine ganze Kompanie von Schutzengeln muß ihnen das Geleit gegeben haben.

Achtlos liefen sie über den verschneiten Ochsensteig, die Fölz — was da für komische Felsen aus dem Boden sprießen, wie ein Garten-

zaun — hinab in den Fölzgraben. Um drei Uhr nachmittags waren
sie schon in Aflenz.

Glaube keiner, daß die Fahrt große Eindrücke in ihnen hinterlassen hätte! Sie protzten höchstens vor ihren Schulkollegen damit.
Aber in Aflenz trauten sie sich nicht, in ein Kaffeehaus zu gehen.

So sind Siebzehnjährige. Das Normale erscheint ihnen unver-
ständlich und schwierig, das Ausgefallene und Gefährliche natürlich
und unbedenklich.

VERWIRRUNG: DOMÈNIGGRINNE

Die „Domènigg" ist der erste, der klassische Durchstieg in der
Schwaben-Südwand, noch vor der Jahrhundertwende begangen,
einst ein Markstein in der Erschließungsgeschichte des Schwaben.
1893 begann mit ihr die „moderne" Richtung der damaligen Hochschwabkletterei. Ein Rinnensystem, vom Trawiessattel nur als feiner
Strich in der Wand zu sehen, mündet sie zwischen dem Kleinen
Schwab und dem Hochschwab.

Es sollte Ehrensache jedes Schwabenkletterers sein, diesen Weg
einmal zu begehen. Wenn er den Heutigen auch nur leichte Kletterei
ist, so darf doch nicht vergessen sein, unter welchen Mühen und
Zweifeln seinerzeit die Erstbegehung gelang! Wie diese Südwand
sogar einem Emil Zsigmondy, einem Markgrafen Pallavicini für einen
Durchstieg zu gefährlich schien und wie sich Karl Domènigg erst
den Hochschwabführer Markus Pierer für seine Fahrten erziehen
mußte ...

In Domèniggs Buch „Ein Bergsteigerleben" ist mit altväterischer
Würde die Geschichte dieser Durchsteigung niedergeschrieben, ein
Dokument aus einer uns schon sagenhaft gewordenen Zeit. Und
schon mancher, der „nur die Domènigg" auf seinem Programm gehabt hat, mußte dem alten Meister des Schwaben etwas abbitten.
Ich kenne Kletterer, die den Winkelkogelpfeiler ohne weiteres meisterten. Den richtigen Einstieg zur „Domènigg" aber haben sie nicht
gefunden! Manche geraten in die weit schwierigere Führe von Schet-
tinz und Seewann. Andere wieder stehen erstaunt vor der Wandstufe in der Hauptschlucht. Ich habe dort sogar einmal einen Haken

stecken sehen. Was wohl Vater Domènigg im Bergsteigerhimmel dazu sagt?

Auch mir hat sein Weg einmal Verwirrung gebracht. Wir hatten im Aufstieg nicht den Originalanstieg begangen, sondern die Weg-änderung Czegka. Wir hatten viel Spaß an diesem „schrägen Ding" gehabt. Bis in die Schlucht hinauf aber erschien uns alles recht luftig. Das hatten wir nicht erwartet. Leise begann sich in uns Bergsäug-lingen eine Ahnung zu regen, daß auch die „alten Germanen", wie wir Domènigg und Zeitgenossen damals gar respektlos nannten, ganz gut im Fels gewesen sein mußten.

Am Gipfel drehten wir allsogleich um und begannen den eben begangenen Weg wieder hinabzusteigen. Nun wollten wir die ganze „Domènigg" kennenlernen! Bald standen wir vor der bewußten Stufe. Fast überhängend erschien sie uns im Hinabsteigen. Den Mauerhaken übersahen wir vornehm. Doch in einer gewissen Un-sicherheit, in die er uns versetzte, nahmen wir das Seil, das wir bis-her nicht gebraucht. Vorsichtig hoben wir uns die schöne Rinnen-reihe hinab. Wir fanden keine Schwierigkeiten. Doch als wir am Einstieg saßen, hatten wir Achtung vor den „alten Germanen" be-kommen!

Es war im Juli, Mittagszeit und mörderisch heiß. Wir hatten unser Gepäck am Wandfuß an einer Stelle hinterlegt, die wir bald wiederzufinden gedachten. Doch wir hatten nicht mit der sommer-lichen Südwand gerechnet!

Weiß, unerträglich weiß leuchten die Felsen. Wir irren halb ver-durstet und geblendet umher. Roglichtes Geröll und Karrenkanten. Eine Wüste im Fels. Wir finden morsche Seilreste und einen abge-brochenen Hammerkopf mit unheimlichen Rostflecken. Unsere Rucksäcke finden wir nicht.

Hoch über uns, am Güntherweg, steigen drei Menschen zur Höhe. Die „Günther"! Was muß das für ein Himmelsweg sein! Von der Bucht der prallen Wand heben sich die Kletternden so in die Luft hinaus, daß man dazwischen den dunkelblauen Himmel sieht. Ich starre hinauf, bis das Weiß der Wand wie mit Messern in meine Augen schneidet. Mein Kamerad sitzt unter einem Felsblock, die Hände über das Gesicht gepreßt.

Wir haben gewußt, daß es Schneeblindheit gibt. Daß man aber auch felsblind werden kann, das hat uns erst die Südwand des Schwaben gelehrt.

Wie die Schmerzen der Blendung langsam milder werden, ist auch bald das Gepäck gefunden. Über die grasigsanften Böden der Karlalm schlendern wir hinaus. Ich spüre die Südwand im Rücken wie eine Berührung. Ich wende mich nicht um wie sonst nach den Bergen, die ich bestiegen.

Wie wir aber hinabtauchen über die Grasbuckel der Hochweiden zu den kühlen Gründen der Fölz, da seh' ich mich doch einmal verstohlen um. Verwirrung und Blendung hat die Südwand mir heute beschieden. Doch über all dem starken Erleben steigt, zaghaft und kaum erkannt, nebelhaft fern eine Erinnerung auf. Da war doch etwas ... mit dem Güntherweg?

Und wie wir uns das mit knisternden Nadeln gepolsterte Steiglein von der Zerbeneckalm hinabdrehen zur Traumwiese, hat der Gedanke schon Gestalt gewonnen. Die „Günther" müßte man gehen, die begehrte Fahrt in der Hochschwab-Südwand!

Güntherweg! Das Herz pocht schon höher, wenn man den Namen nur hört! Aber der Kopf bleibt kühl. Du arme, kleine Anfängerin, die sich vom Domèniggweg schon verwirren ließ, versteigst dich so hoch? Zur „Günther", von der im Schwabenführer steht, sie sei äußerst schwierig?

Der Kopf ist kühl. Aber ein Bergsteigerherz ist heiß.

Kaum ein Jahr später war die „Günther" mein.

SELIGKEIT: OBERSTEINERWEG

Vier selige Seillängen lang steigen wir an Tritten und Griffen empor, die wie auserlesen und uns zu Ehren weißgescheuert sind. Wir übersehen die Schlüsselstelle völlig.

Daß es das gibt: daß man sich fühlt, als schwebe man droben am Himmel, schwerelos, den Wolken gleich ... Daß es das gibt: daß man den Fels nur mit den Kuppen der Finger und den Spitzen der Zehen berührt und das eig'ne Gewicht nicht mehr spürt?

Daß es das gibt: inmitten der lotrechten Platten ein Band, auf dem man aufrecht gehen kann — nein — über das man tanzen muß! Langhaarige Grasschöpfe hängen herab wie die Nelkenranken an den Fenstern der Bergbauernhöfe. Und nun zum Überhang, der das Band beschließt!

Ein Überhang, an dem man herumkrabbelt wie eine Ameise am Bauch eines Riesen. Ein Felsenschild, wie Glas so glatt. Daß es das gibt: daß man diesen Überhang, diesen Riesenkerl, diesen Nabel der Südwand, mit einem einzigen Griff anpacken und überwinden kann!

Wir haben den Griff getan und sind „draußen", in den Schrofen, und jubeln und singen uns zum Gipfel hinauf. Eine Fahrt, die ein einziges Jauchzen war! Zu dritt haben wir kaum eine Stunde gebraucht.

Daß es den Obersteinerweg gibt, macht allein schon die Südwand liebenswert.

ERFÜLLUNG: GÜNTHERWEG

Der Wunsch war heiß, doch die Erfüllung war kühl. Erst die Erinnerung vermochte Wärme zu spenden.

Wieder stand ich vor der Südwand. Der Sommermorgen war kalt, und auch ich war kühl bis ans Herz hinan. Am Einstieg fröstelte ich, wo ich hätte glühen müssen vor Erwartung. Ich hatte mich überfreut. Ohne jede Regung betrachtete ich den großen Kamin, der sich öffnete wie eine feuchte Wunde im Berg. Ich sagte mir selbst vor: Du bist in der „Günther", in jener Fahrt, von der du monatelang geträumt. Sagt dir das gar nichts? Nichts war in mir, das Antwort gab. Nur eine große Leere. Die Kühle der Erfüllung, die fühllos macht.

Man hatte mir viel vom Güntherkamin erzählt. Ich fand nichts daran. Exakt wie ein Zinnsoldat exerzierte ich hinter meinem Kameraden Ottl Krajnc durch den Schlund hinauf. Der Ausstieg erschien mir wie ein Flaschenhals, dem wir mit unserem „Auftrieb" entschwebten wie zwei Korken auf einer Champagnerkaskade.

Nichts konnte mich erschüttern. Weder mein blutender Rücken, den ich einem beim Stemmen verschobenen Seilknoten verdankte; noch Ottl, dem eine der Schlüsselstellen zu leicht erschien und der an einem Überhang herumwerkelte, der aussah wie das Dach eines Sonnenschirms — so ausgezackt und auch so ausladend. Noch weniger, daß es bald zu regnen begann und wir den größten Teil der Wand fast hinaufliefen.

Nur eines verwunderte mich: was war das für ein unvergleichlich rauher Fels, in dem man trotz Regenglätte und der abgeschliffenen Schuhsohlen nicht ausgleiten konnte? Am meisten aber hat mich die Tatsache hergenommen, daß die Pfirsiche, mit denen ich meinen Kameraden am Gipfel erfreuen wollte, im Kamin „mitgestemmt" hatten. Es waren nur noch die Kerne da.

Am Gipfel oben, angesichts der blaustrahlenden Augen meines Gefährten, wich die Kühle schon einer leisen Regung des Glücks. Und als wir in kalten Regenschauern das Ghackte hinuntersprangen, war die Freude ob der gelungenen Fahrt schon wie ein immerwährendes Feuer in mir.

RÜCKZUG: KLOSEWEG

Südwand, unbekanntes Land! Wir hatten den Kloseweg entdeckt. Seine Begehungen waren noch an den Fingern einer Hand abzuzählen. Im westlichen, höchsten, selten betretenen Teil der Südwand ist er zu suchen, vielleicht der schönste aller Südwandwege mit seiner herrlichen Plattenkletterei. Fast zu schön, um wahr zu sein!

Doch alles Übermaß an Schönheit birgt Bitternis auf seinem Grunde. So auch der Kloseweg: Eine Verschneidung prüft jeden Eindringling in dieses Schlaraffenland der Kletterer. Und wie sie ihn prüft! Doch wer sie zu überwinden weiß, der geht ein über sie in ein gelobtes Land.

Wir saßen unter der „überaus schwierigen" Stelle. Bis dorthin hatten wir einen mühelosen Zustieg zur Südwand begangen und waren rauhe Karrenplatten und Rampen emporgestürmt, an einem Felsschacht vorbei, der ins Innere des Berges führt.

Wir waren wie verzaubert. Nur noch die Schlüsselstellung war zu erobern. Dann war der herrliche Kloseweg unser!

Wir befanden uns auf einem geräumigen, geradezu lauschigen Band. Zu einer Seite glatte Platten, deren Ende nicht recht abzusehen war; zur anderen das kleine Dach der Verschneidung. Ich ließ mich mit dem Gefühle vollkommener Sicherheit auf dem Band nieder, ergriff das Seil und harrte mit wohltemperierter Spannung der Dinge, die da kommen sollten.

Alsbald kam auch schon etwas. Es war mein Bergkamerad, der herabsauste und mir beinahe auf den Kopf fiel. Er war im nassen Lehm der Verschneidung abgeglitten. Kaum angelangt, wandte er sich wieder dem Felsen zu. Er sprang hinauf wie eine Katze, kam diesmal höher. Aber wieder wurden ihm die schmierigen Griffe zum Verhängnis. Ein Keuchen, wie von einem Tier. Und das kraftlose Scharren der Füße am Felsen — jenes fürchterliche Geräusch, das dem Kletterer das Blut in den Adern erstarren läßt und ihm dennoch vertraut ist.

Wieder und wiederum riß ich das Seil in hastigen Zügen zurück, stemmte mich dem abgleitenden Körper entgegen. Dreimal — viermal — fünfmal. Nun war die lehmige Soße aus der Verschneidung gerecht über uns und die Felsen verteilt. Nach dem fünften Versuch gaben wir es auf. Ja, wenn wir zu dritt oder zu viert gewesen wären! Mit Steigbaum müßte sich die Stelle besser machen lassen!

Nun kam meine Arbeit. Ich stürzte mich auf die Felsen zur Linken. Platten, mein Element! Doch hier war in freier Kletterei auch mit der raffiniertesten Gleichgewichtstechnik nicht viel zu holen. Ich schlug einen Haken. Mein Kamerad unterstützte mich trotz seiner blutenden Hände. Dennoch gelang es mir nicht, den großen Griff, der wie ein Schwalbennest an der Mauer ober mir klebte, zu erhaschen. Ich konnte auch keinen Haken mehr anbringen.

Kleinmut erfaßte mich. Ich war so abgekämpft, daß ich mich ganz einfach über die Platte hinabgleiten ließ, wie vorhin mein Kamerad in der Verschneidung.

Das gelobte Land war uns verschlossen. Wir stiegen ab.

Zurück über die Rampe, an der kühlen Höhle vorbei, die wunderschönen Karrenrücken hinab. Rückzug!

Mit hängenden Köpfen schlichen wir aus der Wand, über den Trawiessattel in die Dullwitz. Beim Goldbründl fielen wir ins Gras. Ich legte meinem Kameraden nasse Tücher auf die Stirn. Zwischendurch bejammerte ich unser Geschick. Wohl ein bißchen zu laut, denn ein vorübergehendes Bergsteigerpaar wurde aufmerksam. Als sie den bleichen jungen Mann geschlossenen Auges auf dem Boden liegen sahen, kamen sie händeringend herbeigelaufen.

„Um Gottes willen, ist der Mann tot?" Da hob der Kamerad die Lider, verzog schmerzlich das Gesicht und sagte laut und deutlich: „Ja!"

Mein Berggefährte Dr. Heinz Sperka, Thörl, einer der besten Kenner der Hochschwab-Südwand, hat später den Kloseweg mehrmals begangen und auch variiert, so zum Beispiel eine rechtsseitige Umgehung der Verschneidung gefunden. Eine andere Seilschaft hat der bewußten Platte sogar ein Hakenloch in den glatten Leib gebohrt. Die Nachricht von dieser Freveltat erregte einiges Aufsehen. Der erste „Bohrversuch" in der Südwand!

Auch ich war zuerst betroffen. Aber ich kann mir gut vorstellen, mit welchem Zornesmut die beiden der Platte zu Leibe gerückt sind.

Ich kann's ihnen nachfühlen!

WIEDERKEHR: ROTGANG

Nun bin ich zur Südwand wiedergekehrt.

Sie ist die gleiche noch wie eh und je: so weiß und strahlend, daß einem Herz und Augen weh und wund werden von ihrem Geleucht. Die gleiche wie einst — und doch ist sie es nicht für mich, denn ich bin anders geworden.

Man braucht nicht lange zu gehen, dort unter der Südwand vom Ghackten bis zum Rotgang. Eine kleine Stunde nur, wenn man sich Zeit läßt. Heute aber ist es ein großer Gang für mich. Ich wandere durch mein eigenes Leben.

Nach schwerer Krankheit bin ich das erstemal wieder im Schwaben. Zaghaft noch, behutsam nur setz' ich den Fuß. Hab' ich nicht vor wenigen Wochen noch geglaubt, nie wieder gehen zu können? Nie wieder das Glück der Höhen zu erleben? Hatte ich nicht schon mit dem Leben abgeschlossen?

Und nun bin ich doch wieder am Berg. Und im Aufwärtsstreben erlebe ich beglückt und bewußt, was mir vor meiner Krankheit selbstverständlich war und was ich nicht zu schätzen wußte: das unbekümmerte, schmerzlose Ausschreiten, die Kraft und Sicherheit des eigenen Körpers.

Ich kann wieder gehen, genauso wie früher! Und doch anders. Denn heute weiß ich, daß es eine Gnade ist, gesund zu sein, gehen zu können und bergsteigen zu dürfen.

Ich wandere vom Ghackten hinüber zum Rotgang, am Fuße der Felsflucht der Südwand. Ich gehe in mir einen weiteren Weg: vom ersten Herantappen an die Offenbarungen der Berge über die Verwirrung des Anfängers zum Rückzug in der Erkenntnis der eigenen Grenzen, über die unbeschwerte Seligkeit und Freude im Fels, über die Kühle der Erfüllung zum Sturz in die Tiefen des Lebens und zum langsamen Aufstieg zu neuem Beginn.

Jeder Anfang ist schön. Wie glücklich sind wir doch, daß uns immer wieder ein Anfang beschieden ist!

Am östlichen Ende der Südwandflucht zieht der Rotgang zur Höhe. Der klassische Hochschwabanstieg, der Weg des Prinzen Johann. Ich habe ihn gewählt für meine Wiederkehr.

Er ist mir neu, er ist ein Anfang, er ist schön. Rote Felsen und grünes Gras. Höher oben die Wiesenschultern des Schwaben. Nun seh' ich schon das Gipfelkreuz. Es war kein weiter Weg heute.

Aber ein weiter Weg war es von der Unbekümmertheit der Siebzehnjährigen, der die Berge unverdient zufielen, zu meiner heutigen Bewußtheit. Damals wurde mir etwas geschenkt, das ich unbedankt hinnahm. Ein Geschenk, dessen Wert ich nicht kannte und nicht abschätzen konnte. Auch heute habe ich ein Geschenk bekommen. Doch diesmal weiß ich um seinen Wert.

Und wieder knie ich vor dem Gipfelkreuz. Nicht vor Müdigkeit, wie damals. Heute habe ich das Knie freiwillig gebeugt.

Und heute danke ich für das Geschenk, das mir zuteil geworden, aus übervollem, jubelndem Herzen!

DIE GOLDENEN STUNDEN
AM FESTLBEILSTEIN

Der Festlbeilstein ist das Urbild eines Hochschwabturmes. Da ist alles Abweisung und Abwehr. Immer steiler und steiler streben die Hänge von allen Seiten hinauf, um schließlich gesammelt im Gipfelbau emporzustoßen in himmelstürmender Bewegung.

Das ist kein Hochflächenberg mit Wiesen und Randabstürzen. Das ist einer der wenigen Gipfel im Schwaben, die nur ein Kletterer ersteigen kann. Auch sein leichtester Zugang — der über den Ostgrat — ist etwas schwierig und sehr luftig. Alle anderen Wege sind weitaus schwieriger. Immer wieder erschien der Festlbeilstein im Laufe von sechs Jahrzehnten im Blickfeld der alpinen Öffentlichkeit. Dreimal in seiner alpinen Geschichte wurde das jeweils „Letzte im Fels" des Schwaben demonstriert: 1904 mit der ersten Nordwandführe von Reinl und Stopper durch die damals „steilste und unnahbarste Wand der Hochschwabberge"; 1934 durch Schinko und Gefährten mit dem unmittelbaren Südwandanstieg, der ein Jahr lang die schwierigste Felsfahrt im Schwaben war; und schließlich 1953, als sein „letztes Problem", die Erstdurchsteigung der Nordwand des Vorgipfels, von den Wienern Lukan und Gefährten gelöst wurde.

1847 Meter! Ein Kleiner, Niedriger nur scheint der Festlbeilstein zu sein unter seinen Bergbrüdern. Der Wahrheit die Ehre: Auch seine reinen Felszonen sind kaum 300 Meter hoch. Also ein Kletterturm? Ein unwesentlicher Zacken? Nein! Ein richtiger Berg!

Ein recht alpiner noch dazu. Das weiß jeder, der ihn erstiegen hat. Noch führt kein gebahnter Weg an den Felsbau heran. Da ist alles ungebändigte Natur. Durch dichten Wald, feuchte Schluchten, verwachsene Schläge, durch sehr, sehr viel Holz kämpft man sich aus dem Buchberger Tal zu ihm hinauf. Man kann den reisigen Schutt und die Sandrinnen der Trawiesseite diesen Holzwegen vorziehen. Es ist nicht viel erspart damit. Noch am wenigsten mühsam, aber langwierig ist der Zugang von der Fölz oder Dullwitz über die Rasenböden der Karlalm.

Von dort sah auch ich den Berg zum erstenmal. Es war ein eisklarer Oktobertag. Wir hatten die Nordwand des Turnerbergsteigerturmes in der Dullwitz durchstiegen, eine jener vieldeutbaren Wände, in der jeder an Hand des Führers seinen Privatweg geht. Dann waren wir hinüberspaziert zum Karlspitz. Dort entdeckten wir den Festlbeilstein.

Wir sahen ihm gerade aufs Dach, denn er liegt niedriger als das Plateau der Karlalmen. Trotzdem erkannten wir ihn mit seinen schmalen Schneiden, seiner vielzackigen Gipfelkrone als etwas Bedeutendes.

Eben noch waren wir von einem „gänzlich nutzlosen" Kamin am Turnerbergsteigerturm recht mitgenommen gewesen. Nun aber schnitt dieser scharfgezähnte Grat wie mit Messern in die sanften Kreise unserer Müdigkeit. Wir mußten zu ihm!

Ungeduldig suchten wir nach dem Abstieg vom Karlspitz. Doch wir vertaten kostbare Zeit, als wir uns in die wüsten Platten des Schartenausstieges verrannten. Als wir endlich daraufkamen, daß die Route im „Mayer-Obersteiner" schlecht beschrieben ist, war es zu spät geworden für neue Taten. So blieben wir bis zur Stunde des Abschieds am Karlspitz.

Auf sahen wir zu den Bergen und zum Himmel, bis uns die Augen übergingen von all dem Licht. Dann drehten wir die Gesichter der dunklen Erde zu, lauschten dem gedämpften Getrappel der Gamshufe auf dem Almboden oder auch nur dem Schlag des eigenen Herzens am Leib des Berges. Wir hatten all unsere Wünsche schlafen geschickt. Unerreichbar stand der Festlbeilstein vor uns, ein weißes Geranke aus Fels, zartgolden überstäubt vom Glanze des späten Nachmittags.

Das war die erste der goldenen Stunden am Festlbeilstein.

Die Erinnerung ist ein tiefer Born, darein unser Erleben lautlos versinkt. Wenn wir einen Blick in den Brunnen tun, liegt alles wieder vor uns. Doch wir können es nicht mehr heben wie den Schatz aus dem Märchen. Wir dürfen es nur betrachten im klaren, durchscheinenden Spiegel des Wassers. Und sieh, der Schatz ist größer geworden, schöner, glänzender! Das ist die Lichtbrechung der Zeit im Brunnen der Erinnerung.

Stunden funkeln aus ihm herauf, kostbares, altes Gold, sehr dunkel und sehr schwer . . .

Auf dem Gipfel des Festlbeilstein. Mein Kamerad Max Puntigam hatte mit dem jungen Bergsteiger Raimund Otte die Westkante des Vorturmes erklettert. Ich hatte sie zum Einstieg begleitet, war später den Ostgrat hinaufgeklommen, wo wir uns wieder trafen. Alle waren erfüllt von heißem Erleben am Berg — die beiden von ihrer tollen Kante, ich von meinem Ostgrat. Es war eine der köstlichsten Gipfelstunden meines Lebens. Eine sehr ausgedehnte Stunde, denn wir vermochten uns erst am Nachmittag vom Berg zu lösen. Was wir gesprochen haben, weiß ich nicht mehr. Es ist auch nicht wichtig. Gewiß waren es recht schöne Worte. Es war aber auch immer wieder ein schwebendes Schweigen zwischen uns. Und für mich wird über dem Festlbeilstein auf immer die goldene Stimmung jenes Maientages liegen. Dabei hatten wir Raimund vorher kaum gekannt. Und doch weiß ich jetzt, daß er es gewesen ist, der jenen Zauber in die Gipfelrast gebracht.

Die Festlbeilsteinkante war so recht eine Fahrt für Raimund Otte, wenn sie für ihn auch nur ein Spaziergang gewesen sein mochte. Seine Wege waren die himmelweisenden Kanten. Der Dachstein war sein Revier; ihm war er verfallen mit all seiner glühenden Liebe zum Berg. Und ein Dachsteinberg, eine Kante, wurde bei der ersten Winterbegehung der Maixroute an der Dirndlsüdwand auch sein letzter Weg.

Die Nachricht von seinem Tode war uns, so seltsam es klingen mag, nur die Bestätigung eines Wissens tief im Herzen. Auch seine anderen Kameraden hatten es gefühlt. Es war jene Ausstrahlung um ihn, welche viele haben, die jung sterben. Er hat jenes ungeduldige, nach dem Höchsten greifende Leben geführt, wie es die frühem Tod Geweihten leben müssen.

Bei der Rettung des überlebenden Gefährten aus der Maixkante haben die Männer des Bergrettungsdienstes, allen voran Bertl Hausegger, schier Übermenschliches vollbracht. Der Tote aber konnte erst später geborgen werden. Es war grauenvoll für mich, daran zu denken.

Doch es war nicht mehr Raimund, der erstarrt in Eis und Schnee am Seil hing. Der dann bei der Bergung noch hinuntergefallen ist, die Wand hinab, in die fürchterlichen Schluchten, hinab zum Fuße des Berges. Das war nicht mehr unser froher Kamerad vom Festlbeilstein, sondern nur noch seine entseelte Hülle.

Aber der zwanzigjährige Raimund Otte lebt in meiner Erinnerung, eine lichte Jünglingsgestalt, umgeben von der Glorie jener Gipfelstunde. Ein Mensch, den ich kaum gekannt und der mir doch nahegestanden war, kraft jener seltsamen Beziehung, die keiner deuten kann und die doch viele bindet, die einander am Berg begegnen.

Nordwandpromenade! Wir haben sie entdeckt, nachdem uns ein Gewitter aus den Wänden gejagt. Lachend sind wir von der Mühlkarlscharte über einen Felsabsatz hineingesprungen in die Gamswechsel, die unter dem Nordabsturz durchziehen und sich dann hinausschwingen auf den Reidelsteinkamm. Still und leise sind wir dann am anderen Ende der „Promenade" herausgekommen.

Es ist ein ernster, bedrückender Gang dort unter der Wand.

„Bei dieser Wand macht langes Hinsehen nur schwach", hat Karl Lukan einmal geschrieben. Wie furchtbar muß sie sein, wenn ein ausgepichter Kletterer solches sagen kann! Und sie ist es auch. Man muß die Wandflucht aus der Nähe gesehen haben, um sie ganz erfassen zu können. Vom Tale aus zieht sie sich zu sehr hinter ihre Vorwerke zurück.

Aber in der Nähe erdrückt sie einen, zwingt einen fast zu Boden. Sie bricht über einen herein wie ein Schicksalsschlag. Ein Plattenpanzer hängt da vom Himmel hernieder, fürchterlich und ungefüg, gelb und rot und eisengrau.

Und doch wurden und werden auch diese Felsen begangen! 1904 schon fanden die Grazer Reinl und Stopper den ersten Durchstieg durch die Nordwand des Großen Festlbeilstein. Es war wohl eine der dramatischsten Neufahrten in der Erschließungsgeschichte des

Hochschwab. Ein Kampf ums Leben mit dem Berg — mit Regen und Nebel, nassen Kaminen und feuchtem Moos.

Mit einem dünnen Zwanzigmeterseil hatten die beiden sich der schauerlichen Plattenwand ausgeliefert. Sie arbeiteten mit Seilzug und Seilwurf, Steigbaum und Pendelschwung. An der heikelsten Stelle — einem Quergang an nur zentimeterbreiter Leiste über halt-loser Plattenflucht — mußte Reinl seinen Seilknoten lösen, um mehr Seil zu gewinnen. An dieser Platte ist ihm Stopper nicht weniger als viermal ins Seil gefallen, immer wieder 20 Meter hinab! Mit den Fußspitzen auf kleinen Tritten stehend, das Seil um winzige Zacken geschlungen, hat Reinl dem furchtbaren Zug durch den freihängen-den Körper standgehalten. Zwischendurch mußte er auf der Suche nach einem besseren Standplatz höhersteigen — das Seil zwischen den Zähnen — ohne zu wissen, ob Stopper überhaupt Stand hatte.

Und das waren keine ungeübten Zufallskletterer, sondern Berg-steiger aus der Elite der Jahrhundertwende! Stopper mußte sich bei all seinen Stürzen selbst emporarbeiten, da der Erste ihn nicht einen Millimeter hochziehen konnte. Trotz widrigster Umstände und schwerster seelischer Belastung haben beide die Fahrt dennoch zum glücklichen Ende geführt.

Zwei andere Nordwandwege wurden in klassischer Zeit noch gefunden. Aber keiner ist eine so ernste Sache wie die Reinl-Stopper-Route.

Fünfzig Jahre später hat der bekannte Wiener Bergsteiger Karl Lukan die Nordwand des Kleinen Festlbeilstein erstmalig durch-stiegen. Der humorvolle Bergschriftsteller Karl Lukan hat das lite-rarische Ergebnis dieser Fahrt unter dem Titel „Materialschlacht" im „Bergsteiger" veröffentlicht.

Da lesen wir die Worte: Hakengalerie — Holzkeile — Tritt-schlingen; Doppelseil — lange, kurze, dicke, dünne Haken — Haken mit Ring und Haken ohne Ring. Zwischendurch hören wir von einem Biwak an einer kaum 200 Meter hohen Wand.

Fünfzig Jahre Alpinismus liegen zwischen den Fahrten von Reinl und Lukan. Vom Zwanzigmeterseil zur Materialschlacht. Ein Unter-schied, wie man ihn krasser sich gar nicht denken kann.

Und doch ist etwas gleichgeblieben. Es ist sogar das Wesentliche.

Die zerschundenen, abgerissenen und abgekämpften Bergsteiger, die am 5. Juni 1904 auf dem Gipfel des Festlbeilstein standen, werden kaum anders ausgesehen haben als jene, wie Lukan sich und seine Gefährten beschreibt: „... zerraufte Haare, schmale Augen, eingefallene Wangen und diese fremden, harten Züge um den Mund! Wir müssen damals dem Alltag sehr fern gewesen sein ...“

Der Unterschied liegt nur in den Bergzielen und Hilfsmitteln. Aber das Fühlen ist gleichgeblieben. Dem Alltag fern sein!

Um dieses Fernsein rangen und ringen sie alle in den Bergen. Die einen vor siebzig Jahren mit dünnem Zwanzigmeterseil. Und die andern mit ihren heutigen Waffen.

Es liegt mitunter auch ein Goldgefunkel auf Stunden, die vorerst häßlich und staubig gewesen ... Ein schalkhaftes Blitzen und Glitzern! „Festlbeilsteinlüstern“ — dieses herrliche Wortungetüm hat Altmeister Domènigg einmal geprägt — streifte ich durch den Wald. Da kam ein grimmiger Jägersmann und wollte mir grundlos den Berg verbieten. Was soll ich sagen — ich war eine Stunde später doch dort, wo ich sein wollte! Es war die einzige unliebsame Begegnung, die ich in fünfzehn Jahren am Schwaben gehabt habe. Der Mann war ein Überbleibsel aus jenen mittelalterlichen Schwabenzeiten, da man die Jäger zu den alpinen Gefahren zählte.

Die „Jägergefahr“ wirkte sich besonders im Bereiche der Stangenwand aus. Da konnte es den „Stangenwandlüsternen“ geschehen, daß sie schon in der Trawies abgefangen wurden; oder daß man sie zum Einstieg keuchen ließ, sie dort um so eher zu schnappen. Es kam auch vor, daß sie durch die Wand steigen durften, am Ausstieg aber abgepaßt wurden und gerichtliche Ahndung ihres „Vergehens“ erlitten. „Der gnädige Herr erlaubt's net“, war der Leibspruch der „Parmesaner“, der Bediensteten des Herzogs von Parma, dem die Jagd gehörte.

Heute noch berichten Bergsteiger dieser Epoche, wie etwa Alexander Adam, Graz, schmunzelnd davon, wie sie die Grünröcke überlisteten oder mit ihnen zusammenstießen!

Diese Zeiten sind vorüber. Schon nach dem neuen Wegerechtsgesetz der Ersten Republik wurde das Einvernehmen besser. Noch mehr nach dem zweiten Weltkrieg mit seinem gesellschaftlichen

Strukturwandel. Die Jagdherren und Jäger wissen genau, daß der richtige Bergsteiger weder dem Wild noch den Kulturen etwas zuleide tut. Heutzutage ist etwas anderes viel wichtiger geworden — die Einordnung der Menschenmassen, die die Alpentäler mit Motorenlärm erfüllen.

Dennoch ist es ganz gut, wenn auch Bergsteiger manchmal daran denken, daß der Berg nicht für sie allein da ist, wie sie hie und da glauben wollen. Daß viele Wege im Gebirg nicht für sie gebaut wurden. Dafür ist der Festlbeilstein schon dem Namen nach ein Symbol.

Er ist nach den Festlbauern benannt, die an seinem Fuße seit urdenklichen Zeiten ihren Besitz haben. So ist er der „Beilstein des Festl" genannt worden, und dies ist ein sehr sinnvoller Name für einen Berg. Denn eines darf nie vergessen werden: der Bauer und der Jäger waren schon da, als vom Bergsteiger noch keine Rede war.

Daran soll uns der Festlbeilstein mit seinem Namen gemahnen.

DER GROSSE GRAT DER KALTEN MAUER

Nach einem heißen Strauß, den wir in den Felsen der Griesmauer ausgefochten, fuhren wir mit der Erzbergbahn vom Präbichl nach Eisenerz hinab. Der Tag war von Erleben erfüllt gewesen wie ein vollgestopfter Urlaubsrucksack. Es war ein stiller, erschöpfter Sommerabend, in dem viele Lichter ruhig brannten. Die laue Luft umgab uns wie ein warmes Bad. Spät in der Nacht noch wanderten wir zum Seehaus am Leopoldsteiner See.

Von meinem Zimmer führte ein Steg auf das Wasser hinaus. Wasser ist immer geheimnisvoll. Des Nachts aber verdichtet sich dieses Unerklärliche. Ohne Unterlaß seufzen die Wellen an die Ufer; im nahen Wald klagt ein Tier mit fremdem, nie gehörtem Laut. Man liegt im Wasser, ohne sich zu bewegen; hat sofort den Boden verloren; hat einen Abgrund unter sich und einen über sich. Dazwischen schwebt man wie im Nichts. Das Gefühl der Auflösung, der Vermählung mit dem Wasser ist in der Nacht viel eher da als am hellen Tag.

Man traut sich kaum, die Beine ins Wasser zu senken, und macht sich flach wie ein Fisch. Und dennoch streift auf einmal etwas an einem vorbei, ein Wassertier oder eine schleimige Pflanze, wie eine Berührung aus dem Jenseits. Und wie ein Ertrinkender um sich schlagend, strebt man dem sicheren Ufer zu, das gottlob nicht allzuweit entfernt ist.

Am Morgen ist der See, als sei nichts gewesen. Spiegelglatt und unschuldig, grün wie eine Wiese liegt er da im grellen Sonnenlicht des Julitages. Wir nehmen auf der Terrasse des Seehauses ein „Frühstück komplett" wie all die „feinen" Leute um uns. Dann aber packen wir schleunigst unsere gar nicht feinen „Wimmerln" und ziehen los. Am Fuße der Seemauer arbeiten wir uns durchs Unterholz, in dem frühmorgens schon die Schwüle steht.

Ein Jagdsteig, für das kaiserliche „Lustjaid" an der Seemauer gebaut, zieht durch das Gewände. Von ergebenen Lakaien träumend, die einem den Rucksack mit dem Biwakzeug nachtragen, kommen wir langsam höher. Drüben steigt der Kaiserschild aus dem Dunst der Täler, ein zartes Traumgebild aus rosafarbenem Fels. Höher oben breiten kühle Buchen ihre schattigen Arme. Wir waten durch üppige Wiesen, wo in fremder Schönheit die Türkischen Lilien stehen. Hold und lieblich liegt in der Tiefe der See und blickt zu den Bergen auf mit seinem grünen Nixenauge.

Noch haben wir den Berg nicht gesehen, um den wir hieher gekommen: die Kalte Mauer, den westlichsten der Hochgipfel des Hochschwab. Es spricht schon aus ihrem Namen etwas Kühles und Fernes. Keiner der Gefährten hatte diesen Berg jemals bestiegen. Keiner wußte aus eigenem Erleben von ihr zu berichten. Wie eine sagenhafte Gestalt thronte sie in unseren Gesprächen und Gedanken, weit, weit hinter allen Bergen und auch irgendwie darüber. Denn wir wußten ja so wenig von ihr! Im Hochschwabführer hatten wir gelesen: Kalte Mauer, Westgrat. Prachtvoller, fester Fels. Das schönste Zeugnis, das man einem Kletterweg geben kann, hatte Dr. Obersteiner nach seiner Erstbegehung ausgestellt: prachtvoll und fest. Da fühlt man fast schon den Fels unter den Fingern.

Ja richtig — gesehen hatten wir sie wohl einmal. Von einem höheren Schwabengipfel, sehr von fern. Da wandte sie uns ihre Südwand zu, eine niedrige, sehr glatt erscheinende Mauer, getragen von den grünen Wellen der Vorberge. Aber wir wußten gleich: Das konnte nicht alles sein. Die Kalte Mauer war mehr als das.

Von jenem Tage an, da sie uns ein Stückchen ihrer Herrlichkeit hatte schauen lassen, waren wir noch mehr von ihr besessen. Und als wir uns die Erforschung des unbekannten Schwaben zum Ziele gesetzt hatten, war die Kalte Mauer der erste Berg, der fallen sollte.

Vor der Schloß-Wilzing-Alm wirft uns die Hitze bei einer Quelle nieder. Aber Speise und Trank, Ruhe und Kühle wollen uns nicht recht munden. Es treibt uns weiter. Nach einer Gasse im Krummholz öffnet sich eine wüste Hochfläche. Eine echte Schwabenwildnis. Trichter und Karstgebilde. Ein seltsames Graugrün darüber, unsagbar öde und dennoch wie eine Verheißung. Und dann ist der Glutatem der Sommerhitze mit einem Male nicht mehr zu spüren, die drückende Müdigkeit von uns gefallen wie eine harte Schale, in der wir lange eingeschlossen gewesen. Die Kalte Mauer ist endlich da.

Über dem gedämpften, vielstimmigen Graugrün ein einziger weißer Klang wie von Fanfaren: der große Grat der Kalten Mauer. Ein Berg, der zum Himmel schreitet.

Mir ist, als sei dies der erste Berg, den ich je geschaut. Und der einzige. Es ist, als seien wir mit ihm allein auf der Welt. Jetzt erst verstehe ich den Sinn des Wortes: bestürzend. Vielleicht ist es nur die gewaltige Öde um uns oder die große Spannung in mir, weil sich der Berg während des Aufstiegs vom See nirgends zeigt. Dann aber steht man erschüttert, wenn man ihn zum erstenmal über dem Hochland wie am Rande der Welt aufsteigen sieht.

Das ist die Kalte Mauer, von der wir geträumt hatten. Sie ist schöner als jeder Traum.

IM TAL DES SCHWEIGENS

Zu Füßen der Kalten Mauer, nahe am Ansatz des Westgrates, liegt die Melkstatt. Wir hatten diese verlassene Alm, die auf einem Riegel gebaut ist, zu unserem Standort ausersehen. Ein winziges Steiglein führt, unter der Kalten Mauer vorbei, dort hinab.

Wie wir in der brütenden Mittagshitze absteigen wollen, fahren wir erschrocken zurück: mitten am Weg wiegt sich eine große Schlange. Wenn wir uns einen Schritt näherwagen, richtet sie sich hoch auf, bewegt die Schlingen ihres Leibes, züngelt und zischt. Wir kommen uns etwas lächerlich vor, wie wir da auf Schleichwegen die zornige Wächterin umgehen. Lange noch klingt uns ihr erregtes Sirren im Ohr.

Die Hütte auf der Melkstatt ist schon sehr alt. Aber sie gibt uns ein Dach über dem Kopf und ein wenig Stroh für die Nacht.

Es ist eine traurige Gegend dort unter der Kalten Mauer. Kein Wasser rauscht, kein Blatt bewegt sich, kein Tier läßt sich blicken. Und kein Stein fällt vom Berg. Von der Hitze zerdörrt sind die Wasserrunsen und Felsrinnen. Wir nennen unseren Aufenthalt mit dem einzigen Namen, den es dafür gibt: das Tal des Schweigens.

Nach langem Suchen entdecken wir etwas laues Wasser in einer Felsspalte. Wir wärmen Dosenfleisch, das nach Salz und Salpeter schmeckt, und würgen es mit Widerwillen hinunter. Schweigen ... Schweigen ... Wir haben Stille genug um uns. Doch keiner findet Schlaf in dieser Nacht. Wie eine Mauer steht die warme Dunkelheit dicht und reglos um die Hütte. Aber wir wittern schon den Regen dahinter. Morgen werden wir am Westgrat sein. Werden wir morgen am Westgrat sein? Unsere Gedanken und Gespräche kreisen um diese sechs Worte. Die Salpeterkonserve macht uns zu schaffen. Gegen Morgen wird die Luft spürbar feucht. Und dann zieht schweigend der Nebel zur offenen Tür herein und wandert durch die Hütte. Es ist, als hätte ein lebendes Wesen den Raum betreten.

Wie eine Erlösung erscheint es mir, als wenig später die ersten Tropfen fallen. Gegen Mittag gießt es in Strömen. Wir verlassen das Tal des Schweigens. Wir wechseln in die Fowies hinüber, neuen Zielen zu. Die Kalte Mauer ist nicht zu sehen. Als hätte es sie nie gegeben.

Wir wollten wiederkommen, das Versäumte nachholen. Doch sooft wir uns auch zur Fahrt auf die Kalte Mauer rüsteten, es ist immer etwas dazwischengekommen. Ich bin einmal an ihren Nordwänden entlang durchs Schwabeltal gegangen. Es hat auch damals geregnet, und ich habe nichts von der Kalten Mauer gesehen.

Ob ich je wieder dorthin komme? Ich möchte wohl einmal den „prachtvollen, festen Fels" des Westgrates in meinen Händen spüren. Oder wenigstens den Berg besteigen. Aber wer weiß, ob mir wieder solches Erleben geschenkt wird wie damals?

So ist es gekommen, daß die Erinnerung an die Kalte Mauer immer ferner und ferner wird. Fast ist mir schon, als hätte ich das alles nur geträumt: das Tal des Schweigens und den großen Grat. Immer noch thront die Kalte Mauer, wie eine sagenhafte Gestalt, weit, weit hinter allen Bergen und über allen Bergen.

Aber man darf nicht nur Erinnerungen an erfüllte Wünsche, an bestiegene Berge haben. Man braucht auch eine Kalte Mauer im Leben — etwas Kühles und Fernes, dem man einmal schon sehr nahe war und das dann im Nebel verschwunden ist, als sei es nie gewesen. Etwas, das so lang und leise schmerzt, bis einem schließlich auch der Schmerz lieb und vertraut erscheint.

Hochschwab-Gipfel mit Wächte

VIERMAL STANGENWAND

DER TRAUM

Die Stangenwand hat die Gestalt einer Burg. Einer mittelalterlichen Burg mit Zinnen und Bergfried, mit Vorwerken, Söllern und Terrassen. Zwei Felssporne im Rauchtal sind die Zugbrücken, die heranführen an die wehrhaften Mauern. Die Stangenwand liegt hoch über dem Tal, weitab von den Wegen, verwunschen und verwittert.

Doch wenn auch einer von anderen Schwabengipfeln nichts weiß — von der Stangenwand hat jeder schon gehört.

Die Stangenwand ist die Gralsburg des Hochschwab. In ihrem Reiche suchen die Ritter der Berge nach ihrem Gral.

An einem Juli-Wochenende fuhren wir mit den Fahrrädern von Bruck zum Bodenbauer. Es war ein friedlicher Abend. Wir begegneten von Thörl an keinem Menschen. Das Buchberger Tal hatte in der Nachkriegszeit etwas Wildes und Verlassenes. Meterhoch war die Straße vermurt, so daß wir unsere Räder mehr tragen mußten, als daß wir fuhren.

Die Wiesen standen hoch und reif zur ersten Mahd. Es war überirdisch still im Talschluß, den die hohen Berge hüten. Hätte uns damals einer gesagt, daß nur wenige Jahre später Hunderte von Fahrzeugen das Tal bevölkern würden — wir hätten ihn für verrückt erklärt.

Beim Bodenbauer waren wir die einzigen Gäste. Nachts klopfte der Regen ans Fenster, und in diese trauliche kleine Nachtmusik hinein drang das verschlafene Gemurmel eines der Kameraden:

„...morgen lang schlafen ... die Stangenwand lauft uns net davon ..." Das klang sehr beruhigend! Morgens aber stiegen wir doch im Regen durch das dampfende Rauchtal bis in die Mitte des Kars. Dort ließen wir uns nieder und warteten.

Ich hatte die Stangenwand vorher nie gesehen. Ich konnte mir kein Bild von ihr machen. Ich wollte es auch gar nicht. Ich war in die Felsen verliebt — ganz gleich, zu welchem Berg sie gehörten. Da mir in den Bergen aber vorerst nur wenige Wünsche erfüllt wurden, sah ich bald, daß es auch noch etwas anderes gibt als nur Fels.

Ich habe bei jenem Aufstieg durchs Rauchtal etwas Seltsames zum erstenmal erlebt: wie der Regen tut und wie dicht der Blumenduft ist, wenn es geregnet hat; wie der feuchte Wald gilbend riecht und wie der Nebel die Welt verzaubert. Ich trug keinen Sieg über eine Wand heim aus dem Rauchtal, wohl aber eine Erkenntnis fürs Leben: Es ist nicht immer die laute Gewalt großer Ereignisse, die unvergänglich in uns weiterlebt! Mitunter geben uns die leisen Dinge im Leben viel mehr vom Glück der Erinnerung: ein Weg im Regen, eine Wand im Nebel, der Duft einer Blüte oder ein bunter Stein ...

Gesehen habe ich die Stangenwand an jenem Tage aber doch noch. Wir sind so lange im Kar geblieben, bis die Sonne sich durch die Wolken tastete. Der Nebel aber hob sich nicht ganz. Es blieb noch immer ein feiner, opalfarbener Schleier um die Felsen. Er gab dem Bilde der Wand etwas Unwirkliches. Das war kein Berg, den man ersteigen konnte! Das war eine Traumburg, auf Nebel gebaut.

Und dieses Traumhafte blieb der Stangenwand in meiner Erinnerung. Ich habe gezögert, sie zu ersteigen. Sie war mir Jahre hindurch nichts als ein Traum. Bis dann eines Tages doch die mondweißen Nebel zerflossen.

DIE TAT

Mit gemischten Gefühlen wandere ich durch das Ilgner Tal. Die lichten Wasser springen, und die Gipfel von Buchberg glitzern im silbernen Frühjahrsfirn. Und eben dieser Schnee ist es, der mir Sorgen macht.

Das ist wieder einmal ein rechter Schwabenstreich, den meine Kameraden ausgeheckt haben. Anfang Mai in die Stangenwand! Wo auf jeder Terrasse noch ein Schneefeld liegt und ganze Bäche durch die Südwand plätschern! Vorigen Sonntag sind wir noch bei meterhohem Neuschnee Schi gefahren ... Aber das Unternehmen reizt mich doch — sonst wäre ich ja nicht hier!

Beim Bodenbauer hat die Abenteuerlust schon Oberhand bekommen. In der Gaststube schauen sie uns so merkwürdig an. Gilt das unseren Riesenrucksäcken? Oder wundert man sich, daß wir um sechs Uhr abends noch in die Trawies gehen? Schon vor der Alm beginnt die Schneedecke. Im leeren Stall der Alm richten wir uns ein. Und die absonderlich aufgeblasenen Rucksäcke enthüllen ihren daunenweichen Inhalt: die Schlafsäcke, in denen wir süß zu schlummern gedenken.

Schnell kommt die Nacht. Groß und ruhig funkeln die Sterne über dem dunklen Schild des Festlbeilstein. Wir schwelgen bei schwachem Feuerschein in Tee und alten Erinnerungen.

Gegen fünf Uhr weckt mich ein Kleiner Hahn, der oben bei den Lärchen schnalzt. Wie er ausgekullert hat, meldet sich schon der Kuckuck. Die helle Sonne blinzelt durch die Fugen des Stalles. Gegen sieben Uhr schlendern wir ins Rauchtal. Es ist ein Tag von sommerlicher Wärme. Im Kar liegt das Gamswild faul im Schnee und läßt sich durch uns, die wir wenige Schritte entfernt vorbeigehen, nicht im geringsten stören. Sie wenden nur neugierig die Häupter.

Am schneefreien Rasensporn steigen wir empor. Zwei der Kameraden kehren beim Einstieg um. Sie haben schlecht geschlafen und keine Lust mehr auf die Wand. Wir reden ihnen nicht zu und gehen zu dritt weiter.

Die Stangenwand-Südwand wurde um die Jahrhundertwende gerne mit den schönsten Dolomitenkletterein verglichen. Und sie hat bis in unsere Tage hinein immer wieder ihre Liebhaber gefunden. Sie ist eine der merkwürdigsten Hochschwabwände. Sie hat kein Gegenstück in unserem Gebirg. Das fließende Wasser hat sie geformt. Sie sieht aus wie ein steinerner Wasserfall.

Diese Wand scheint leichter ersteigbar zu sein als sie ist. Ihre

Ausgesetztheit fordert wirklich zu jenem Dolomitenvergleich heraus. Ich kenne Bergsteiger, die schwören, „dieses abscheulich sandige Zeug" nie wieder zu betreten. Ich weiß von anderen, die sie wiederholt und mit Vorliebe begehen — besonders im Herbst, wenn die Felsen rein und trocken sind. Mir scheint sie ein nicht allzu schwieriges, aber trotzdem ernstes Unternehmen zu sein.

Der Einstieg hat im Frühjahr auf jeden Fall etwas Düsteres. Schnee, feuchtes Geröll und schmutzige Steine. Das große Band ist mit dickem, aber sicherem Firn bedeckt. Hochgetürmter Schnee erfüllt auch den ersten Riß. Höher oben können wir ihn dann im Fels überspreizen. Über uns ertönt munteres Gerieset: der erste, aber nicht der letzte Wasserfall an diesem Tag! In den besonnten Platten ist auch das Wasser wohlig warm. Wir steigen lachend mitten durch das laue Duschbad.

Unsere zurückgebliebenen Gefährten krabbeln am Rasensporn herum. An ihrer Winzigkeit erkenne ich, wie hoch wir schon in der Wand sind. Auf den frischgewaschenen Felsstufen ist das Klettern ein Vergnügen. Das Wasser hat noch nichts abgelagert. Keine Spur von Sand! Auch durch den „hohen Riß", die schwierigste Stelle der Wand, sprüht ein neckischer Wasserstrahl. Bald haben wir drei die kleingriffigen Stufen hinter uns und sind auf der nächsten Plattform versammelt. Nur noch ein paar Meter Fels trennen uns von der letzten Terrasse.

Doch von dem Schneefeld über uns braust ein Wasserfall herab, der alles Bisherige übertrifft! Ausgerechnet über den Ausstieg nimmt das Wasser seinen Weg. Unter der Einwirkung der Sonne verstärkt sich der Wasserschwall, bildet kleine Nebenfälle und neue Adern ... Wir müssen schnell sein!

Erich bindet sich die Windbluse bis zur Nasenspitze zu und steigt ins Wasser wie ein Ritter in voller Rüstung. Er kommt aber bald wieder heruntergeglitscht. Nun läuft er auf dem schmalen Band unter dem Wasserfall herum und schüttelt den Kopf. Unsere Zurufe werden nicht beantwortet. Wir glauben schon, er habe den Verstand verloren ob dieser Wassernot. Aber nein, er hat nur nasse Ohren bekommen ... Heinz sitzt mit seinem „kugelsicheren" Anorak mitten im Wasser und hält das Seil. Ich habe mich auf ein entfernteres

Bändchen mit sanfter Wasserspülung zurückgezogen und sichere meinerseits über einen Zacken. Und Erich rutscht oben immer noch herum wie ein Wellensittich am Stangerl... Nur spricht er nicht mehr. Dafür zetere ich um so lauter und gebe gute Ratschläge, an die ich selbst nicht recht glaube.

Aus Erichs Gehaben erkennen wir, daß es dort oben wunderschöne Griffe und Tritte geben muß, die unter Wasser liegen. Und dann taucht der Gefährte plötzlich doch in die Wasserschwaden, ein paar Zugstemmen, und er ist draußen. Nun kommt Heinz ins „Bad": Er kreischt empört auf und verschwindet seinerseits im Wasserfall. Dann tut sich lange nichts. Die beiden sitzen im Trockenen, basteln an ihren Kameras und lassen mich wässern. Nachdem sie mich noch zu fotografischen Zwecken fünf Minuten lang von einer Traufe zur anderen gejagt haben, darf ich nachkommen. „Wirst sehen, es ist nur optisch!" ruft einer noch tröstend herab.

Ich mache mich so klein wie möglich, schließe den Mund, kneife die Augen fest zu und greife ins Wasser. Der erste Augenblick ist der schrecklichste: wenn einen die volle Wucht des Wassers mitten ins Gesicht trifft! Trotz aller guten Vorsätze schnappe ich nach Luft und bekomme ein tüchtiges „Stamperl" in Mund und Nase. Aber dann rutsche ich von selbst in die herrlichen Tritte hinein und hebe mich hinauf zur Schuttstufe.

Dort sprudelt eine klare Quelle. Zum größten Staunen meiner Kameraden trinke ich in langen Zügen. Das viele Wasser hat mich durstig gemacht! Wir halten Rast, trocknen unsere nassen Kleider und sind fröhlich wie die Kinder. Wir haben die Wand hinter uns!

Über Platten und Schnee wandern wir der niedrigen Gipfelwand zu. Auch hier Wasser in allen Formen: Schnee, Eis, Wasserfälle, Sprühregen, Tropfenvorhänge... Wir beschließen, ein neues Seilkommando einzuführen: „Wasser marsch!"

Der Ausstiegsriß ist voll Eis. Heinzens Gesicht wird immer länger: Der Riß ist viel zu eng für seine „Formen"! Auch der breitschultrige Erich muß allerlei Kleidungsstücke ablegen, um durchzukommen. Heinz umgeht den Riß in einem verrückten Quergang. Nur ich verklemme mich im kühlen Grunde und stemme in dem eisenfesten Gestein empor.

Dann sitzen wir auf dem Gipfel, naß bis auf die Haut, und trocknen uns endgültig. Wir haben unbeschreibliches Wetterglück. Kein Lufthauch regt sich, die Sonne strahlt vom wolkenlosen Himmel. Die Hochfläche zeigt noch keinen aperen Fleck im gleißenden Altschnee und stumpfen Neuschnee. Die Welt liegt wie ein aufgeschlagenes Buch vor uns. Und wir sind begierig, weiterzulesen.

Zu dem zarten Traum, der mir die Stangenwand war, paßte diese Unterwasserfahrt wie die Faust aufs Auge. Doch unser Leben ist beides: Tat und Traum. Und unsere Fahrt, so absonderlich sie gewesen ist, war eine Tat: eine befreiend-erlösende Tat in den Bergen!

DAS SCHICKSAL

Die Berge bedeuten uns Bergsteigern unsagbar viel. Niemals wird einer, der nicht zu Berge geht, begreifen können, was sie uns sind. Vielleicht haben wir uns als ganz junge Bergsteiger sogar gesagt: Die Berge sind uns alles. Aber mit der Zeit bemerken wir doch, daß unser Erlebenskreis weiter gespannt ist. Und das Leben selbst zeigt, daß es noch anderes gibt auf der Welt als Berge!

Es kann aber auch geschehen, daß die Berge dem Bergsteiger zeitweise bedeutungslos werden. Doch wenn er sie auch vorübergehend verleugnet — sie sind trotzdem immer da. „Wenn wir das Blatt unseres Lebens gegen das Licht heben, so sehen wir wie ein Wasserzeichen: den Berg!" hat Hans Gsellmann einmal gesagt.

Ja, die Berge sind immer da im Leben eines Bergsteigers. Und manchmal geben sie an der schicksalhaften Wende eines Lebens den Hintergrund ab. Da hat sich auf der reichlich unebenen Freilichtbühne des Rauchtales einmal ein kleines Drama abgespielt. Die Berge wurden im Laufe der Vorstellung von Kulissen zu Darstellern. Die Hauptrollen: ein Mädchen und ein Mann. Statist war ein Biwakblock hoch oben unter den Wänden.

Die Berge werden — auch das können sie sein! — zuweilen zu treuen Verbündeten. Immer dann, wenn es darum geht, den Wert eines Menschen zu erkennen. Und die Berge sind sehr strenge, aber gerechte Prüfer! Ob einer Kamerad sein und Verantwortung tragen kann, ob er achtenswert ist und auch den anderen achtet — all das zeigt sich untrüglich bei gemeinsamen Bergfahrten.

Begleiten wir nun unsere zwei Hochdramatischen an einem strahlenden Sommertag hinauf ins Rauchtal! Sie waren um der Stangenwand willen gekommen. Als sie ins Kar kamen, zog ein Gewitter auf. Doch ehe noch der Regen herniederprasselte, hatten sie den großen Block entdeckt und sich darunter verkrochen. Eine halbe Stunde später waren die Wolken schon wieder weitergewandert. Die beiden warteten eine Stunde, bis der Schwabenwind die Felsen getrocknet hatte. Dann packte das Mädchen den Rucksack. Allein der Mann erklärte plötzlich, er wolle nicht mehr in die Stangenwand. Er habe keine Lust mehr dazu. Das Mädchen fragte nach einer weiteren Stunde nochmals zart an. „Nein!" erklang es kategorisch.

Dieser Stimmungsumschwung schien dem Mädchen unerklärlich und unerträglich. Ihr zwanzigjähriges Herz quoll über vor Lebensfreude und Berglust. Die Sonne schien, die Brunellen dufteten, und das Leben lag vor ihr wie ein großes, unerstiegenes Gebirge, in das sie ihre Spuren legen wollte. Und nun sollte sie tatenlos herumsitzen? Von allen Ecken und Enden der Wand schollen die fröhlichen Stimmen der Kameraden . . .

Aber unsere junge Bergsteigerin war einfühlsam. Jeder Mensch hat das Recht auf gelegentliche Verstimmungen, dachte sie. Vielleicht hatte der Kamerad trübe Ahnungen? Dann soll man lieber nicht in die Felsen. Und sie beschloß, für diesen Tag auf jede Kletterei zu verzichten. Sie tat es dem Kameraden zuliebe.

Aber es war noch früh am Tage, und sie hatten Zeit bis zum Abend. „Machen wir wenigstens eine Wanderung bei diesem herrlichen Wetter!" schlug sie vor. „Nein!" Da wurde ihr angst und bang. Schließlich waren sie ja zum Bergsteigen den weiten Weg heraufgekommen. „Bist du am Ende krank?" „Lächerlich!" Es war auch zum Lachen. Ihr Begleiter lag wie ein fauler Kater in der Sonne und hatte eben ausgiebig gegessen. „Vielleicht ist dir zu heiß? Wir können ja bis nachmittag warten und dann wenigstens einen anderen Weg zurückgehen, zur Häuselalm oder durchs Bogenkar . . ."

„Nein. Keine Häuselalm, kein Bogenkar, wir gehen denselben Weg zurück." Das Mädchen war bekannt für ihre Engelsgeduld. Nun aber war sie dem Zerspringen nahe. Doch vorher kam ihr noch eine Idee, die sie in ihrem Bemühen um einen Kompromiß für rettend hielt. „Wenn du heute schon keinen Geist hast, dann laß mich wenigstens allein wandern!"

Aber da kam sie schön an! Was sie denn eigentlich glaube, sie sei keine Kameradin, wenn sie ihn im Stich lassen wolle, und allein ließe er sie niemals, dazu bedeute sie ihm doch zu viel! Also jetzt hatte sie es. Sie war keine Kameradin — sie, die auf alles verzichtet hatte, einer Laune des Gefährten zuliebe. Er aber wollte nicht einmal die kleine Wanderung unternehmen, die sie sich so sehr wünschte. Wo sie ihm doch so viel bedeutete? Was konnte sie für die Zukunft von ihm erwarten?

Nicht einen Schritt würde er für sie tun.

Sie hatte das menschliche Band zwischen ihnen oft mit einem Seil verglichen. Sie hatte in letzter Zeit schwer daran getragen. Dem Vorfall im Rauchtal waren ähnliche vorangegangen. Sie hatten das Seil bis zum Zerreißen gespannt. Nun war es gerissen. Es blieb ihr nur noch, den Knoten zu lösen.

Da stand sie auf, besah sich den Block und den Mann noch einmal und begann den Abstieg.

Man geht das Rauchtal hinab über hartes Geröll und weiche Matten, ein steiles Schneefeld liegt am Wege. Es findet sich auch ein winziges Steiglein, das im Laufe von Jahrzehnten ausgetreten wurde.

Der Weg, den das Mädchen in seinem Inneren zurücklegen mußte, war weit länger und mühsamer. Aber sie hat ihn niemals bereut.

DER TOD

Ich träume nie von den Toten im Bogenkar. Zu sehr ist die Wirklichkeit jenes Tages noch in mir.

Pfingsten in der Trawies! Vorbildliches Kletterwetter. Auf der Alm stehen die Zelte in hellen Haufen. Aus den Wänden schallen frohe Rufe und Gehämmer. In der flutenden Wärme des Maitages stiegen wir das Bogenkar hinan, besichtigten die Wetzsteinhöhle und rasteten dann bei einer Quelle. Wir wollten ein paar schöne Bilder von der Stangenwand heimbringen.

Während des Aufstieges schon hatten wir ab und zu Stimmen gehört. Das mußte aus der Südostwand kommen. Sehen konnten wir niemanden. Dieses Gemurmel aus der Luft war unheimlich. Als wir uns beim Wasser aufhielten, hörten wir es wieder. Knapp ober uns war eine Wandstufe, darüber ein Schneefeld, und von dort stieg der klotzige Mittelturm der Stangenwand mit der Südostwand zur Höhe.

„Wenn sie abstürzen, fallen sie uns vor die Füße." Ich hatte den Satz noch nicht beendet, da krachte es wie von Steinschlag. Ich hob den Blick zur Wand . . .

Große gelbe Blöcke stürzen herab. Gott sei Dank, es sind doch nur Steine! Aber dazwischen . . . da wirbelt ein schwarzes Bündel . . . und noch eines . . . deutlich erkenne ich das Seil, das wie rasend schlägt. Dann ein Aufklatschen . . . So fällt kein Stein auf dem Boden auf . . . Sie waren beide gleichzeitig am Fuße der Wand angekommen. Es war, als würden sie stehenbleiben. Aber man sah schon, daß sie nicht mehr bei sich waren. Wie Puppen an Drähten hingen sie leblos am Seil. Dann riß es sie nach vor, schleuderte sie wie Bälle über das Schneefeld. Dort blieb das Seil — es war nicht zerrissen — an einem Felsblock hängen. Zu seiner Rechten und Linken lag je ein Mensch, mit dem Gesicht im Schnee.

Es war, als hätte eine unsichtbare Hand die beiden aus den Felsen gefegt. Und diese unfaßliche Macht war um uns, deutlich zu spüren, greifbar nahe und dennoch nicht zu erfassen . . . Das Grauenvollste aber waren die Vögel. Ein Schwarm kohlschwarzer Bergdohlen war mit häßlichen Schreien aus der Wand geflattert, sowie der Sturz begann. Mit den Stürzenden waren sie hinabgestoßen auf das Schneefeld. Und gleichzeitig mit ihnen langten sie im Kar an und saßen kreischend im Schnee, immer näher- und näherrückend . . .

Mein Gefährte lief zum Schneefeld hinauf, als ginge es um sein Leben. Ich folgte langsamer. Steine polterten. Er fand in der Aufregung nicht gleich den richtigen Zustieg. Es sah aus, als stürzte auch er. Ich vergrub das Gesicht in der weichen Erde. Alles, alles, nur das nicht! Nein — er hat schon wieder Stand gefunden.

Da — plötzlich Stimmen über mir. Der Atem stockt mir vor Freude. Ein paar Augenblicke lang glaube ich allen Ernstes, es seien die Abgestürzten. Vielleicht hat die Schneedecke sie vor dem Tod bewahrt ... lieber Gott, laß sie nicht tot sein, nie wieder will ich in die Berge gehn, aber laß die zwei am Leben ... Ich öffne die Augen. Der Kamerad hebt die Hand und läßt sie wieder sinken. Tot. Die Stimmen kommen aus der Wand. Ich begreife. Nach einem freien Fall von 150 Metern ist nichts mehr zu hoffen.

Es waren nacheinander zwei Seilschaften in die Südostwand der Stangenwand eingestiegen. Die erste Seilschaft ist noch am Leben, steigt weiter. Sie rufen nach uns. Ich frage, ob sie Hilfe brauchen. Klar kommt es zurück: „Nein! Wir gehen weiter!"

Ein Schneehang. Ich lasse mich hinunterfallen, hinein in die Kühle und Stille. Nichts mehr sehen, nichts mehr hören ... Bei der Quelle im Rauchtal steht ein Zelt. Wiener Bergsteiger, alte Hochschwab- kämpen, bewohnen es. Sie holen mich hinein, stellen keine Fragen. Sie haben schon meinen Gefährten zu Tal laufen sehen. Die Männer steigen auf zur Unglücksstelle. Ich bleibe eine Weile bei der Frau sitzen, bis ich wieder gehen kann. Sie erzählt mir, daß sie morgen in die Südwand wollen. Ich schaue sie an, als sei sie verrückt.

Dann, langsam, kommt das Verstehen. Das Leben geht weiter, auch ohne die beiden Toten im Bogenkar. Die drei aus Wien werden morgen ihren Weg gehen. Und die zwei in der Südostwand haben jetzt den Ausstieg erreicht. Wir hören sie jodeln. Das Leben geht weiter.

Im Tal kamen die anderen Menschen. Gendarmen fragten uns aus, als hätten wir selbst die beiden aus der Wand geworfen. Das tat weh; aber es war ihre Pflicht. Dann gerieten wir unter die Schau- lustigen, die wie ein schwarzer Klumpen im Hof des Gasthauses standen und ihre Ferngläser auf die Wand gerichtet hatten. Sie wollten die Toten unbedingt sehen und fotografieren und waren sehr erbost, weil wir ihnen keine Antwort gaben. Sie wollten genau wissen, wie die Leichen aussahen, die dort oben im Bogenkar auf ihren Gesichtern lagen. Da mußte ich an die schwarzen Totenvögel denken und konnte sie besser verstehen als diese Art von Menschen.

Nachts löst sich der barmherzige Schleier der Betäubung, der das Erlebte allein erträglich macht. Es beginnt der Schmerz, der Hader mit Gott, die Frage nach dem Warum.

Ich war dem Tode vorher schon begegnet; hatte Vater, Großmutter und meine Schwester begraben, die mir ein zweites Ich war. Aber so nahe hatte ich den Tod nie gefühlt — den Tod, der dort oben saß im Bogenkar und mich ansah mit den harten Augen der Bergdohlen. Der Tod, der trotzdem voller Gnaden war. Der Bergtod, der so schnell kommt wie ein Blitz. Wir Menschen könnten uns keinen schöneren Tod wünschen, als auf dem Höhepunkt des Lebens in Sekundenschnelle zu sterben wie die beiden im Bogenkar. Sie können nicht gelitten haben. Bei diesen Abstürzen tritt der Tod sofort beim Aufprall durch Herz- und Lungenriß ein.

Was ist das Leben? Eine schillernde Seifenblase, die beim leisesten Lufthauch zerspringt? Was sind wir Menschen, daß ein Stein von Nußgröße uns töten kann? Was ist der Tod? Warum mußten die beiden Zwanzigjährigen sterben? Ist es denn Frevel, was wir in den Bergen tun, was uns so reine Freuden bringt? Muß Gott uns härter strafen als andere, weil wir ihm manchmal näher sind? Weil wir uns an den Grenzen des Daseins bewegen, wo wir die letzten Dinge besser ahnen und spüren als die Menschen im Tal?

Oder ist den beiden Jungen größere Gnade zuteil geworden als uns Lebenden? Wir wissen es nicht. Wir Menschen finden keinen Sinn im Tode.

Das Leben geht weiter. Auch ich werde, wenn die Erschütterung leiser wird, wieder in die Berge gehn. Aber so wie früher kann es niemals wieder werden.

Die Berge geben unsagbar viel, aber sie nehmen auch, hart und gnadenlos.

NOVEMBERTAG AM EBENSTEIN

Da gab es erstaunte und spöttische Gesichter bei unseren Freunden, als wir zur traditionellen Spätherbstfahrt in den Schwaben aufbrachen! Die Stadt war in Nebel gehüllt. Der Wetterbericht verhieß Niederschläge und Sturm auf den Bergen. Ein Teilnehmer wollte noch im letzten Moment auskneifen. Und dann fuhren wir doch vollzählig Samstag mittag dem Schwaben entgegen.

Wir kannten ja jene herbstliche Wetterumkehr, die die Täler im Frost erstarren läßt und den Bergen Sonnenschein schenkt. Überdies ist jeder richtige Bergsteiger ein unverbesserlicher Optimist. Und wir sollten wieder einmal recht behalten! Denn als wir Frohnleiten, die mittelsteirische Wetterscheide, hinter uns hatten, zeigte sich schon blauer Himmel. Und in Bruck schien gar schon die Sonne! Das Lammingtal sah sommerlich aus. Nur ein Blick auf die Schattenseite mit ihrem Rauhreifbelag erinnerte daran, daß wir Ende November schrieben.

Am Grünen See machen wir Halt. Das pfeifende Geräusch, das wir während der Fahrt schon vernommen, ist zum Tosen geworden: Sturm! Der berüchtigte „Tragösser Almwind" — ein Nordföhn — stürmt uns entgegen. Der See ist fast versickert. Aber noch die armseligsten Wasserlachen zeigen jenen berückend grünen Schimmer, der den Zauber dieses Naturwunders ausmacht.

Eine fröhliche Gesellschaft besichtigt den See. Selbst an diesem stürmischen Tag sind Ausflügler unterwegs. Man hat, unterstützt durch die modernen Verkehrsmittel, die Schönheiten aller Jahreszeiten entdeckt. Früher fürchtete man die „langen" Herbst- und

Wintermonate, den Nebel und die Kälte. Heute überwindet man sie, indem man mitten in sie hineingeht. Das Jahr ist kürzer geworden, weil wir die Jahreszeiten verlängert haben. Es gibt keine „tote Zeit" mehr!

Es ist schon dämmrig, als wir die Russenstraße hinansteigen. Dieser Almfahrweg, von kriegsgefangenen Russen im ersten Weltkrieg erbaut, führt in angenehmer Steigung zwischen dem prallen Wandabsturz der Stallmauer und den grießigen Hängen der Sonnschienmauer hinauf zur Sonnschienalm. Es ist der bequemste Zugang zur Alm, im Winter die beste Schiabfahrt von ihr.

Wir sind vor dem Wind geschützt. Aber wir hören ihn hoch oben über die Berge brausen. Hie und da reißt der fahle Nebelvorhang auf. Dann sehen wir, daß in den Karen schon Neuschnee liegt. Wie wird es uns auf den freien Almen ergehen? Werden wir in Sturm und Schnee hinüberfinden zur Sonnschienhütte? Das kurze Stück Weges vom Waldrand zur Hütte — kaum eineinhalb Kilometer — hat bei Hochschwabsturm schon seine Opfer gefordert!

Nach kaum zwei Stunden öffnen wir die Tür der Sonnschienhütte. Wir hatten nicht einmal die Laternen gebraucht. Die Straße war wohl mit Schnee verweht, aber noch kenntlich. Und der Sturm hatte zwar laut und heftig, aber nur zeitweise getobt. Und als wir in der schneehellen, zwielichtigen Dämmerung bei der Kapelle im unklaren über den Weg waren, hatten wir das Licht des Schutzhauses erblickt.

Es gibt noch einen gemütlichen Hüttenabend bei der fürsorglichen Mutter Hold. Und wir sind nicht einmal die einzigen Gäste! Ein paar junge Bergsteiger sind trotz Sturm und Nebel heute von Seewiesen über den Hochschwab gewandert.

Ein brennendes Morgenrot weckt uns. Die Fotografen stürzen, mangelhaft bekleidet, hinaus in den eiskalten Morgen. Die Nichtfotografen kriechen noch einmal unter die warmen Decken. Das Wetter scheint unklar zu sein. Doch gegen acht Uhr wird der Ebenstein plötzlich frei. Wir brechen auf.

Der Graben, in dem der Weg weit ausholend dahinzieht, ist mit feinstem Pulverschnee gefüllt. Die Bäume tragen Spitzenkleider aus Rauhreif, der auch den grauen Stein in märchenhafte Gebilde verwandelt. Über uns in den Schrofen springt Gamswild rudelweise dahin. An seinem Verhalten erkennt man, daß Jagdzeit ist: Es ist längst nicht so vertraut wie im Sommer.

Über den Sattel zwischen Kleinem und Großem Ebenstein rast der Sturm. Er dringt durch alle Hüllen, mit denen wir uns unförmig vermummt haben. Nebel und aufgewirbelter Schnee schaffen eine geradezu arktische Stimmung. Wir sehen aus wie in einem alpinen Gruselfilm. Gedanken an Umkehr werden wach, die erst später eingestanden werden. Aber es ist ein so verheißungsvolles Licht über uns! Und unser Jüngster, der zehnjährige Mandi, ist allen weit voraus. Er kennt keine Müdigkeit, obzwar er heute schon ein Tagewerk hinter sich hat. Als wir noch friedlich schlummerten, hat er bereits eine Schneeburg gebaut, dann hat er eine Stunde lang den Hüttenfelsen mit der Spitzhacke „verschönert". Das Bergsteigen zählt er gar nicht!

Eine Minute später bereuen wir es nicht, weitergegangen zu sein. Der Brandstein schiebt sich aus den Wolken, dunkel und unförmig, als sei er eben erst erschaffen worden. Ein Leuchten liegt über der Welt, so unirdisch klar, wie es nur an diesen späten Herbsttagen entstehen kann. Der Ostgrat der Schaufelwand ist plötzlich da, so wild und abenteuerlich, daß es uns den Atem verschlägt. Die schmalgeschnittene, hochgezückte Kante glänzt wie dunkles Metall. Sie zerschneidet die Welt in Hell und Dunkel. Erst wie wir uns im Höhersteigen über sie erheben, können wir den Blick von ihr lösen. Hart und eisig ist der Schnee. Vorsichtig tasten wir uns über die Schrofen zum Gipfel.

Über makellos weiße Flächen geht der Blick hinüber zum Hochschwab. Nach Westen sehen wir bis zum eisstrahlenden Dachstein. Aber das Erstaunlichste ist doch die Riegerin. Ihr spitzer Gipfel trägt keine Spur von Schnee. Das warme Goldbraun des Herbstgrases und der freundlich grüne Wald sind seltsame Farben inmitten der frostigen Schwabengipfel.

Während des Abstieges verebbt der Wind. In der Sonne ist es sommerlich warm. Längs der Russenstraße blühen die ersten Christrosen. Lächelnd stellt einer von uns fest, daß wir jetzt laut Wetterbericht mitten im Regen stünden. Und dieses spitzbübische Gefühl

begleitet uns den ganzen Tag: Wir haben den Wetterbericht über-
listet, wir haben den Herbst geprellt, und wir haben allen jenen
etwas voraus, die jetzt in den nebligen Tälern frieren . . .

In der Jassing liegt schon die Dämmerung. Und wir steigen hinab
in die Rauheit der Täler und müssen es glauben, daß es Winter wird.
Nach solchen strahlenden Tagen greift uns die Unwirtlichkeit des
Abends besonders an. Das Erlebnis der sonnigen Berge wächst durch
den Gegensatz der düsteren Täler ins Unwirkliche. Ist es möglich, daß
die Welt noch vor kurzem so schön war; haben wir nicht am
Ende alles nur geträumt?

Dieses Traumhafte ist es, was solche Fahrten spät im Jahr zu
leuchtenden Erinnerungen werden läßt.

Eine Stunde im lärmerfüllten Kapfenberger Hallenbad beschließt
den Ausflug. Sie ist trotz des wohltuendes Bades ein schreiender
Mißklang im Konzert des Tages. Aber auch den brauchen wir. Woher wüßten wir sonst, wie schön die Stille war und das große Leuchten am Ebenstein?

Raimund Schinko

DER WINTERLICHE HOCHSCHWAB

Der Hochschwab spielt eine gewichtige Rolle im steirischen Wintersport. Ja, er ist sogar in höchstem Maße „mitschuldig" an der Weltgeltung des Schilaufs! Denn nach einem anstrengenden Abstieg von einer Winterbegehung des Hochschwab im Jahre 1890, wobei der steirische Schipionier Kleinoscheg immer wieder tief in den Schnee eingebrochen war, bestellte er sich aus Norwegen ein Paar der bei uns noch unbekannten Schier. Nach der Erprobung kaufte er weitere 5 Paare für seine Freunde. Die weitere Geschichte des Schilaufs ist ja bekannt!

Im Hochschwab liegen zwei bevorzugte Schigebiete der Steiermark: Präbichl und Bürgeralm. Jedes von ihnen ist durch Straßen, Zufahrten und Lifte erschlossen. Die Aflenzer Bürgeralm mit der Windgrube zeigt sanftere Geländeformen; am Präbichl überrascht immer wieder, daß ein so steilflankiger Berg wie der Polster zu einem der beliebtesten Schiberge der Steiermark geworden ist. Ausgerechnet jener Polster, von dem in den Lesebüchern der dreißiger Jahre in einem Aufsatz von Peter Rosegger noch zu lesen war, daß er abweisend und steingefährlich sei!

Aber die Zeiten haben sich rasch geändert, besonders was die Ansichten über Schigelände betrifft. Und so bevölkern denn im Winter Tausende von Schiläufern die Bürgeralm und den Präbichl. Viele davon sind Sonntagsschifahrer aus Graz, Wien und den Siedlungen um den Hochschwab. Wobei unter „Winter" auch der Herbst ab November und der Frühling bis in den Mai hinein zu verstehen ist. Ein halbes Jahr Schisaison am Hochschwab! So hat der

Lang-Eibel-Schlucht 225

winterliche Schwaben dem Pistenläufer vieles zu bieten. Aber in seinem großräumigen Reich hat noch anderes Platz!

Das Schwabenplateau mit seinen leicht ersteiglichen Kuppen und Mulden ist ein wahres Schidorado für den Tourenfahrer. Die Krummholzregion ist im Schnee versunken. Es ist ein müheloses Gleiten und Wandern, manche Wege sind viel angenehmer als im Sommer. Der Hochschwabgipfel ist im Winter auf verschiedenen Wegen leicht erreichbar und wurde auch schon im Jahre 1895 von Toni Schruf mit Schiern befahren.

Für Schi-Überschreitungen ist der Schwaben besonders geeignet. Gelände hiefür findet sich u. a. im Staritzenzug, auf der eigentlichen Hochfläche vom Hauptgipfel bis zur Häuselalm, auf der einsamen Karlalm und der vielbefahrenen Mitteralm. Riesige Schneekessel und verborgene Täler haben ihre „Stammkunden" bis in den Frühsommer: das Ochsenreichkar oder die nordseitigen Mulden um den Hauptgipfel, ein Traumland für den Tourenfahrer; das seit alters beliebte Bruchtal, der Fölzgraben oder der hochalpine Karlgraben.

Ein Schiland eigener Prägung sind die Sonnschienalmen. Wir haben dort im Ebenstein und Brandstein zwei der schönsten alpinen Schiziele des Schwaben. Rundherum aber dehnt sich das zauberhafte Schiwanderland der Hochalmen. Vom Hochstein im Osten bis zum Sonnstein im Westen reiht sich Mugel an Mugel. Ihre durchschnittliche Höhe ist 1700 Meter. In den Wellenbergen und -tälern kann man tagelang dahinstreifen, ohne eines Menschen Spur zu finden. Alles Unterholz ist in Schnee verpackt. Nur die schlanken Schattenrisse dunkler Fichten säumen die Mulden. Ein Land für den, der auch im Winter die Einsamkeit sucht. Von der Sonnschienhütte aus ist es Schitouristen zugänglich; von den vielen Almen der Sonnschien ist besonders die Pfaffingalm bei Einheimischen beliebt.

Auch die Talorte um den Schwaben sind seit Jahrzehnten dem Wintersport aufgeschlossen. Bekannt sind besonders Aflenz und Eisenerz als Orte von Wintersportveranstaltungen und Seewiesen mit Schülerkursen. Die Schutzhütten des Schwaben sind auch im Winter zum Teil geöffnet.

Gegen das Ende der fünfziger Jahre kam eine neue Wintersportart auf: das Firngleiten, abgekürzt „Figln" genannt. Die Firngleiter

226

oder Figl sind ganz kurze Schier, die sich besonders gut zum Fahren im Firnschnee eignen und daher für Frühjahrstouren verwendet werden. Mit ihrer Hilfe lassen sich Steilrinnen besser befahren als mit Langschiern. Sie lassen sich besser transportieren als diese, und manche Frühlingskletterei im Hochschwab findet mit einer anschließenden Firngleiterfahrt einen genußreichen Abschluß, wo man früher stundenlang im Schnee waten mußte. Bekannte Hochschwabtäler, die man früher mit Langschiern befuhr, sind heutzutage zu einem Dorado der Firngleiter geworden, etwa das sehr beliebte Bruchtal bei Seewiesen oder das Rauchtal im Bereich der Stangenwand. So wurde mit Hilfe neuzeitlicher Geräte manche altbekannte Abfahrt wiederentdeckt und schmackhafter gemacht. Die Technik des Firngleitens ist übrigens etwas verschieden von jener des Schifahrens. Man belastet beim Figln das Ende des Geräts, etwa wie beim Wasserschilauf, und fährt mit Rückenlage.

Es wurden im Hochschwab aber in den letzten Jahrzehnten auch ganz neue alpine und hochalpin zu nennende Abfahrten entdeckt! Großartige „Umfahrungen" sind in Mode gekommen, wie etwa die Eismauer-, die Ebenstein-, die Brandstein-Umfahrung und manche andere mehr, die nicht nur ausgezeichnetes Schifahrerkönnen, sondern auch Ausdauer und oft sogar hochalpine Technik mit Seil- und Pickelhilfe verlangen. Norbert Hausegger, der bekannte Hochschwaberschließer, hat besonders viele Schifahrten erkundet und auch herausgefunden, daß es im Schwaben nicht weniger als 300 Schiabfahrten gibt, von denen viele allerdings nur für Schialpinisten geeignet sind. Spezialist für Umfahrungen ist der Hochschwabpionier Ing. Rudolf Reidinger. Hausegger hat mit dem bekannten Grazer Alpinisten Günter Auferbauer das Buch „Der Hochschwab im Winter" herausgebracht, in dem neben wunderschönen Winterbildern der winterliche Schwaben umfassend gewürdigt ist. Unter anderem ist die wilde Lang-Eibel-Schlucht zwischen Griesstein und Brunnmäuern oder die Abfahrt durch die Roßhöll nahe der Hochweichsel bei Spezialisten beliebt geworden. Als schönste Schiwanderung des Schwaben erwähnen Hausegger und Auferbauer die Strecke Sonnschienalm—Androthalm—Pfaffingalm—Brandwiese—Wasserboden—Spitzboden—Sonnschienalm.

Eine andere Quelle winterlicher Freuden ist im Hochschwab besonders gut erschlossen: das Winterwandern. Die nur sanft ansteigenden Hochschwabtäler, von guten Jagdstraßen seit alters durchzogen, eigneten sich immer schon für das winterliche Wandern. Doch erst unsere Zeit der Forststraßen und Güterwege hat diesen so beglückenden Zweig des Wanderns zu voller Blüte gebracht. Der Schwaben und besonders sein Vorland sind reich an Wald und daher auch reich an solchen neuen Straßen, von denen die meisten auch schneegeräumt sind. Für Hunderte anderer solcher Straßen nenne ich nur die Fahrstraße zur Schießlingalm oder die Straßen zur Göriacheralm und zur Turnauer Alm. Ganz gewiß hat ein winterlicher Urlaub im Bereich des Hochschwab sowohl ihm als auch dem Winterwandern eine Menge neuer Freunde eingebracht!

Daß auch der neuerdings so beliebte Langlaufsport im Bereich des Hochschwab, vor allem in seinen Randbergen und -tälern, gepflegt werden kann, versteht sich von selbst. Viele Orte um den Schwaben haben sich dieses Sportes angenommen und Langlaufloipen geschaffen.

Wohl die „ausgefallenste" Art winterlicher Betätigung im Berggebiet ist das Winterbergsteigen. Auch hiefür gibt es schon aus der Zeit vor mehr als hundert Jahren überlieferte Kunde: Der Freiherr von Walterskirchen unternahm bereits im Februar 1867 die erste Winterersteigung des Hochschwabgipfels. Als einer der ersten Winterkletterer zeichnete sich der unverwüstliche Oskar Franz schon im Jahre 1920 aus. Nur wenige Jahre später erprobte der hervorragende junge Kletterer Dr. Karl August Zahlbruckner sein Können auch im Winter an Kletterbergen, wobei ihn unter anderen sogar eine sehr felstüchtige Dame begleitete.

Entsprechend der zahlenmäßigen Zunahme an Kletterern, nahm in den letzten Jahrzehnten die Zahl der winterlichen Erstbegehungen wie überall auch im Hochschwab zu, wobei von der Kletterjugend auch schwierigste Führen gemeistert wurden.

Eines aber darf niemals vergessen werden: Der Hochschwab ist ein Hochgebirge von wilder Art. Die ausgedehnten, baumfreien Hochflächen und die Steilabstürze geben ihm hochalpinen Charakter, der sich im Winter in unvorstellbar fürchterlichen Stürmen äußern kann. Die Gipfelregion des Schwaben zeigt dann große Ähnlichkeit mit der berüchtigten Dachsteinlandschaft „Am Stein". Eine weitere Gefahr sind Lawinen, die auch den Bannkreis der Pisten nicht verschonen.

Die Geschichte des Schwaben ist reich an winterlichen Katastrophen. An vielen Orten finden wir Gedenktafeln. Eine besonders düstere Stätte ist beim Ausstieg des Ghackten. Dort stehen Erinnerungsmale für den Wiener Eichhorn und den verdienstvollen Obmann der „Voisthaler", Ferdinand Fleischer, der da mit den Brüdern Teufelsbauer im Jahre 1903 im Schneesturm zugrunde gegangen ist. Vier Opfer in einem Jahr, fast an derselben Stelle! Später hat man zur Vermeidung neuerlicher Unglücksfälle einen Unterstand, die Fleischerhütte, errichtet. Und doch ist 45 Jahre später im Umkreis dieser Hütte noch Schrecklicheres geschehen.

Wieder war es zu Ostern, die Zeit, in der auch Fleischer verunglückt war. Eine Gesellschaft von Grazer Bergsteigern, meist Jugendliche, durchstieg, mangelhaft ausgerüstet, zu sieben an einem Seil (!), das noch vereiste Ghackte und geriet in Schneesturm und Bergnot. Alle sieben starben. Der einzige, der sich noch hätte retten können, sprang in einem Anfall von Wahnsinn über die Südwand hinunter.

Selbst Menschen, die am Schwaben zu Hause waren, wurde er im Winter zum Verhängnis. So hat sich im Dezember 1919 der Träger vom Schiestlhaus, Roman Sonnweber, am Edelsteig verirrt und ist erfroren. „Was ist der Schwab gegen die Zugspitze, wo ich bei jedem Wetter aufgestiegn bin!" meinte er noch beim Abstieg ins Tal. Auch die Hüttenwirtin, Frau Glaser, ist auf der Suche nach dem Träger beinahe selber ums Leben gekommen . . .

Den älteren Grazer Bergsteigern sind Gottfried Schinko (Raimund Schinkos Neffe) und Heinz Groß wohl noch in Erinnerung. Beide waren ausgezeichnete Kletterer. Die beiden Sechzehnjährigen hatten am 17. März 1947, gut ausgerüstet, die erste Winterbegehung der Nordwestkamine des Mitteralmturmes ausgeführt. Beim Abstieg müssen sie in einen Schneesturm geraten sein. Man fand sie erst Wochen später, ganz nahe der Fölzalm, tot unter dem Schnee.

Schwerstes im Fels haben die beiden gemeistert. Aber den Schrecknissen des winterlichen Hochschwab sind sie erlegen. So furchtbar muß dieser Sturm gewesen sein, daß die beiden nicht einmal das mitgenommene Zelt verwenden konnten.

In unserer Zeit locken auch die winterlichen Berge: die Massen mit dem Volkssport des Schifahrens und dem Winterwandern und die Kletterer mit dem Neuland der Winterbegehungen. Der Schwaben ist ein ergiebiges Gebiet für diese Betätigungen. Doch über alle Winterfreude sollte die Mahnung all der Toten des winterlichen Schwaben nicht vergessen sein.

Ich habe gleich bei meiner ersten Schifahrt die unerbittliche Härte des Hochschwabwinters zu spüren bekommen. Eine heilsame Lehre! Und nur ein gütiges Geschick hat uns vor Ärgerem bewahrt.

BÜRGERALM

Damals ist der richtige Winter erst Ende März, nach Frühlingsanfang, gekommen. Auf der Bürgeralm maß man vier Meter Schneehöhe. Meine Freundin Hermi und ich hatten zwei Paar total verzogener alter Wehrmachtsschier, 2,20 Meter lang, aufgestöbert und brannten aufs Schifahren. Damit glaubten wir uns gerüstet genug für den Hochschwab!

Nachmittags fuhren wir von Graz weg, in der Dämmerung folgten wir einer Fußspur zur Bürgeralm. Unterwegs trafen wir zu unserem Glück den Hüttenwart der als Unterkunft in Aussicht genommenen unbewirtschafteten Hütte. Als wir, alle drei schon erschöpft, den schützenden Waldsaum verließen — es war stockfinstere Nacht —, warf uns der Sturm zu Boden. Über den Schnee kriechend, die Schier vor uns herschiebend, haben wir zwei Stunden für eine Strecke von 300 Metern gebraucht. Ununterbrochen liefen uns vor Schmerz und Angst die Tränen aus den Augen. Als wir die Hütte gefunden hatten, mußten wir sie erst ausschaufeln. Zwei Tage lang konnten wir keinen Schritt vor die Tür tun. Dann hatte der Sturm ausgetobt. Unser Hüttenwart stieg still lächelnd zu Fuß ab, und wir Schisäuglinge gedachten abzufahren.

Gleich nach der ersten Kurve der Abfahrt gerieten wir in steilen Wald. Durch die Felsbrüche des Ranstein rutschten wir hinab ins Ungewisse. Wir haben den ganzen Nachmittag gebraucht bis nach Aflenz und dann noch die halbe Nacht zu Fuß bis Kapfenberg ...

Seither hat sich einiges geändert auf der Bürgeralm. Auf steil angelegter Trasse führt ein Sessellift aus dem Bürgergraben über Hochwald und Felsen hinauf zum Ranstein. Ein weiterer Lift bringt die Besucher weiter über die Schönleiten bis knapp unter den Gipfel der Windgrube. Nicht zuletzt durch diese Erschließung ist die Bürgeralm zu einem der beliebtesten Schigebiete der Steiermark geworden. Aflenz, die „Hauptstadt des Schwaben", steht mit seiner Besucherzahl an hoher Stelle unter den Wintersportorten der Steiermark. Das Schigelände der Bürgeralm ist lawinensicher, die Fahrtstrecken sind leicht und wunderschön — sei es nun der Übungshang mit einem weiteren Lift, der gleichmäßige Westhang oder der enge Graben der „Gummizelle", in dem man wirklich verrückt werden könnte vor Schiseligkeit.

Den Anblick der Alm von der Windgrube stelle ich über vieles andere im winterlichen Hochschwab: Eine silberne Schale, mit feinem Schnee gefüllt, umspannt von den Felsarmen des Ranstein, der sie emporhebt an den Rand des Himmels. Da schwebt sie nun hoch über der lichten Weite des Tales von Aflenz. Zarte Baumschatten sind an den Rand der Mulde hingemalt, in der das Hüttendorf von Geborgenheit kündet. Vor wenigen Jahrzehnten noch gab es nur einige Almhütten auf der Bürgeralm; heutzutage aber werden der Unterkünfte immer mehr. Die Abfahrt von der Bürgeralm vermittelt ein breiter Fahrweg (früher war es ein Hohlweg), vielbefahren und vielgeschmäht. Doch kommt es auch hier nur darauf an, wie man die Dinge sieht! Ich habe diese als eintönig verschriene Strecke in so mannigfaltigem Schnee- und Seelenzustand erlebt, daß sie für mich zu vielstimmiger Musik geworden ist.

Da sind die Kreischtöne angeschnittener Harschplatten, vereint mit den Tropftönen der Schneeschmelze und den Fanfaren des Frühlingsfirns, da ist das zarte Piano flaumweichen Pulvers neben den Paukenschlägen schwerer Stürze, das sinnverwirrend flirrende Rauschen des Rauhreifs und das verhauchende Flüstern des Seifenschaumschnees, der herrlichsten aller Schneesorten, die man in Jahrzehnten nur einmal erlebt ... Und wieder läuten die Glocken der Schneerosen am sonnigen Schlag — wie an jenem Tag des Jammers, da ich mit verstauchtem Knöchel hinabfuhr und jeden größeren Baum innigst umarmte, um mich an seiner geduldigen Brust auszuweinen ...

Und ich höre die dröhnenden Trommeln des Schmerzes, wie damals, als ich mir an einem Felseneck ein Loch in den Kopf geschlagen. Eintönig? Niemals ist ein Weg, ein Berg oder eine Landschaft eintönig. Das ist höchstens der Mensch, der nicht zu hören versteht.

FEISTRINGTOBEL

Nach vielen Jahren der Zuneigung hat mir die Bürgeralm auch ihre schönste, alpinste Abfahrt geschenkt: die durch den Feistringgraben.

Frühling im Schwaben! Das ist die Zeit der Schihochtouren. Man könnte den Feistringtobel viel leichter und schneller von der Bürgeralm her erreichen. Doch wir haben heute „was Gröberes" vor! Wir wandern durch den morgendlichen Fölzgraben. Im Frühjahr bestehen die Schwabentäler nur aus Schneerosen und blühender Heide. Was für ein feines Glockenspiel aus den volltönenden Schneerosenkelchen und den zarten Glöckchen der erica carnea! Am Bierschlag steigt ein Gams gemessenen Schrittes an uns vorbei. Die steinige Steinbockleiten ist mit den schweren Schischuhen ein besonders harter Weg. Am Gedenkkreuz für Schinko und Groß halten wir Andacht. Wie viele sind den beiden gefolgt! Und die Lebenden aus jener Zeit sind in alle Winde zerstreut. Erst jetzt wissen wir, was es heißt, einen Bergkameraden zu verlieren.

Aber noch liegen die Berge vor uns. In gleißendem Weiß streckt sich das Hofertal. Ein Schneebrett liegt darin. Wir umgehen es vorsichtig. Der Schnee ist heute sehr lebendig! Leben ist auch am Berg. Alle paar Minuten treffen wir Schiläufer. Jeder warnt uns vor der Lahn am Zlakenhang. Über den Zacken der Edelspitzen leuchtet das fleckenlose Weiß des Hutkogels. Die Höllmauer ist schwarz vor

Nässe. Das Schmelzwasser der Hochfläche stürzt in den Trichter ihrer Südwand. In einer Stunde haben wir die Mitteralm überquert.

Die Lahn von der Zlaken ist schon abgefahren, wie wir hinkommen. Vorsichtig kurven wir zwischen Hangrand und Lawinenknollen herum. Vom Sattel sehen wir dann die Lawine in ihrer ganzen Größe. Über einen Kilometer lang zieht sie sich von der vier Meter hohen Abbruchstelle bis in den halben Feistringgraben hinein. In einer fürchterlichen Schleifspur hat sie alles, was im Wege war, niedergewälzt wie eines jener weißbäuchigen Untiere alter Sagen.

Am sicheren Nordhang kreisen wir hinab in den Feistringtobel. Es ist eine Landschaft wie am Rande der Welt. Unendlich öde und unsagbar schön! Der schmale Graben windet sich in unerwarteten Kurven zu Tal, wird zum engen Schlupf, stürzt sich hinunter über zwei schneebegrabene Felsstufen. Unter uns tobt der Feistringbach. An manchen Stellen hat sich dieses ungebärdige Schwabenkind schon durch seine schneefeuchten Windeln gestrampelt und gluckert an der Oberwelt dahin. Wir queren hinüber zur Baumeralm, die schon in saftigem Grün liegt.

Dort halten wir lange Rast. Über uns die Felsstarre der Feistringsteine, von Schneerosen besät. Zu Fuß wandern wir weiter. Die Wildheit des Schwaben geht hier in das sanfter gestaltete, aber nicht minder schöne Land der Vorberge über. Ein sauberes Steiglein, ein großes Jagdhaus verraten schon die Nähe der Menschen.

Auf dem Fahrweg im Graben spüren wir zum erstenmal die Müdigkeit. Wir haben heute 24 Kilometer Schwabenwege in ehrlichem Aufstieg, ungespurter Abfahrt und langwierigem Abstieg hinter uns gebracht!

VOM HOCHSCHWAB ZUR HÄUSELALM

Es ist Mitte April. Auf der Fölz klettern sie schon lange. Oben am Schwaben aber sind noch „Weiße Wochen". Wir wollen sie nützen und das Gipfelplateau überqueren bis hinüber zur Häuselalm.

Ein Tag ist schon durch das berüchtigte „Schwabenwetter" verlorengegangen. Wir haben auf der überfüllten Voisthalerhütte genächtigt. Im Fahrtenbuch eines Kameraden finde ich später die lakonischen Worte: „... in der übervollen Hütte auf einer Bettkante geschlafen. Von Zeit zu Zeit Aufstehen zum Ausrasten ..." In der Frühe sind wir durch dicksten Nebel zum Schiestlhaus aufgestiegen. Dort sitzen wir den ganzen Tag gefangen, indes vor den Fenstern graue Schwaden brauen.

Erst am Morgen des zweiten Tages lichten sich die Wolken. Bis zum Schwabengipfel finden wir noch gut hinauf. Dann aber hüllt uns der Nebel wieder ein. Die Meinungen gehen auseinander: jeder will eine andere Abfahrt. Nervenzerreißend kratzen die Schier über beinharten Harsch. Auf einmal finden wir uns alle gefährlich nahe dem Absturz der Südwand. Aber jeder auf seinem eigenen Weg! Wir wissen, daß Bergsteiger schon über die Südwandwächte oder mit ihr abgestürzt sind, einmal sogar ein Fotograf, der im Eifer des Schauens den Boden unter seinen Füßen zuwenig beachtete.

Beschämt ziehen wir gemeinsam weiter. Durch phantastisches Dolinenland führt unser stundenlanger, gut bezeichneter Weg. An den „Türmen des Schweigens" — dem obersten Aufbau der Stangenwand — vorbei geht es zu rauschender Abfahrt in den „Baumstall". Bergdohlen gleiten in lautlosem Flug nebenher. Unter einer Felswand liegt ein totes Gamskitz. Steine und Grasbüschel deuten an, daß es auch in der Tierwelt Absturztragödien gibt.

Vom Häuselkogel sehen wir hinab auf einen ebenen, schneeweißen Boden. Verstreute Lärchenbäume stehen darin. Das ist alles. Ein Flecken Schnee mit alten Bäumen darauf. Und doch ist es eine Landschaft, die einen erlösen kann wie ein Dichterwort oder ein leises Lied. Und da drüben die Randberge, die weißwelligen Hochalmen. Wie sie sich hinausstürzen in den unendlichen Raum, fliehenden, jagenden Rossen gleich! Was für eine bewegte Landschaft! Ein Stück Erde, das ich zum erstenmal im Leben sehe und das mir doch so vertraut ist, als sei ich darauf gewachsen. Gewaltsam muß ich mich losreißen von dem Anblick, der mein Herz so seltsam berührt.

Durch die köstlichen Schneemulden der Häuselalm fahren wir in den Sackwald. Horch — der erste Kuckucksruf! Auf einem alten Lawinenkegel toben wir hinab nach Buchberg. Und unsere Fahrt endet in Schneerosen und blühendem Heidekraut.

SCHILAND IST JUGENDLAND

Ein Autobus voller Schwabenkandidaten hat sich zusammengefunden. Voisthalerhütte und Gipfel sollen übers Wochenende besucht werden. Kein Lift wird diese Fahrt erleichtern. Aber in unserer Gesellschaft überwiegt die Jugend bei weitem. Es gibt also doch noch junge Menschen, die mit Rucksack und Steigfell in die winterlichen Berge ziehen!

Es gibt sie sogar in ungeahnten Mengen, wie wir schon auf der Anfahrt bemerken. Durch das Seetal wirft sich der Föhn, fährt dem Wald ins Haar und macht einen tollen Lärm dabei. Mühsam kommen wir vorwärts. Im Voisthalergassel hängt an jeder Kehre ein Wegmüder.

Wie wir die Hüttentür öffnen, fällt uns ein Brettlwald entgegen. Das Schutzhaus ist übervoll, und immer wieder kommen neue Schifahrer. Aus der Dullwitz, von der Fölz, vom Schiestlhaus; spät am Abend noch, als es zu regnen beginnt, schleichen zwei patschnasse Gestalten daher. Auf unsere Frage antworten sie bescheiden, sie kämen zu Fuß von Aflenz über die Mitteralm und den Ochsensteig! Der Brettlwald ist zum Urwald geworden. Mehr als 100 Menschen sind in der Voisthalerhütte versammelt.

Es stürmt die ganze Nacht und noch am Sonntagvormittag. Trotzdem ersteigen die meisten den Gipfel und kehren mit leuchtenden Augen zurück. Auch am Sonntag kommen Schifahrer aus dem Tal, die den mehrstündigen Anstieg nicht scheuen. Wie wir schon im Abfahren sind durch das steile „Gassel" und die geruhsameren Böden, steigen sie immer noch bergan.

Schiland ist Jugendland, ob es nun Piste ist oder jenseits vom Berglift liegt. Es wird in allen seinen Formen befahren, solang es junge Menschen gibt. Und jung waren alle, die wir an diesem Wochenende in der Dullwitz sahen. Auch die beiden Siebzigjährigen mit ihren ausgelaugten Faßdaubenschiern, die wir beim Florl trafen. Oder der Weißhaarige, den wir ob seines schneidigen Fahrens bewunderten und der uns daraufhin sein Gipsbein zeigte und versicherte, er fahre ohne Gips noch viel schneller...

In Seewiesen treffen wir eine Grazer Studentengruppe, die auf

Fahrrädern mit aufgepackten Schiern im strömenden Regen lachend heimwärts fährt.

Wir aber tragen von unserer Dullwitzfahrt eine Gewißheit mit nach Hause: Das Tourenfahren stirbt nicht aus, solange es solche Menschen gibt.

DIE HEIMLICHEN SCHIBERGE

Frei und offen liegen die Schiziele im Hauptstock des Schwaben vor uns. Schön gerundet und baumfrei, mit Hängen ohne Hindernis, von befahrbaren Tälern umgeben, durch Lifte und Hütten erschlossen. Im Vorland des Schwaben aber gibt es Gipfel, die ich die „heimlichen Schiberge" nenne. Der wenig bekannte Schießling und der noch einsamere Oisching gehören dazu, die verwunschene Zebereralpe und das gemütliche Troiseck, und noch so mancher andere läßt sich von dem finden, der ihn sucht.

Eines haben alle diese Berge gemeinsam: Man sieht ihnen auf den ersten Blick keinesfalls an, daß sie Schiberge sind! Steilflankig sind sie und bewaldet, und gar mancher möchte es den stolzeren Schwabenbrüdern gleichtun mit Felstürmen und Wänden. Ja, es ist heimliches, verborgenes Schiland, das sich nur dem kundigen Auge offenbart. Und man muß einen Sinn haben für besondere Schifahrten und eine alltägliche Piste zurückstellen können zugunsten eines waldwinterlichen Reiches, in dem man Alleinherrscher ist!

Zebereralpe

So manchem Schifahrer, der von der Bürgeralm hinuntersah ins Mittelsteirische, mag die Zebereralpe schon aufgefallen sein: ein bewaldeter, sehr einsam aussehender Höhenzug zwischen Hochschwab und Mürztal. Von der kahlen Gipfelkuppe dehnt sich eine weite Mulde hinab zu den Hütten der Zebereralm. Dieser Gipfelhang strahlt im Winter einen eigenen Zauber aus: Schattenhafte Bäume stehn im Wiesenglast und geben dem Bild das Gepräge einer Traumlandschaft.

Gesehen haben die Zebereralpe viele. Wenige aber sind es, die den Weg hinüberfinden in ihr verwunschenes Reich. Ihre spärlichen Freunde aber beglückt sie mit netten Aufstiegen, rasanten Abfahrten nach Norden oder Süden oder begeisternden Kammwanderungen bis hinüber zum Pogusch: ganz nach Wunsch! Die Zebereralpe, des Rennfelds kleinere Schwester von milderer Art, ist darüber hinaus auch ein großartiger Aussichtsberg. Sie ist fast 1500 Meter hoch, überragt ihre Umgebung daher bedeutend, ist aber doch noch so niedrig, daß die höheren Gipfel daneben recht zur Geltung kommen. Sie wäre auch ein besonders schöner Wanderberg, etwa auf dem Südanstieg über das hübsche Urlaubsdorf Parschlug bei Kapfenberg. Vor 100 Jahren gab es auf der Zebereralpe noch Bauernhöfe in 1100 Meter Höhe. Der Sonnleitner dort soll den besten „Habern" weit und breit gehabt haben!

Troiseck

Was ist das doch für ein geruhsames Wandern auf der verschneiten Straße von Turnau her, vorbei an Bildstöcken und Bauernhöfen! Immer heimeliger wird es. Da öffnet sich der stille Maurergraben mit breiter Waldstraße. Ein paar tote Häuser liegen am Weg. Höher oben steht eine Kapelle. Die Straße verschmälert sich, bald sind nur noch Schispuren da. Als wir schon glauben, uns verirrt zu haben, entläßt uns eine Wegkehre mit Schwung ins Freie.

Vor uns liegt die Hochsiedlung am Töllmarkogel mit dem Troiseck-Gasthaus. Das ist ein Bauernhaus aus dem Jahre 1774, also genau 200 Jahre alt. Ebenso alt soll eine Tischplatte aus Ahornholz sein, die sich derzeit beim Besitzer, dem ehemaligen Kindberger Werksarzt Dr. Ulrich in Graz, befindet. Die Tischplatte ersetzte ein Hüttenbuch, denn die meisten Besucher schnitzten ihre Namen, aber auch manches andere in diese sehr wertvolle Platte. Das Troiseck war in früheren Jahren mehr besucht als heute. Vor 20 Jahren noch bevorzugten die Kindberger das Gebiet des Troiseck und scheuten auch vor dem zwei- bis dreistündigen Aufstieg aus dem Mürztal nicht zurück.

Heutzutage befindet sich an der Straße von Kindberg durch den

Möstlinggraben zum Gehöft Pölzl in 1100 Meter Seehöhe ein Schilift, der die Masse der Besucher mehr anzieht als das Troiseck, das man noch erwandern müßte.

Doch welch ein lohnender Gipfel ist dieser Vorberg des Schwaben! In einer halben Stunde vom Troiseck-Gasthaus haben wir ihn erwandert, im ganzen braucht man kaum 3 Stunden von Turnau. Wohl ist er waldig, aber die Bäume gewähren allerorten guten Durchlaß. Ein langästiger, dürrer Baum, der wie ein trauriger Klavier-Virtuose aussieht, steht am Gipfelhang. Die höchste Kuppe ist baumfrei, die Aussicht ergreifend schön zu den Staritzen und zur Hohen Veitsch.

Jubelnd über den neuentdeckten Schiberg, schlurfen wir hinüber zum Nordostkamm. Die Rückfahrt auf unserem Anstiegsweg wäre leicht und lohnend. Aber das Troiseck hat seinen Besuchern noch etwas Besonderes aufzuwarten: die Abfahrt zum Hubertushof.

Vom Gipfel über das Kampeck hinab ist eine durchschnittlich zehn Meter breite, drei Kilometer lange Blöße ausgeschlagen. Ein wahrer Götterweg! Hat man nicht in alten Zeiten auf diese Art die Bergkämme gerodet, um dem Geisterheer der Wilden Jagd freie Bahn zu schaffen?

Nun, mit der Wilden Jagd haben wir wenig Ähnlichkeit, dazu ist der Feuchtschnee schon zu verdorben. Trotzdem drechseln wir flink und geduldig Bogen an Bogen die leicht hängenden Schneisen hinab, und siehe da, der Schnee ist gar nicht so schlecht wie gedacht! Eine lustige Schaukel aus Bodenwellen wirft uns zum Schluß geradewegs auf den Vorplatz des Hubertushofes. Mitten in der Einschicht, über weltabgeschiedenen Gräben steht da ein großer Alpengasthof. Über den Pretalsattel und die eisigglatte Straße rutschen wir hinab in den Stübminggraben. Eifrige Rodler geben uns das Geleit, und zum heimlichen Vergnügen aller überholen wir ein paar vornehme, aber kettenlose Kraftwagen, die hilflos steckengeblieben sind.

Die Troiseckwege sind auch zu anderen Jahreszeiten Höhepunkte des Wandergenusses.

Schießling — Oisching

Schießling und Oisching sind ein Bergbrüderpaar, bis zu 1700 Meter hoch, allseits steil aufragend. Trotzdem verraten ihre gleißenden Gipfelkappen dem kundigen Auge, daß es dort oben Schigelände gibt. Der kleinere Bruder, der Schießling, ist von den heimlichen Schibergen des Schwaben noch eher bekannt und bei Einheimischen beliebt. Es gibt ein paar Schihütten im Schießling-Almdorf, unter anderem ein entzückendes Hüttlein der Brucker Naturfreunde. Ein Wochenende, ein Sonnenuntergang auf dieser weltfernen Plattform über dem Tal ist ein unvergeßliches Erlebnis.

Tagsüber tummelt man sich auf dem breiten Gipfelrücken in einem „altväterischen" Schigelände, das keinerlei Schwierigkeiten aufweist, oder besucht den weit nach Norden vorgeschobenen höchsten Punkt des Berges mit Gipfelkreuz und Buch. Die Abfahrt ins Tal ist etwas schärfer als die von der nahen, verschwisterten Bürgeralm; doch mit Hilfe mancher sehr brauchbarer Künste des seligen Zdarsky läßt sich auch das steilere Hohlwegstück meistern, und auf den folgenden Schlägen finden sich Durchfahrten. Bei günstigerem Schnee kann man auch längs der Schießlingstraße, die über Drajach zur Schießlingalm führt, abfahren.

Es ist alles so erfreulich altertümlich an diesem Schiberg! Aufstieg und Abfahrt erinnern an Pionierzeiten; im Tal kehrt man gerne in einem der gutgeführten Gasthäuser zu und lauscht unter den Dorfbewohnern den Gesprächen, die sich um die einfachen Dinge des ländlichen Lebens drehen: um Vieh und Alm, Futter und Troad, Wild und Jagd! Und ein solcher Tagesabschluß mit den Menschen der Berge ist der beste Ausklang eines Bergerlebens.

Der Oisching ist mein Liebling unter den heimlichen Schigipfeln des Schwaben. Er ist ein so feiner, stiller, zurückgezogener Berg! Im Winter ist er nur mühsam zu erreichen, am besten noch über den Schießling auf einem gar verwickelten Wege, der genau eingehalten werden will. Wer auch nur eine Schilänge von ihm abweicht, kann in dichten, sehr schifeindlichen Wald geraten! In der Wegmitte stellt sich einem plötzlich ein felsbuckliges Grätlein entgegen; es ist befahrbar — allerdings ist es mehr ein Schi-Gymkhana als ein wirkliches Fahren! Es kommt noch steiler Wald nach der Oischingalm, dann aber öffnet der Berg die Tore seiner Herrlichkeit!

Ein 200 Meter hoher Steilhang zieht hindernislos empor. Und was ist das für ein vorbildliches, wohlgerundetes und trotzdem steiles Gipfelchen! Von allen Seiten ziehen turmgespickte Steilkämme heran, umringt der Wald den Berg bis zur Höhe. Der Gipfelhang ist gleichmäßig geneigt und schenkt große Abfahrtsfreuden. Meist trägt er unberührten Schnee, ist nur von Gamsfährten zart geziert. Den Weg ins Tal hinab muß man sich selbst zusammenstellen, wenn man es nicht vorzieht, zum Schießling zurückzukehren.

Auf der Seewiesner Seite und zum Hakentörl hin ist im Winter nichts zu wollen; zum Feistringgraben aber ziehen Kahlschläge und waldgesäumte Rinnen. Hat man den richtigen Durchschlupf in die herrlich befahrbare Mulde gefunden, die den komplizierten Namen Hofholzschlag-Graben trägt, so hat man gewonnenes Spiel! Und das ist ja gerade das Schöne und Besondere am Oisching: das Durchfinden, der eigene Weg — auch bei der Schifahrt.

Hochanger

Der Hochanger hat bereits Rang und Namen unter den Schibergen des Schwaben. Nun, er ist aber auch ein „Heimlicher" mit seinen düsteren Gräben, über denen man die schöngeschwungenen Gipfelwiesen niemals vermuten würde. In seinem Bereich gibt es so viele schöne, noch wenig bekannte Abfahrten und Nebengipfel; so viele hübsche Einzelheiten der Landschaft, daß wir uns mit ihm beschäftigen müssen.

Da ist vom vielbefahrenen Seeberg her, der mit der zunehmenden Motorisierung immer mehr als Schigebiet in Frage kommt, das breite Lappental — eine der seltsamsten Landschaften unserer Heimat — in den Berg geschnitten, fremdartig und einmalig auch für den Schwaben; mit seinen Felstürmen, seinen merkwürdigen Laubwäldern und Schlägen gleicht es eher einem amerikanischen Naturschutzpark als einem steirischen Tal. Der Name kommt nicht von Lappen. Das Tal hieß früher „in der Lapein". Sacht ansteigend führt es empor zum Gipfelkamm des Hochangers. In einem steilen, aber

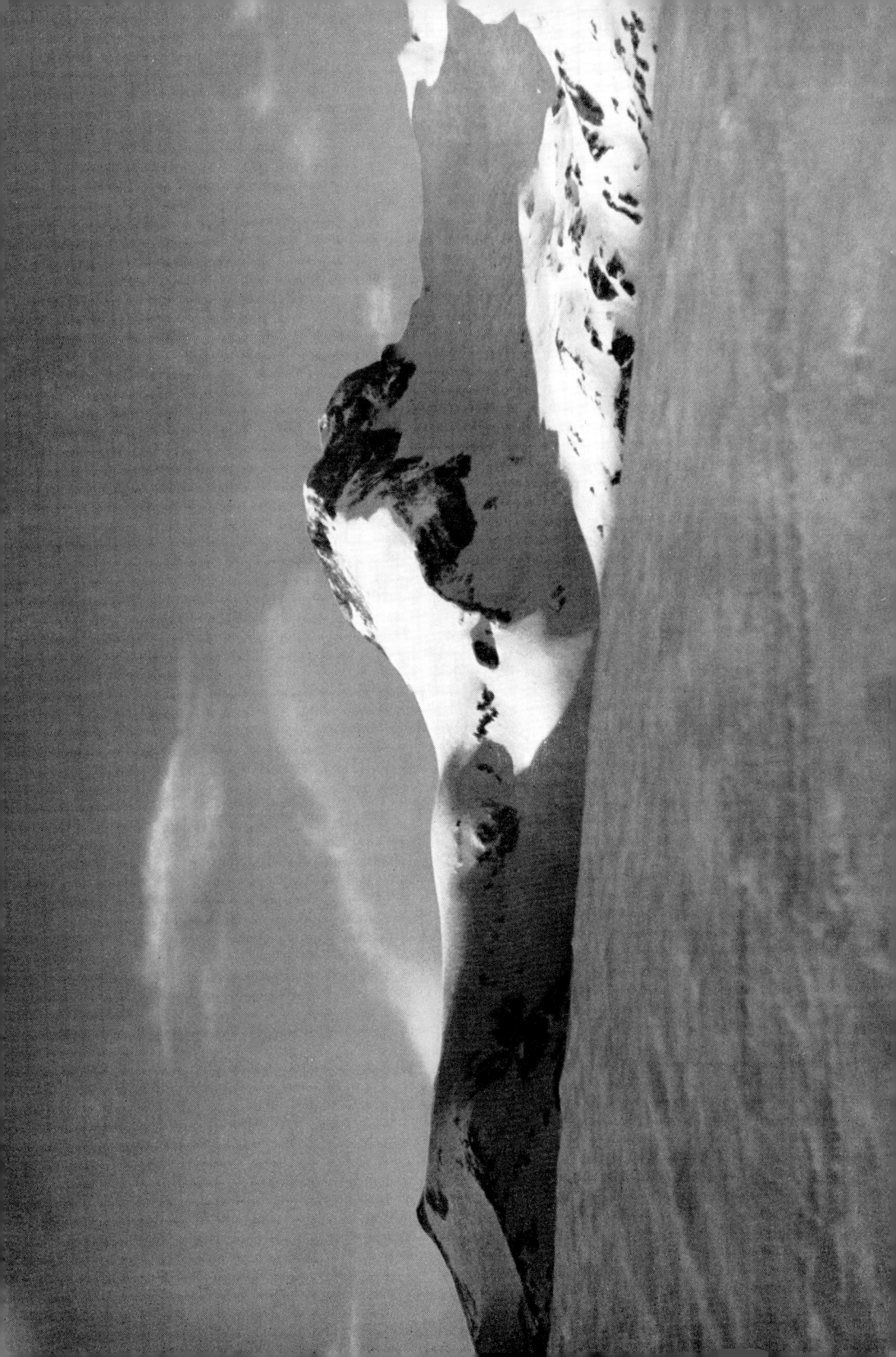

nicht sehr hohen Seitentrichter zweigt der Weg ab zur Göriacheralm. Auch sie ein ungewohnter Anblick: frei an dem schmalen Berg-
kamm liegend.

Von den vielen Abfahrten vom Hochanger geht die leichteste
über den Nordkamm zur Göriacheralm hinab und dann hinaus
durch das Lappental zur Seebergstraße. Die mannigfachen anderen
interessanten Möglichkeiten hat Theodor Hüttenegger in dem hervorragenden, leider viel zuwenig bekannten und auch vergriffenen
„Wintersportführer durch das Mürztal" besprochen.

Ich will nur noch eines im Bereiche des Hochangers erwähnen:
den zauberhaft schönen Übergang von der Göriacheralm über das
Finstereck nach Turnau. Es ist ein Weg für den Hochwinter und
für Genießer. Der Hochwald am Finstereck mit seinem dichten
Schneebehang und die Lichtung mit dem Jagdhaus an seinem Fuße
erscheinen wie ein Märchenland. Lockende Schiwiesen hängen steil
zu Tal und gehören einem ungeteilt. Hat man gar noch klirrenden
Rauhreifschnee, so ist die Abfahrt über ungespurte Forststraßen in
den Greithgraben ein rauschendes Fest! Und im Hochwinter ist auch
der anschließende, langgezogene Brücklergraben meist vereist und
dann würdiger Ausklang eines Schifestes in den heimlichen Schibergen des Schwaben.

DAS KREUZ IN DER DULLWITZ

„Letzte Nachrichten: Freitag verirrte sich der 25jährige N. N. beim Aufstieg durch die Dullwitz zur Voisthalerhütte im Schneesturm. Er wurde gegen Abend von einer Rettungsmannschaft in total erschöpftem Zustand mit einem Beinbruch aufgefunden. Er fieberte stark und berichtete ständig von einem Kreuz, das ihn gerettet hätte. N. N. wurde ins Brucker Spital gebracht und befindet sich bereits auf dem Weg der Besserung."

Der Mann war an jenem stürmischen Morgen als einziger Tourist mit dem Postauto gekommen, hatte im Gasthof nur kurz verweilt und angegeben, daß ihn Freunde auf der Voisthalerhütte erwarteten. Man hatte versucht, ihn zum Bleiben zu bewegen. Er hatte nicht darauf gehört. Und war schon unterwegs . . .

„. . . Der Wind springt mich an wie ein wildes Tier! Aber das gefällt mir. Das bedeutet Kampf. Ich liebe Kampf! So arg wird es ja nicht werden die drei Stunden hinauf zur Hütte. Aber das Toben der Elemente steht einem Mann wie mir gut zu Gesicht. Der Schnee ist wie Wasser, so bewegt. Ich bin wie ein Schwimmer, der durch die Wogen pfeilt. Wenn ich gegen die Strömung schwimme, glaube ich, schneller voranzukommen als mit ihr. Das ist ein guter Gedanke, den muß ich meinen Freunden sagen. Überhaupt — die werden schauen, wenn ich ihnen dann auf der Hütte von diesem furchtbaren Unwetter erzähle! In der warmen Stube werde ich stehen und Mittelpunkt sein. Eisüberkrustet, aber mit blitzenden Augen! Windstärke zehn . . . auf dem Bauch bin ich gekrochen . . . trotzdem nur drei Stunden gebraucht. . . Und wie sie mich anhimmeln werden, die

Mädchen, wie immer, und meine Ria natürlich am allermeisten . . .

Aha, jetzt geht's hinaus in die freien Wiesen. Wie gut, einen so sportlichen Körper zu haben. Der Wind ist mein Gegner. Ich spanne mich ihm entgegen wie ein Bogen. Eigentlich schade, daß mich niemand sieht, wie ich da so geschmeidig dahingleite. Die ersten Bäume . . . der Wald. Wie der Wind da oben in den Felsen braust! Da ist ja schon die Florlhütte. Wenn ich weiter so renn, bin ich in zwei Stunden oben . . .

Wo ist denn da der Weg? Im Sommer sieht man ihn doch ganz deutlich. Na, eine Spur ist immerhin da. Vom Neuschnee verweht, aber ich werde sie schon finden mit meiner bekannt guten Wegnase. Und schließlich, wenn eine Spur da ist, sind auch Menschen da gewesen. Also werd ich's wohl auch treffen . . . Was hab ich denn heut eigentlich. Ich stolpere ja dauernd. Der Wind ist auch zu arg. Und wie er den Schnee dahertreibt! Die Eiskristalle stechen wie Nadeln. Überall dringen sie ein; ich hab sie in den Augen und im Mund . . . mir scheint gar, das Schneepulver kommt aus mir selbst heraus! Bis ich zur Hütte komm, bin ich der reinste Schneemann. Halt — die Spur!

Das gibt's doch gar nicht, daß eine Schispur einfach weg sein kann! Eben war sie noch da . . . Wer weiß, was das für ein Stümper war, der da vor mir gefahren ist. Wahrscheinlich hat er sich x-mal verfahren. Also mir könnte das nicht passieren! Aber die Spur ist wirklich nicht mehr da . . . Ich sehe auch zuwenig in diesem Schneelicht, ich weiß nicht mehr, geht es bergauf oder bergab . . . Wenn ich auf allen vieren krieche, seh ich vielleicht besser. Ja — da sind sie wieder, ganz verschwommen nur, aber die Abdrücke von zwei Schiern . . . Verdammt! Wieder nichts mehr! Ich muß mich niederlegen, robben . . . Ja, jetzt krieche ich auf dem Bauch. Genauso wie ich es meinen Freunden erzählen wollte . . . und die Spur hab ich endgültig verloren. Es ist besser, gleich am Boden zu bleiben. Der Wind wirft einen ja ohnedies fast um.

Was dröhnt denn da so? Lawinen? Wie müd ich schon bin . . . ein weißes, frisch überzogenes Bett . . . schlafen . . . oder nur ruhen . . . Nein! Das ist das Ende. Ich muß weiter, weiter . . . Da ist ja die Spur wieder! Wo hab ich denn nur meine Augen gehabt! Und der

Felsen da — den kenn ich doch vom Sommer her! Ich bin gerettet! Jetzt geht es ein Stück bergab, dann kommt der ebene Höllboden und dann das ‚Gassel‘ zur Hütte hinauf. Es kann mir nichts mehr passieren . . .

Jetzt weiß ich, warum es da Höllboden heißt. Das ist wirklich die Hölle. Der Wind fängt sich in diesem Kessel und findet keinen Ausweg. Ich komme ja kaum vorwärts, selbst wenn es bergab geht . . . Aber in einer Stunde hab ich's geschafft . . . Komisch, wie lange der Höllboden heute ist . . . Ich geh jetzt schon eine halbe Stunde fast immer eben . . . Um Gotteswillen, da ist ja der Felsen wieder! Ich bin im Kreis gegangen. Also wieder zurück . . . Ich glaub, ich hab die Richtung verloren. Bergauf gehen! Aber da sind überall Wände. Nein, das kann ich auch nicht. Ich weiß ja nicht, in welcher Richtung das Schutzhaus liegt . . . Ich muß rufen. Die Hütte ist kaum einen Kilometer entfernt. Sie wissen es doch, daß ich heute nachkommen wollte, Ria und meine Freunde . . . sie müssen mich hören, mich holen . . . es ist drei Uhr nachmittags, jetzt werden sie schon warten, vielleicht kommen sie mir ohnedies entgegen . . . Heeeooooh!!!

Das dauert aber lange! Ich bin schon ganz heiser. Die sitzen schön warm beim Ofen und hören wieder einmal vor lauter Kartenspielen nichts. Und mich lassen sie da erfrieren! Da — eine Stimme! Heeeoooh! Keine Antwort. Aber es kommt näher! Sie sind's! Ich hab's ja gewußt, sie kommen mich holen. Die werden staunen, was ich alles mitgemacht hab! Mir scheint gar, da ist ein Mädchen dabei. Ria? Aber nein, die traut sich gewiß nicht vor die Tür. Wahrscheinlich Mädi, die schneidige. Die ist auch heimlich in mich verliebt . . . Meine Haare sind ganz mit Eis verklebt. Und ich hab keinen Spiegel mit! Wie sie mich ansehen werden, die Mädchen, lachen werden sie und zwitschern, und Ria, dumm und liebevoll wie immer, wird vor Stolz fast zerplatzen. Jetzt müssen sie schon ganz nahe sein . . .

Ich werde ihnen entgegengehen, nicht allzu aufrecht, aber auch nicht ganz gebrochen . . . He — — — — !“

Der Mann hatte achtlos einige Schritte nach vor getan, um gutes Auftreten bemüht. Er war ins Leere getreten.

Er fiel, wie man im Traum fällt — endlos. Es waren aber nur

wenige Meter, und er landete im tiefen Schnee. Er war in eine Ver-
wehung bei einem großen Felsblock gestürzt.

„...wo bin ich denn? Stimmt, ich bin abgestürzt! Mindestens
dreißig Meter... Was werden meine Freunde sagen, wenn ich ihnen
das erst erzähle! Ein solches Abenteuer knapp vor der Rettung!
Jetzt aber nichts wie hinauf... Au! Was ist denn? Ich kann ja nicht
auf... Mein Fuß — mir scheint gar, mein Fuß ist gebrochen...
Nein, ich kann nicht aufstehn. Aber sie sind ja schon da. Sie werden
mir heraushelfen... Hilfe!... jetzt hör' ich sie wieder... gleich
werden sie bei mir sein!

Warum kommen sie denn nicht? Hallo — ich bin da, ich, Erwin,
hört ihr mich denn nicht? Vielleicht sehen sie mich nur nicht. Ich
muß versuchen, an den Rand der Grube zu kommen. Aber es geht
nicht! Ich kann den Fuß nicht bewegen... und der Schnee gibt
immer wieder nach... Hilfe! Hilfe! Ich kann mich ja nicht rühren,
helft mir doch! Hilfe! Hil — — —"

Der Mann hatte bei seinen verzweifelten Anstrengungen, hochzukommen, erschöpft und verletzt wie er war, das Bewußtsein verloren. Mittlerweile waren die drei, die ihm entgegengefahren waren,
längst vorbei. Der Sturm hatte seine Stimme übertönt. Als der Ohn-
mächtige wieder erwachte, lag er am Rande der Schneeverwehung.
Wie ihm klar wurde, daß er allein war, heulte er auf, daß es ihm
fast die Kehle sprengte. Er schlug um sich und weinte wie ein Kind.

„Sie können mich doch nicht erfrieren lassen! Bis wieder jemand
kommt, bin ich längst tot... Aber — vielleicht waren es gar keine
Menschen. Es war eine Täuschung. Meine Nerven haben mir einen
Streich gespielt. Ich bin verloren — so oder so...“

Er hatte sich verloren gegeben. Aber er lebte noch. Ohne daß
er wußte, was er tat, kroch er langsam, zentimeterweise, über den
Schnee.

„Ich gebe es auf. Ich warte auf den Tod. Ich lege den Kopf in
den Schnee... Ich warte... ist das die Ewigkeit...?“

Die Ewigkeit dieses Menschen kann nicht lange gedauert haben.
Gegen fünf Uhr nachmittags ließ der Sturm nach. Als eine sonder-
bare Stille sich um ihn ausbreitete, hob er die schneeverkrusteten
Lider. Da sah er das Kreuz. Es stand frei im Raum, von siebenfarbi-

gem Schein umlodert. Er fuhr sich mit kraftlosen Fingern übers Gesicht. Er stützte den Ellbogen auf, sank wieder um. Er riß die Augen auf, bis sie schmerzten.

„Das Kreuz ... es bewegt sich ... es kommt näher ... es weicht wieder zurück. Es schwebt in der Luft ... jetzt ist es weg. Es war nur meine Phantasie. In den Minuten vor dem Tode sieht man Überirdisches ... warum soll ich nicht ein Kreuz in Regenbogenfarben sehen ... Da! Da ist es wieder! Ich mache die Augen zu. Aber der Schein strahlt durch die Lider ... Das Kreuz ist wirklich! Es wird größer ... es kommt zu mir ... Es ist ein Zeichen. Ich soll am Leben bleiben.

Ich muß ihm entgegenkommen. Ich muß ihm sagen: Hier bin ich. Ich muß beten ... zwanzig Jahre lang habe ich nicht mehr gebetet ... Der Du bist in dem Himmel ... Das Kreuz ist zu mir gekommen. Ich bin nicht verloren. Nie werde ich das Kreuz vergessen. Es ist so groß — es füllt den Himmel aus ... die ganze Welt ...“

Er hatte das Kreuz erreicht. Er tastete nach dem eisernen Balken und krallte die Hände darum. So fanden sie ihn wenig später. Sie waren seinen verworrenen Spuren gefolgt. Die letzten Strahlen der siegreichen Abendsonne umflammten das Kreuz, das gläubige Herzen auf dem Höllriegel errichtet hatten, und umgaben es mit Regenbogenstrahlen. Im Nebel schien es zu schweben. Sie glaubten, er wäre tot. Aber als sie ihn zu Tale trugen, wußten sie, daß er leben würde.

„Ria ... ich muß dir etwas sagen ...“ — „Sei ruhig, du sollst jetzt nicht sprechen.“ — „Ich muß es dir aber sagen, es ist wichtig ... etwas ist anders ... ist anders geworden ...“ „Ja, gewiß. Jetzt schlaf nur.“ „Sie hat gar keine dummen Augen. Etwas — etwas ist eben anders geworden ... Aber sie wissen es nicht. Woher sollen sie es denn wissen? Aber ich weiß es ...“

HELDEN DER BERGE

„Hüten wir uns aber vor lächerlicher
Eitelkeit. Auch der schwierigste und ris-
kanteste Aufstieg bringt die Welt nicht
weiter, und die Tat ist nachher bald
vergessen und überholt."

Paul Montandon

Mühsam steig' ich vom Tal zu den Almen empor. Ein trüber
Morgen lastet schwer auf der Erde. Dunkler Fels um mich, spiegelnd
naß, von schauerlicher Glätte. Der Wind schlägt feuchte Nebel-
fetzen um die Wände. Feine, nadelspitze Tropfen treibt er unaufhör-
lich gegen mein Gesicht. Ich biege um die Wegkehre vor der Hütte.

Da durchreißt ein Schrei das Leichentuch der Totenstille.
„Hilfe!" Das kann doch nicht gut möglich sein ... Aber wieder und
wieder schreit es. Sechsmal in der Minute. Das alpine Notsignal ...
Wen hat dieses Wetter in den Felsen überrascht? Ich laufe das
Schuttkar entlang. Da — auf einmal Menschen um mich! Ich will
fragen, da sehe ich schon Bekannte in der Menge, höre den Leiter des
Bergrettungsdienstes seine Anweisungen geben. Es wird mir klar,
daß es sich um eine Rettungsübung handelt.

Wohlgeborgen unter einem großen Regenschirm sitze ich wenig
später bei einem Felsblock und spähe mit dem Fernglas hinauf zur
Schartenspitze. Unter den dunklen Gestalten in der Verschneidung
erkenne ich einige Berggefährten. Sie versorgen einen Kameraden,
der auf einem Felsabsatz liegt und, von Kälte geschüttelt, überzeu-
gend echt den „Verunglückten" spielt. Ich sehe, wie das Drahtseil-
gerät verankert wird und nach einer Zeit, die mir endlos erscheint,
der Retter mit dem Geretteten im Kar herniederfährt. Eine zweite
Gruppe tritt die Abfahrt an über die Nordwand der Schartenspitze.

Diesmal ist es noch Übung. Wie bald kann bitterer Ernst daraus
werden! Gerade im vielbegangenen Schwaben sind Bergungen an der
Tagesordnung.

Während der Sturm Regenschwaden durch das Kar jagt und die Kletternden bis auf die Haut durchnäßt, flüchtet das „Publikum" in die Geborgenheit der Fölzhütten. Welcher Gegensatz zwischen der gelassenen Pflichterfüllung der Rettungsmänner und dem Rückzug der untätigen Zuseher! Welcher Gegensatz aber auch zwischen der Tätigkeit der Bergsteiger und der Männer von der Bergrettung!

Die einen: Sie tun etwas, was sie freut. Sie erleben Großartiges dabei: den Berg, die Kameradschaft und immer wieder sich selbst. Sie vollbringen körperliche Leistungen, erdulden seelische Strapazen, die nur der einzuschätzen weiß, der sie selber kennt. Sie entwickeln sich dabei selbst immer weiter. Aber sie lindern keine Not mit ihren Taten am Berg; sie stillen keine Tränen; sie helfen niemandem aus der Bedrängnis. Ja, manche tun sogar das Gegenteil: Sie bringen ihre Familien in Angst und Sorge und flüchten vor den Problemen des Tages. Andere wieder gefährden sich und ihre Begleiter durch Leichtsinn. Sie bleiben auch am Berg Menschen — oft sogar sehr kleine und schwache Menschlein!

Aber die Welt spricht von ihren Taten.

Die anderen: Sie tun ihre Pflicht. Sie setzen Leben, Gesundheit, das Wohl ihrer Familie aufs Spiel, um anderen zu helfen. Sie müssen Tag und Nacht einsatzbereit sei. Sie müssen ihre Freizeit, ihre privaten Wünsche darüber zurückstellen. Sie nehmen berufliche Schwierigkeiten, manchmal sogar Verdienstentgang hin, um den in Bergnot Geratenen Hilfe bringen zu können. Die meisten Bergungen sind schwieriger als extreme Bergfahrten. Wenn diese Aufbietung aller menschlichen Kräfte verlangen, so fordern jene oft Übermenschliches. Wie viele Bergrettungsmänner haben bei Bergungen Heldentaten vollbracht. Manche opferten sogar das eigene Leben.

Aber davon spricht die Welt nicht.

Um eine schwierige Bergfahrt zum glücklichen Ende zu bringen, dazu genügt der Selbsterhaltungstrieb des Menschen und seine Eigenliebe. Zur Rettung am Berg aber gehört mehr: Nächstenliebe in ihrer schönsten, tätigen Form. Jene Kraft, die zu allen Zeiten Helden hervorgebracht hat.

Wir alle haben viel von Helden gehört — und hören müssen. In einer Zeit, die unter anderen Helden solche der Lebensvernichtung kannte und Helden des Sports. Einer Zeit, da man auch von Bergsteigern lesen konnte: „... heldische Art unserer Bergsteiger ... unsere tapferen, heldenhaften Söhne ..." Aber die heldische Art zeigte sich nur in einer schwierigen Neufahrt, wie sie zu Tausenden auch von anderen vollführt worden waren! Und die heldenhaften Söhne hatten sich in eine gefährliche Wand verrannt und waren tödlich verunglückt, ihren Angehörigen nichts als Schmerz hinterlassend ...

Heute ist man vorsichtiger bei der Vergabe von Heldentiteln. Man nennt jene nicht mehr Helden, die Leben vernichten. Helden sind, die Leben schützen und retten. Ärzte, Wissenschaftler, Lebensretter. Oder jene Unbekannten vom Sonnblick-Observatorium, die in Ausübung ihres Dienstes und bei Bergrettungen Heldenmut bewiesen haben*. Wir alle kennen solche Menschen. Es gibt wieder Helden der Berge.

Doch es sind nicht mehr die Ritter des sechsten Grades, die man einmal so verherrlicht hat. Wir Bergsteiger wissen genau, daß auch die schwierigste Bergfahrt der Welt lange noch keinen Helden macht. Wir glauben nicht, daß Bergsteiger „bessere" Menschen seien, wie man es so oft hören kann. Sie sind nicht besser — nur anders als andere. Sie können aber besser werden durch die Berge. Und das allein haben sie anderen Menschen voraus. Jeder ernsthafte Bergsteiger schätzt sein Tun richtig ein. Er kennt aber auch die wirklichen Helden der Berge.

Es sind die Männer vom Grünen Kreuz, die Männer des Bergrettungsdienstes. Jahr für Jahr kann man aus banalen Schlagworten in Zeitungen Tragödien herauslesen: „... Bei einer Bergung stürzten zwei Bergrettungsmänner tödlich ab. Ein weiterer verunglückte bei einem Rettungsversuch ... Rettung zweier Halbschuhtouristen aus schwierigem Fels. Die beiden leben noch. Aber zwei Familienväter sind ihretwegen gestorben ..." Am Sonnblick kündet eine Tafel davon, daß fünf Menschen auf der Suche nach e i n e m Vermißten den Tod fanden! Und so könnte man weiter berichten: Eine endlose Liste ungewöhnlicher Taten und Leiden und heldenhaften Sterbens.

---

* „Der Sonnblick ruft" von E. J. Bendl.

Schreiben müßte man von den Freuden der Bergretter, wenn sie den Gesuchten lebend bergen; aber auch von ihren Leiden angesichts des Todes und der Verzweiflung der Angehörigen. Man müßte viel mehr schreiben über die Retter am Berg. Es könnte eine moderne Heldensage werden. Sie müßte in den Schulen gelesen werden — ja, jeder Mensch müßte die Männer vom Grünen Kreuz kennen!

Unzählige Aufsätze, Bücher, Bilder und Filme verherrlichen die Taten von Bergsteigern. Wer aber singt den Heldensang von den Rettern aus Bergnot?

GIPFEL DES LEBENS

Wenn ich mir in den letzten Jahren, durch Beruf und Nebenberuf eingeengt, die Zeit zum Bergsteigen geradezu abstehlen mußte, so habe ich doch meinen Hochschwab nicht vergessen. Und einige Male im Jahr, koste es Zeit, was es wolle, stehen Hochschwabfahrten auf dem Programm. Meistens in den stillen Jahreszeiten, wenn die Menge nicht mehr oder noch nicht unterwegs ist. Diese Zeitwahl hat ihren Grund. Habe ich doch schon als ganz junger Mensch zuerst am Hochschwab erlebt, wie schön die Tage „zwischen den Zeiten" sein können mit ihrem Sonnenschein über den Talnebeln und all den anderen außerordentlichen Erlebnissen, die uns das Gebirge eben zu ungewöhnlichen Zeiten bietet.

Im späten Herbst treffe ich mich jedes Jahr mit lieben Freunden, die am Fuße des Hochschwab zu Hause sind. „Restbestände" aus unserer einstigen Hochschwab-Seilschaft sind immer gern mit dabei. Da wird im gastlichen Heim der Familie Sperka, der „Apfelhube" in Thörl, bis tief in die Nacht gefeiert und palavert. Filme und Dias vom vergangenen Urlaub werden vorgeführt und die neu erworbenen Schallplatten und Tonbänder ebenso gern angehört. Am anderen Morgen wird beileibe nicht „gehudelt" wie vor einer Bergtour — nein, wir dürfen ausschlafen! Dann bittet die Hausfrau zu einem feudalen „Herrenfrühstück", das mit Tischschmuck, brennenden Kerzen richtig zelebriert und weidlich ausgedehnt wird. Dann verrollen wir uns mit Genuß in die Autos und gondeln in irgendeinen Hochschwabgraben; ebenso gern wandern wir aber auch zu Fuß dorthin. So erreichen wir Ausgangspunkte zu interessanten

Wanderungen. Was haben wir auf diese Weise nicht schon für hübsche, unbekannte Gipfel, Almen und Wege kennengelernt und „überalpiniert", wie es in unserer Geheimsprache heißt! Das „Zebra", die einsam-verwunschene Zebererhöhe mit dem Vorgipfel Kasereck, wo ein Weg von Thörl nach Kapfenberg führt, ist unser aller Lieblingsberg. Doch auch das fast ebenso einsame Troiseck, der Feistringgraben, die Oischingalm mit Schießling und Oisching, das waldumschlossene Ilgner Alpl und das ähnlich geartete Ilgner Hocheck haben wir auf spätherbstlichen Schleichpfaden erkundet. Einmal gelang es uns, von der Turnauer Alm im Nebel bis auf den felsigen Rauschkogel zu finden, der uns — vielleicht wegen seines Namens? — magisch angezogen hat. Einmal balancierten wir vom Seeberg über alle Kögerln und Kogeln bis auf den Hochanger und so weiter und so weiter. Was haben wir dabei nicht alles erlebt! Einmal sind wir unter die Jäger gefallen, die ausgerechnet dort, wo wir unterwegs waren, eine Treibjagd veranstaltet hatten, und vor allem über Wastl, den lustigen kleinen Dackel der Sperkas, fürchterlich ergrimmten! Ein andermal wollten wir eine Gedenktafel für Dr. Walter Potoschnik, unseren am Feistringstein tödlich verunglückten Bergkameraden, aufstellen und sind in metertiefem Neuschnee gescheitert. Bei einem anderen Treffen wieder stapften wir einen tiefverschneiten Jagdsteig zur Oischingalm hinauf, die im Neuschnee wie ein Knusperhäuschen aus dem Märchen dalag. Ob mit Schiern oder zu Fuß im ersten jungen Schnee oder im feuchten Herbstlaub — immer haben wir uns schöne Erlebnisse erwandert oder „erfahren".

Ein solcher Tag in den unbekannten Vorbergen des Schwaben ist mir unvergeßlich geblieben. Eigentlich hatten wir es ja auf den Floning von Norden abgesehen, der mir von dort aus noch nicht bekannt war. Während der Anfahrt über Etmißl — einst das vergessene Dorf des Hochschwab, heute schon Sommerfrische — bangten wir ein wenig, wie wir zu unserem 1000 Meter hoch gelegenen Ausgangspunkt kommen würden. Die Straße war schon vereist. Und uns war die Tour des Vorjahres noch deutlich vor Augen, als wir bei der Auffahrt zum Pretalsattel „hängengeblieben" waren. Mit bloßen Händen — natürlich war wieder keine Schaufel im Wagen!

— kratzten wir Sand und Schotter vom Straßenrand und streuten ihn auf die blankeisige Fahrbahn. Vergeblich — wir kamen an jenem Tag mit dem Auto nicht mehr weiter. Doch diesmal pfauchten die Wagen zwar langsam, aber brav bis zum Sattler hinauf. Am Straßensattel zwischen Etmißl und St. Katharein an der Lamming parkten wir und schlenderten durch hochstämmigen Wald dem Floning zu.

Anstatt nun den Güterweg zu verfolgen, der in das weit abgelegene Gebiet des Berges zieht, entdeckten wir einen feinen, kleinen Steig, der uns viel anziehender erschien, und dort wanderten wir weiter. Bald ging es steil in einem Hohlweg empor. Wir tauften ihn „die Schneerosenrinne". Es war Anfang Dezember, es lag schon etwas Schnee, und am Wegrand, in der Sonne, blühten die ersten Christrosen! Auf Wildpfaden bewegten wir uns weiter um den Berg herum, sahen über steile Schläge und Leiten nach Thörl hinab und hatten auch die im Hochschwab fast unvermeidliche, immer wieder neu beglückende Begegnung mit Rot- und Gamswild. Und dann hatten wir ein schmales, waldumkränztes Gipfelchen erreicht, wo gerade Platz war für uns und eine kleine Schneewächte. Die Aussicht war beschränkt — doch so beschränkt wieder nicht, daß wir nicht bald entdeckt hätten, daß wir auf dem falschen Berg gelandet waren! Wir saßen auf dem Kulmspitz, einem Vorgipfel des Floning, 1483 Meter hoch.

Doch es machte uns nichts aus. Im Gegenteil, wir lachten sehr darüber, daß wir den Floning nicht gefunden hatten, und verschoben seine Eroberung auf ein anderes Mal. Es wäre noch Zeit gewesen, zu ihm hinüberzugehen, es hätte im Ganzen vielleicht nur eine Stunde steilen Abstieges und Wiederaufstieges gebraucht. Doch wir blieben lieber auf „unserem" Kulmspitz, jausneten ausgiebig und blödelten mehr als ausgiebig mit den Kindern. Von Zeit zu Zeit inszenierte einer eine Schneeballschlacht, bei der eine Partie die andere von dem steilen Gipferl hinuntertrieb, welches dann wieder unter sorglich gedämpftem Geschrei erobert werden mußte. Dann saßen wir wieder still in der Sonne, die für die Jahreszeit erstaunliche Stärke zeigte, und waren ganz einfach glücklich. Ja, ich erinnere mich nicht, je in den letzten Jahren so wunschlos glücklich gewesen zu sein wie auf dem Kulmspitzerl in den Vorbergen des

Schwaben. Mir haben oft schon die kleinen, die unscheinbaren Bergfahrten und Gipfel mehr gegeben als größere Touren. Bei den großen Fahrten kommt man doch in Aufregung und Anspannung nicht so recht zur Besinnung und erst recht nicht zum Genießen! Aber diesen „geschenkten" Berg haben wir genossen.

Da saßen wir nun, ein paar verschworene Kameraden, in Bergstille und Waldfrieden. Ein paar Stunden absoluten Glückes waren uns beschieden. Schräg fielen die Sonnenstrahlen, gefiltert durch hohe Fichtenwipfel. Kühl war es im Schatten wie in einem Weinkeller, heiß in der Sonne, und gedämpft klangen die Stimmen der spielenden Kinder zu uns herauf. Da saßen wir wieder einmal beieinander und hatten uns manches zu erzählen. Und plötzlich kam mir der Gedanke: Wir sitzen da eigentlich wie auf einem Gipfel des Lebens! Wir haben im Leben und in den Bergen schon etwas erreicht, wir können beides genießen. Schon sind auch Kinder da, die später die Nachfolge antreten werden, ohne daß es eilen würde. So wurde mir der unbedeutende Kulmspitz, den gewiß noch kein Bergsteiger mit Absicht betreten hat, zu einem ganz besonderen Berg.

Wir haben die Gipfelrast lange gedehnt und sind dann abgestiegen zu unserer Schneerosenrinne. Dazwischen haben wir noch einen famosen Steilhang entdeckt, wo wir dann mit viel Gelächter und kunterbunt durcheinander einige hundert Meter im „gleitfähigen" Heidekraut abgefahren sind, bis die Hosenböden rauchten. Und ich habe mir vorgenommen, den Kulmspitz einmal im Frühjahr zu ersteigen, wenn die Frühlingsheide blüht. Muß das eine Pracht sein, dieser hohe Hang in rosa Blüten! Ja — wir müssen wiederkehren zum Kulmspitz, denn auf einem Gipfel des Lebens will man nicht nur einmal stehen!

AUSKLANG

In aller Frühe wandern wir durch das Türntal. Keines Menschen Stimme stört die Stille. Hie und da nur kreischt ein Häher, oder der Specht klopft seinen geheimnisvollen Trommelwirbel. Im Steilschlag äsen Rehe.

Lange schon hörten wir das Glockengebimmel von der Alm. Nun kommt es immer näher. Das Vieh wird ins Tal getrieben. Wir haben uns hinter einen Baum gestellt, um die Herde im engen, steilen Weg nicht zu beirren. Da tobt es auch schon heran: stampfend, brüllend, schnaubend, schäumend, auf- und niederwogende Rücken, an die fünfzig Stück Vieh in einer einzigen, herrlichen Bewegung. Das Glockengeschrille im stillen Wald klingt wie Negermusik. Scharfe Rufe dazwischen in einer Sprache, die nur das Tier versteht. Voran läuft ein Halter, hintennach kommen Senner und Sennerin.

Kein Kranz ziert die Tiere. Sollte auch der alte, schöne Brauch des „Kränzens" beim Almabtrieb in Vergessenheit geraten? Oben auf der Alm aber erfahren wir dann, daß sechs Stück Vieh durch Blitzschlag und Absturz umgekommen sind. Wenn aber nur ein einziges Tier während der Almzeit verendet, wird beim Abtreiben nicht geschmückt. Auch die anderen Halter, die kein Vieh verloren haben, halten sich daran. Die Alm ist eine Gemeinschaft.

Die Zeller Staritzen tragen auf ihren Hochflächen herrliche Almweiden von kilometerweiter Ausdehnung. Sie sind nur mit der Sonnschien zu vergleichen. Im vergangenen Sommer waren noch Hunderte von Rindern aufgetrieben worden. Aber die alten Almer schütteln die Köpfe und meinen, das sei gar nichts gegen früher.

Schon ist eine der Almen unbezogen geblieben. Nur noch selten will jemand als „Schwoagerin“ oder Halter gehen. Ein neu gebauter Stall steht leer, und Hütten verfallen ...

Ein Halterbub, der der scheidenden Herde bis zum Almrand das Geleit gegeben, wandert mit uns und erzählt von seinem Almleben. Von einem „Schnittling“, einem jungen Ochsen, der am Zinken abgestürzt ist, und von dem Hausgams, der sich mit Vorliebe in der Nähe der Halterhütte aufhält. Diese Hütte war über vierzig Jahre lang vom Michl Oberfeichtner aus Rasing bei Mariazell bewirtschaftet. Er erzählt uns aus seiner kleinen, aber runden Welt. Sein Sohn ist Halter wie er, und das ist ein schwieriger Beruf, den man in keiner Schule lernen kann. Wir gehen vom Michl fort wie von einem lieben Bekannten. Er hat uns noch den besten Abstieg zur neuen Forststraße am Kastenriegel gewiesen. Vorher aber wandern wir noch über die welligen Böden hinauf zum Zinken, dem höchsten Gipfel der Zeller Staritzen.

Diese nördlichste, der Allgemeinheit kaum bekannte Vorhut der Schwabenberge ist eine typische Hochschwablandschaft. Gamswild in Rudeln bis zu hundert Stück bevölkert sie. Und aus dem Brunngraben kommt einer der stärksten Zuflüsse der Hochquellenleitung.

Unsere Hochschwabfahrt geht dem Ende zu. Wir sind durch das Reich des Schwaben gezogen, nun geht es ans Abschiednehmen.

Ich wüßte keinen besseren Berg dazu als die Zeller Staritzen. Wer am Schwaben beginnen will, der gehe mitten hinein in seine wildeste Felsenpracht. Wer sein Erleben überschauen und beschließen will, der steige auf die Zeller Staritzen. Sie gehören noch dem Hochschwabzug an und sind ihm doch schon so fern, daß wir ihn mit Abstand beschauen können.

Ausgebreitet vor uns ist das große Gebirg vom Almenreich der Aflenzer Staritzen über den Felsabbruch der Hohen Weichsel, die geheimnisvolle Karlandschaft der Ringe, die Plattenschüsse der Kläffermäuer und den Klotz der Riegerin bis zu den Tafelbergen Ebenstein und Griesstein, die in der steirischen Landschaft so fremdartig anmuten. Klein, aber nicht zu übersehen, reckt der Hochschwabturm seine Zacken empor. Und hoch darüberhin hebt sich der rundgewölbte Hauptgipfel des Hochschwab in edler Ruhe, wie

258

es dem Höchsten im Reiche geziemt. Dort draußen aber auch ein Stück Land vor dem Schwaben, die enge Klause von Weichselboden und der Talboden von Gußwerk.

Von der Hochebene der Zeller Staritzen wandert der Blick wie über das Land unseres Lebens: über Felswildnis und grüne Weiten, tödliche Einsamkeit und Gemeinschaft der Menschen.

Nicht eines allein, alles miteinander macht das Leben aus. Am Berg wie im Tal.

Hochschwab von A bis Z

Aflenzer Staritzen: Östlichster Hochgebirgszug des Schwaben vom Seeberg bis zum Ringkamp, mehrere Gipfel um 2000 Meter. Herrliches alpines Gelände für Wandern und Schilauf, doch nur bei sicherem Wetter: Keine Hütten!

Bischofmauer: So nennt der Volksmund die Westkuppe der Bösen Mauer über dem Seetal (P. 1995). Sie hat einen schönen Südgrat, der aber schwer zu finden ist. 1946 fand sich eine Gruppe Grazer Kletterer statt auf dem Bischofmauergrat am Nebengipfel, vermerkte aber dann frohlockend eine Neutour: Sie hatten versehentlich den Südgrat des Lahngangkogels, auch Brandlmauer genannt, durchstiegen! Andere Bewerber für den Bischofmauergrat sollen so lange in der Einstiegsrinne (Lahngang) emporgestiegen sein, bis sie sich ohne Kletterei auf dem Gipfel befanden!

Cilli: Wie die Herzer-Fanny auf der Herzerhütte, so betreute Cilli Grasser, die „Grasser-Mutter", bis ins hohe Alter die Bergsteiger auf der benachbarten Grasserhütte der Fölzalm. Eine richtige Hüttenmutter!

Dippelwandgrat: So heißt der sehr schwierige Nordostgrat der Hohen Weichsel. Ein bildhafter Name: Der Grat zeigt mehrere knorrige Erhebungen (im Steirischen „Dippeln" genannt).

Edelspitzen: Eine Reihe beliebter Kletterzacken bei der Voisthalerhütte. An der kleinsten Edelspitze gibt es eine „Brennesselkante", so benannt nach dem üppig begrünten Einstieg. Es ist nicht ausgeschlossen, daß im Lauf der Zeit zu den bereits bekannten 5 Edelspitzen noch weitere von jungen Schwabenerschließern entdeckt werden! Die Nordwand der Östlichen Edelspitze wird selten begangen. Das hatte seinerzeit einen Grund, denn in der Tourenbeschreibung wurde vor dem letzten Griff am Gipfelblock gewarnt, wo die Jäger eine Schnappfalle für Raubvögel aufgerichtet hatten (heute längst beseitigt). Auch eine alpine Gefahr — eine Menschenfalle!

Eismauer: An ihrer Südflanke liegt das Schiestlhaus. In ihrer erschreckend steilen Nordwand gibt es zwölf Kletterführen bis VI. Ihr Neuentdecker für die Kletterer ist Ing. Rudolf Reidinger, der erfolgreichste Hochschwaberschließer der sechziger und siebziger Jahre. Er nennt die ihm so liebe Eismauer „die Nordwand des Hochschwab".

Etschtal: Es gibt ein solches Tal im Hochschwab; im Gegensatz zum berühmten Südtiroler Etschtal ist es gänzlich unbekannt und führt von der Kläfferbrücke zur Kraushöhle (nicht zu verwechseln mit der Krausgrotte bei Gams), einer 1880 erforschten Hochschwabhöhle.

Fölzkogel, Fölzstein: Wie auch anderswo im Schwaben, wird der rasige Hauptgipfel als „Kogel", sein niedrigerer Randabsturz (durch den die Kletterrouten führen) als „Stein" bezeichnet.

Gamsmutter: Gipfel im Nordabsturz des Schwaben. Ein Name, der auch in anderen Gebieten, zum Beispiel in den Julischen Alpen, vorkommt. Er bezeichnet schwer zugängliche Kare, in denen die jungen Gams ungestört heranwachsen können.

Glurl: Spitzname des derzeitigen Hüttenwirtes der Grasserhütte, Rudolf „Glurl" Schnitzler aus Kapfenberg. Ihm zu Ehren wurde bei der Fölzalm sogar ein „Glurlturm" erstbegangen!

Himmelreich: Wie in fast allen Gebieten der Ostalpen gibt es diesen Bergnamen im Hochschwab auch. Er steht für liebliche, fruchtbare Gefilde. Es gibt aber auch einige Flurnamen „Höll" in unserem Gebirge, Höllmauern und auch „Böse Mauern" sowie einen Jammergraben.

Hochschwab: Der Hochschwabgipfel heißt im Volksmund „der Schwab", daneben steht der „Kleine Schwab". Unter „Schwaben" wird das ganze Gebirge verstanden.

„Im Salat" heißt eine Gegend am Trenchtling. Ob es sich dabei um den berühmten Seilsalat handelt, den manche Kletterer so trefflich inszenieren können, ist unbekannt!

Jackerl, Großer: Diesen netten Beinamen führt einer der Gipfel der Grasser-(Graser-)Wand über dem Brünnerkar.

Jungfraukogel: Einer jener bezaubernden Schimugel der Sonnschienalm, die der bekannte Grazer Bergsteiger Robert Hüttig als „Die weißen Berge" in die Schiliteratur des Schwaben eingeführt hat.

Keppelzahn: Felsturm bei der Griesmauer, für Kletterübungen beliebt. Angeblich soll dort sogar kletternden Damen das „Keppeln" vergehen!

Landesbahn Kapfenberg—Au-Seewiesen: Als sie noch Personen beförderte, wurde sie Latschenexpreß, Gamstramway usw. genannt, letzteres aufgrund von amtlich nicht bestätigten Aussagen einiger Passagiere, nach denen diese Schmalspurbahn so langsam gefahren sei, daß die „umliegenden" Gams ungestört am Bahndamm grasen konnten. Auch soll einmal ein Gams in den Zug gestiegen sein, wegen zu geringer Geschwindigkeit aber die Lust am Weiterfahren verloren haben! Eines steht fest: Blumenpflücken während der Fahrt war zwar möglich, aber verboten. Und ich habe mit eigenen Augen gesehen, wie unterwegs einem Bergsteiger der Hut aus dem Fenster der fahrenden Gamstramway flog — er sprang hinaus, haschte ihn, lief in mäßigem Tempo der Bahn nach und stieg wieder ein...

Doch was wäre der Schwaben ohne die liebe Gamstramway gewesen, wenn sie auch fast 1¹/₂ Stunden für 23 km gebraucht hat! Was hätten die Schwabengänger alter Zeiten ohne sie begonnen? Wenn sie nun auch der schnellere Autobus abgelöst hat, so bleibt sie doch ein Stück Schwabengeschichte!

Mieskogel: Es gibt nicht nur einen Mies- sondern auch einen Mieserkogel im Hochschwab. Dies ist nicht eine Steigerung (mies, mieser, am miesesten), sondern kommt von Moos (steirisch Mies, Mias). Es sind moosdurchwachsene Waldberge.

Neun Reiden (Reihen): Das letzte steile Stück des Weges zur Bürgeralm zwischen den Felsen des Ranstein. Manche „Schikletterer" haben sie schon in Unkenntnis der viel flacheren Bürgeralm-Abfahrt „befahren".

Nordschlucht: Von Anfängern gefürchtete Abseilstrecke zwischen Großem und Kleinem Winkelkogel.

Ostereralm: Am Weg von Turnau zum Hochanger gelegen. Etwas für Einsamkeitssucher!

Pierer: Gehöft am Wege Aflenz—Bürgeralm. Geburtshaus des berühmten Valentin Pierer. Der spätere Abt von St. Lambrecht wurde von Kaiser Karl V. gefürstet.

Präbichlbahn: Bahnstrecke Leoben—Hieflau, ab Vordernberg bis Eisenerz Zahnradbahn. Landschaftlich herrliche Strecke mit vielen Tunnels und Viadukten, doch seit Jahren von der Auflassung bedroht. Eisenbahnmuseum in Vordernberg.

262

Quellen: Eines der wichtigsten Worte in der Literatur über den sehr wasserarmen Hochschwab.

Rosegger: Peter Rosegger bezeichnete einmal das Bergsteigen als seine höchste Lebensfreude. Auf der Sonnschienhütte befindet sich ein Spruch, den Rosegger zur Hüttenweihe gewidmet hat:

> „Hebe Dich, Menschenherz,
> dankerfüllt himmelwärts,
> weide Dein Auge im himmlischen Kreis.
> Was auch die weite Welt
> Großes hat aufgestellt,
> leuchtendes Alpenland, Dir sei der Preis!"

Roßhöll: Ein Kar an der Hohen Weichsel. Es wird im Winter öfter von Schibergsteigern befahren. Was muß das für eine höllische Gegend sein, wo sogar die Rosse ihre eigene Hölle haben!

Seltenheim: Häufiger Flurname im Hochschwab. Man deutete ihn so, daß in diesen Gegenden die Jäger selten rechtzeitig heimkamen. Aus älteren Schriften geht aber hervor, daß das Jagdgebiet einem Herrn von Seltenheim gehörte.

Scheidegg: Sattel zwischen Buchberg (Bodenbauer) und Tragöß. Von Buchberg her Fahrstraße zur Höhe, von Tragöß eine Steilrinne mit halsbrecherischem Steig. Kommentar eines Begehers auf einer Wegtafel: „Laßt alle Hoffnung fahren, die ihr hier aufsteigt!"

Thalerkogel: Ausgedehnter Waldberg, 1656 Meter hoch, das Tragößtal begrenzend. Trotz vieler markierter Wege noch einsam.

Urlaubskreuz: Am Weg Eisenerz—Leopoldsteiner See. Hat mit „Urlaub" in unserem Sinne nichts zu tun, der Name stammt aus alten Wallfahrerzeiten (Wallfahrerweg Eisenerz—Wildalpen—Mariazell, alljährliche Wallfahrt zum Dank für Rettung der Stadt Eisenerz vor verheerendem Brand vor mehr als 200 Jahren).

Vogelbad: Kleine Quelle am Steig Bodenbauer—Trawiessattel, die einem Vogelbade ähnelt.

Winterhöhe: 1400 Meter hoher Sattel zwischen Hinterwildalpen und dem Schwabeltal bei Hieflau. Nach alter Überlieferung auch im Winter begehbarer Knappensteig bzw. Übergang.

X, Y: Für diese beiden Buchstaben war im Hochschwab beim besten Willen nichts zu finden. Wer dies bedauert, sei darauf verwiesen, daß sicherlich einmal ein Xaverl-Turm oder eine Ypsilon-Verschneidung erstmalig begangen und benannt wird.

Zinken: Auffälligster Gipfel im Talschluß von Buchberg, mit enorm steilem Südabsturz. 1954 fand der kühne Wiener Alleingänger Renee Simek † einen direkten Durchstieg durch diesen Absturz. Er war für einige Zeit „das Letzte im Fels" des Schwaben. Mittlerweile ist dieser Route fast jedes Jahr ein neues „Letztes" in anderen Hochschwabteilen gefolgt.

Verzeichnis der bedeutendsten Gipfel

Von den weit über 100 Gipfeln des Hochschwab wurden hier nur die
bedeutendsten genannt.

Höhenangaben nach der Österreichischen Karte 1 : 50.000, Blatt Hochschwab,
1969, des (vergriffenen) Sonderdruckes Arbeitsgebietskarte 1 : 25.000 der „Voisthaler" und der Alpenvereinskarte Hochschwab 1 : 25.000 (1952).

	Meter		
		Höllkamp	1952
Hochschwab	2277	Höllmauer	1949
Zagelkogel	2255	Hochgang	1944
Kleiner Schwab	2248	Riegerin	1939
Ghacktkogel	2214	Karlmauer	1938
Hochwart (Hochwoad)	2210	Adlermauer	1934
Eismauer	2194	Kalte Mauer	1930
Stangenwand	2157	Zinken	1926
Ringkamp	2153	Zlakenkogel	1920
Gr. Ebenstein	2123	Kl. Winkelkogel	1918
Kl. Hochwoad	2097	Polster	1910
Karlhochkogel	2096	Westliche Edelspitze	1883
Hochturm	2081	Hofertalturm	1883
Grasserwand (Ht. Polster)	2057	Pfaffenstein	1871
Wetterkogel	2055	Leobner Mauer	1870
Kloben	2055	Mühlkarlturm	1865
Drahte Wand	2051	Gr. Festlbeilstein	1847
Weittalkogel	2048	Gr. Feistringstein	1836
Siebenbrünnerkogel	2044	Meßnerin	1835
Severinkogel	2038	Frauenmauer	1827
Hutkogel	2035	Windgrube	1809
Eisenerzer Griesmauer	2034	Kl. Brandstein	1800
Gr. Griesstein	2023	Kulmenstock (Kollmannstock)	1768
Zermerkogel	2028	Schartenspitze	1758
Fölzkogel	2022	Rauschkogel	1721
Vordernberger Griesmauer	2019	Fowiesturm (Fobisturm)	1711
Karlstein	2016	Langstein	1709
Gr. (Buchberger) Beilstein	2015	Mitteralmturm	1707
Ringkarwand	2014	Stadurz	1706
Schaufelwand	2012	Gr. Türndl	1703
Weittalturm	2010	Buchbergkogel	1700
Hochweichsel (Hohe Weichsel)	2006	Oisching	1699
Wasserbodenkogel	2005	Hochanger	1682
Brandstein	2003	Schießling	1667
Gschirrmauerkampl	1990	Hochschwabturm	1661
Krautgartenkogel	1988	Thalerkogel	1656
Mittelkuppe (Bischofmauer)	1982	Hohe Schilling	1628
Mitteralpe, höchster Punkt	1967	Zinken (Zeller Staritzen)	1619
Gr. Winkelkogel	1957	Zerbeneck (Zirbeneck)	1593

Pribitz	1579	Ilgner Hocheck	1512
Floning	1584	Ilgner Alpl	1506
Gehart	1567	Zebereralpe (Zöbererhöhe)	1486
Ranstein	1555	Rabenstein	1483
Mieskogel	1554	Troiseck	1468
Heuschlagmauer	1553	Gr. Heuschober	1320

Alphabetisches Literaturverzeichnis und Quellenverzeichnis

Bildersammlung „Aus dem Reiche des Hochschwab", im Eigenverlag der „Voisthaler", Wien 1933

Der Hochschwab im Winter, Günter Auferbauer und Norbert Hausegger, Verlag Ploetz, Graz, 1971

Festschrift der Alpinen Gesellschaft „Voisthaler" anläßlich ihres 50jährigen Bestandes, im Eigenverlag der „Voisthaler", Wien 1933

Hochschwabführer von Ing. Eduard Mayer und Dr. Ludwig Obersteiner, Artaria-Verlag Wien, 2. Auflage 1932, mit Literaturverzeichnis ab 1834

Hochschwab, Alpenvereinsführer von Peter und Stefanie Rieder, Bergverlag Rother, München 1968

In Wald und Fels, Wilhelm Schmiedl, Verlag Paul Parey, Hamburg-Berlin 1971

Jahrbuch des Österreichischen Alpenvereines, 9. Band, Wien 1873, Verlag von Carl Gerolds Sohn

Jahrbuch des Österreichischen Alpenvereines 1950, Universitätsverlag Wagner, Innsbruck

Jahrbuch des Österreichischen Alpenvereines 1952, Universitätsverlag Innsbruck

„Lumen Styriae", Rundfunkvortrag von Dr. Erika Horn, Graz, am 12. März 1968 im ORF-Studio Steiermark (Adam Lebenwaldt, ein vergessener Arzt und Poet der Barockzeit)

Mitteilungsblatt der Hochtouristengruppe Steiermark des ÖAV, Folge 7, April 1949

Nord-Süd-Weitwanderweg, Gmünd 1971, ARGE der ÖAV-Sektionen Waldviertel, Spitz und Melk und des Sektionenverbandes Steiermark, 2. Teil Steiermark, zusammengestellt von Liselotte Buchenauer

Österreichische Alpenzeitung, Juni 1938

Österreichische Alpenzeitung, Juli/August 1956

Wintersportführer durch das Mürztal, Band I und II, verfaßt von Theodor Hüttenegger, herausgegeben von der Stadt Mürzzuschlag 1948

Zeitschrift des DuÖAV 1936

Zeitschrift des Deutschen Alpenvereins 1941

Zur Ortsnamenkunde des Hochschwabgebietes, Dr. Alfred Webinger, Leykam-Verlag, Graz 1953

INHALTSVERZEICHNIS

BILDERVERZEICHNIS
UND NACHWEIS DER AUFNAHMEN

268